TopBook
一个人，遇见一本书
饕书客

特战
典争
016

代路 著

织田信长

织田信长

混战乱世的终结者　新时代的开创人

亲手终结250年室町幕府
从一介尾张小诸侯　到日本一代英雄霸主
人间五十年　下天之事　恍如梦幻

TopBook
饕书客
陕西新华出版传媒集团
陕西人民出版社

图书在版编目（CIP）数据

织田信长 / 代路著 . —西安：陕西人民出版社，2020.8

（战争特典）

ISBN 978-7-224-13281-6

Ⅰ. ①织… Ⅱ. ①代… Ⅲ. ①织田信长（1534—1582）—传记 Ⅳ. ①K833.135.2.

中国版本图书馆CIP数据核字（2019）第135878号

出 品 人： 宋亚萍
总 策 划： 刘景巍
出版统筹： 关 宁 韩 琳
策划编辑： 王 凌 张启阳
责任编辑： 晏 藜 王 倩
封面设计： 侣哲峰 翟 竞
版式设计： 赵文君

微信扫一扫
关注饕书客

织田信长

作　者	代路
出版发行	陕西新华出版传媒集团 陕西人民出版社 （西安北大街147号 邮编：710003）
印　刷	陕西金和印务有限公司
开　本	787毫米×1092毫米 1/16
印　张	16.5
字　数	230千字
版　次	2020年8月第1版
印　次	2020年8月第1次印刷
书　号	ISBN 978-7-224-13281-6
定　价	58.00元

如有印装质量问题，请与本社联系调换。电话：029-87205094

目录

卷之一：尾张统一之卷

第 1 章　守护代织田氏　/ 003

第 2 章　应仁之乱中的崛起者　/ 007

第 3 章　“尾张之虎”织田信秀　/ 010

第 4 章　尾张的大傻瓜　/ 014

第 5 章　蝮蛇之婿　/ 018

第 6 章　信秀之死　/ 023

第 7 章　正德寺会面　/ 026

第 8 章　缭乱的尾张　/ 029

第 9 章　蝮蛇与恶龙　/ 033

第 10 章　尾张统一战　/ 036

卷之二：岐阜霸主之卷

第 11 章　东海风云起　/ 045

第 12 章　今川之阵　/ 048

第 13 章　人间五十年，下天一梦间　/ 051

第 14 章　风雨桶狭间　/ 054

第 15 章　清洲同盟　/ 058

第 16 章　向美浓进军　/ 061

第 17 章　稻叶山落城　/ 065

第 18 章　天下布武　/ 070

第 19 章　织田家的人们（上）　/ 075

第 20 章　织田家的人们（下）　/ 079

卷之三：天下布武之卷

第 21 章　六角氏的末路　/ 085
第 22 章　信长上京　/ 089
第 23 章　天下至恶——松永久秀　/ 092
第 24 章　新将军就任　/ 096
第 25 章　京都之主　/ 099
第 26 章　伊势侵攻　/ 106
第 27 章　金崎大撤退　/ 115

卷之四：元龟争乱之卷

第 28 章　姊川合战　/ 123
第 29 章　野田—福岛之阵　/ 127
第 30 章　火烧比睿山　/ 132
第 31 章　武田袭来　/ 137
第 32 章　幕府灭亡　/ 141
第 33 章　荡平畿内　/ 146
第 34 章　一乘谷之火　/ 149
第 35 章　长滨城主羽柴秀吉　/ 154

卷之五：平安乐土之卷

第 36 章　天正之敌　/ 159
第 37 章　长岛悲歌　/ 164
第 38 章　决战前夜　/ 167
第 39 章　烽火长篠　/ 171
第 40 章　决战风林火山　/ 174
第 41 章　越前平定　/ 180
第 42 章　平安乐土　/ 184
第 43 章　第二次信长包围网　/ 189

卷之六：石山战争之卷

第 44 章　石山鏖战　/ 195
第 45 章　龙战手取川　/ 200
第 46 章　松永久秀的末路　/ 204
第 47 章　西国进击　/ 207
第 48 章　再战木津川口　/ 211
第 49 章　包围网的坏灭　/ 215
第 50 章　霸者之无情　/ 218
第 51 章　威临天下　/ 222

卷之七：下天如梦之卷

第 52 章　武田征伐　/ 231
第 53 章　天下统一的黎明　/ 239
第 54 章　敌在本能寺　/ 242
第 55 章　破灭与新生　/ 248

序　章

“人间五十年，下天之事，恍如梦幻。既有生，焉有不灭。”——《敦盛》。

人生恍如白驹过隙，有人行年百岁，终生碌碌无为，末了烟消云散；有人匆匆五十年，却吞天吐地，在史上留下永久的痕迹。

后一类人，乃是英雄。夫英雄者，胸怀大志，腹有良谋，有包藏宇宙之机，吞吐天地之志者也。

英雄不问出处，古今中外，多的是英雄豪杰出身草莽，却能风云际会，乘势而上，开拓出改变世间的道路。日本战国时代，群雄割据，以下克上、以小并大，是百年时代之洪流，其间亦曾涌现无数乱世豪杰。但真正主导整个天下形势，将全日本由战乱引向统一的英雄霸主，只有织田信长、丰臣秀吉、德川家康三人。其中，织田信长是奠基者，丰臣秀吉与德川家康，均是承继了巨人的基业。

织田信长是旧秩序的破坏者。他以尾张一介小诸侯为起点，展开爆发性的扩张，打破了日本中部几代人累积的势力均衡，消灭了大批被称为名将的霸主、名门，直至将旗帜插上京都，亲手终结了绵延近 250 年的室町幕府。

织田信长同样也是新时代的开创者。他以安土为中心，向四面八方派出远征军团，引领全日本的乱世走向终结。跟随织田家成长起来的大批低层武士，逐渐成为新时代的一国一城之诸侯，共同影响着后世直至明治前夕全日本的势力分布。

“人间五十年，如梦似幻”，织田信长在 30 岁便以此为警世哲言，用自己超前的洞察力和盖世的气概，一手劈开了日本战国纷乱混战的旋涡，将时代的潮流导向天下统一之路。

织田信长画像

ZHI TIAN XIN CHANG

卷之一
尾张统一之卷

第 1 章　守护代织田氏

日本的中世纪，经历了三个武士政权：镰仓幕府（1185—1333）、室町幕府（1336—1573）、江户幕府（1603—1867）。

在每一次政权交替的间隙，都出现过较大的乱世。镰仓幕府末年，执政北条家的权力基础弱化，幕府与地方武士和天皇间的矛盾激化。各地武士在天皇的号召下起兵，推翻了镰仓的北条执权。之后武士们以清和源氏首领足利尊氏为首领，与后醍醐天皇为核心的天皇、公卿、武士作战，造成天皇朝廷分为南方吉野朝廷与北方京都朝廷的“南北朝”大分裂。足利尊氏于 1336 年在京都室町建立了幕府，就任为征夷大将军，但是直到明德三年（1392），南北两个朝廷才在第三代将军足利义满手中合二为一。

从镰仓幕府终结到室町幕府建立的过程中，尽管几任天皇都为夺取政权进行过不懈的努力与斗争，但是全日本始终处在由大大小小的武士家族割据地方的状态，这注定是武士的时代。清和源氏的首领足利家，正是武士阶层的领袖。潮流没有改变，南北朝的长期斗争，注定天皇的权威会被不断削弱，居于室町的将军则逐渐成为全日本的实际统治者。

在镰仓幕府以前的天皇治世时代，日本的疆域与区划已经全面成形。政府将全日本分为六十六国（又称六十六州）。最开始，各州的地方官乃是天皇所任命的国司，通常由公卿担任，极少为武士把持。后来镰仓、室町幕府为了以自己的体制架空天皇的政权，针对六十六个领国设计了“守护”一职。

幕府建立之初，征夷大将军通常将自己的同族或是功臣安插到各国成为“守护”，拥有地方上的军事及行政、警察之权。后来由于战争需要，各国的守护还得到许可，可以获得当地年贡（田租）的一半作为自己的收入。尽管在足利义满将军时代，南北两朝实现了统一。但地方割据的势头并未变化，各地的守护掌握了地方上的军事、行政、税收大权，成为实际的割据者。后来的江户幕府时代的体制是，年贡收入在 1 万石以上的诸侯称作“大名”，1 万石以下的则叫“小名”。而在江户时代之前，从室町末期到动荡的战国时代，日本六十六州逐渐出现占有一州或几州的强势诸侯，被后世称为“守护大名”。

守护大名的领国一览：

兴福寺——大和

田山氏——河内　能登　越中　纪伊

细川氏——和泉　摄津　丹波　备中　淡路　阿波　赞岐　伊予　土佐

赤松氏——摄津　播磨　美作　备前

仁木氏——伊贺

山名氏——丹后　但马　因幡　伯耆　石见　备后

一色氏——伊势　三河　若狭　丹后

北田氏——伊势

土岐氏——美浓　伊势

斯波氏——尾张　远江　越前

今川氏——远江　骏河

武田氏——甲斐

小笠原氏——信浓

山内上杉氏——伊豆　武藏　上野　越后

扇谷上杉氏——相模

佐竹氏——常陆

六角氏——近江南半国

京极氏——近江北半国　飞驒　出云　隐岐

宇都宫氏——下野

结城氏——下总

千叶氏——下总

若狭武田氏——若狭

富樫氏——加贺

大内氏——石见　安艺　周防　长门　筑前　丰前

安艺武田氏——安艺

河野氏——伊予

大友氏——丰后

少贰氏——筑前　肥前

菊池氏——肥后

岛津氏——日向　大隅　萨摩

宗氏——对马

室町幕府体制下，有三个出身于将军足利一门的庶家：细川氏、斯波氏、田山氏，轮流担任将军的辅佐人“管领”，相当于全日本的宰相。另外一色、山名、京极、赤松四个参与创立幕府的元勋家族，轮流担任幕府的“侍所头人”或称“侍司所司”，作为处理武士事务的长官，被称作“四职”。以“三管领、四职”为首的守护大名家族，构成了室町幕府统治日本的核心。

三管领和四职家族同时身兼六十六国中多个领国的守护。最甚者如山名氏，曾一度兼领关西十一国守护，占到全日本领国的六分之一，因此被称作“六分之一殿下”。细川氏，长期领有京都附近及四国合计八个国。由于守护本人时常在京都侍奉将军，对领内的事务难以全部顾及，便任命亲信家臣担任领国的代理人，称作“守护代”。每个领国下面有郡，在一些地方还有小的家族担任“郡代”。进入战国时代后，初始的守护往往被架空，各领国的守护代、郡代却借着手中的行政职权，逐渐成为地方上的实力者。

越前、远江、尾张三国的守护大名斯波氏，乃是足利将军家同族的长老。斯波家的家主世代都被天皇授予“兵卫督”或“兵卫佐”的官位，按中国隋唐官制，为“武卫将军”。因此，在日本，这样的官位被称为“武卫”。由于全国的实权已由武家政权所掌握，所以在天皇号令日本的时代仿照中华官制定出的一套“律令制官位”，到了后来已成为一种荣誉头衔，但武士家族还是会以家族的世袭官位来衡量门第的高低。在足利家的宗主就任为正一位征夷大将军之前，往往也仅是获得兵卫督或兵卫佐的官位，所以世代传承这两种官位，成为斯波氏的一种荣耀，因而斯波的宗家又被称作“武卫斯波家”。

斯波氏在越前国的守护代是越前豪族朝仓氏，织田氏则是斯波家在尾张国的守护代，织田信长正是出自尾张织田家。

关于织田氏的祖上，有说法是出自日本“源、平、藤、橘”四大姓中的藤原氏，明德四年（1393）六月十七日，在越前剑神社举行供奉仪式的藤原信昌、藤原将广父子，通常被认为是织田家的祖先；由于织田与剑神社的密切关系，也使人猜测该家是出自神官家族忌部氏的后代，因为织田家的先代，除了担任越前织田庄的庄官之外，还担任着剑神社的神官。

剑神社是越前规格排位第二的神宫，仅次于排位第一的气比神宫。气比神宫供奉的是气比大神，也是日本的第十四代天皇仲哀天皇（在位时间：公元 192 年 2 月 11 日至 200 年 3 月 8 日）。而剑神社供奉的则是一把神剑，此剑由第十一代天皇垂仁天皇的皇子所铸造，后被赐给仲哀天皇的皇子忍熊王。忍熊王持着神剑讨伐高志国（越前、越中、越后）的贼徒时，上古大神“素盏鸣尊”附灵在神剑上，助忍熊王平定了叛乱，后来忍熊王在越前的伊部举行祭祀，得到神示，将神剑代替素盏鸣尊供奉为神体，修筑了剑神社。剑神社在中世纪受到斯波氏、朝仓氏以及织田氏的保护，同时素盏鸣尊也被视为织田家的族神。由于织田氏出身于神官家族，在越前诸家族中也算是较高

素盏鸣尊

的门第。

丨越前剑神社正殿

应永七年（1400），管领、越前守护斯波义将兼任尾张守护。由于在南北朝的半个多世纪战乱中，斯波氏一直以越前为根据地，越前被斯波家视作故乡和根本据点，当地的大小豪族附翼斯波氏结成了主从关系，在斯波家壮大后作为亲信与代官被派往各地。所以斯波义将就任尾张守护之后，并没有提拔尾张的本地豪族，而是将越前织田家的织田乡广（又名信广、伊势入道常松，也是前文中的供奉者藤原兵库助将广之子）提拔为尾张的守护代，派往尾张掌控领国。后来织田乡广（常松）作为管领亲信长期随侍在京都，其弟织田常竹又被提拔为尾张守护代派往尾张，这一家又称小守护代。迁居到尾张的织田氏由此也分成常松与常竹两支，常松一系乃是织田家的宗家。

第 2 章　应仁之乱中的崛起者

室町幕府统治的日本势力中心，是在京都及周边形成的一个环形实力体系：和泉、阿波有细川，山阳道（西国山脉以南）有播磨赤松家，山阴（西国山脉以北）有但马山名家，加上河内田山家、越前尾张的斯波家、若狭一色家，以及近江的京极家。“三管领、四职”共七家幕府元老家族的领国将京都地区围起，形成了一个环形体系。无论哪一股势力攻入畿内，都会受到七家的合力围攻。然而应仁文明之乱（下文简称应仁之乱）以及三好氏的抬头，使得这七大势力陆续遭到破坏。

文正二年（1467）至文明十年（1478）之间，围绕着将军家的继嗣问题，爆发了让全日本陷入乱世。

动荡的起因始自足利将军家的内部冲突。早先第八代将军足利义政(1436—1490)因多年来一直没有儿子，心灰意冷之下于宽正五年（1464）让出家为僧的弟弟还俗成为继承人，取名为足利义视。但是第二年，足利义政的妻子日野富子却为他生下一个嫡子，取名为足利义尚。富子为了使自己的儿子义尚被立为继承人，开始拉拢其他守护大名，联合起来排斥足利义视。在三管领、四职陆续加入互相倾轧之后，幕府内部随之分成了以管领细川胜元为首的足利义视派和以西国霸主山名宗全为首的足利义尚派。其间，另外两管领田山与斯波家世发生了家督继承的纷争，田山政长与斯波义敏加入了细川胜元阵营，而田山义就与斯波义廉则寻求山名宗全作为靠山。

文正二年（1467）五月二十六日，细川方16.1万余人与山名方11.6万余人在京都展开对战，全日本的诸侯都卷入其中。这场大乱的结果，是细川与山名两败俱伤，三管领细川、田山、斯波以及四职山名、一色、赤松、京极相继没落，各家在地方上的实权都被守护代所攫夺，室町幕府原有的统治体系由此走向崩溃。

斯波家的崩溃，从本据地越前的争乱开始。

应仁之战前夜，越前斯波家之主斯波义健于享德元年（1452）去世，年仅18岁。其父斯波义乡之前也以27岁之龄于永享八年（1436）落马而死。由于两代家主都是英年早逝，斯波家在越前的家政长期由守护代朝仓氏与外戚甲斐氏把持。

斯波义健去世之后，起先斯波氏的家主是由庶家的斯波义敏作为养子继承，义敏之父斯波持种作为辅佐人在家中主持政务。为了斯波家的主导权，斯波持种与守护代甲斐常治发生冲突。甲斐常治转而寻得将军足利义政与越前另一有力豪族朝仓孝景的支持。在将军义政的干预下，斯波义敏将家主之位传给儿子斯波义宽，自己被流放到西国的周防。不久甲斐常治去世，朝仓孝景掌握了越前的大权。朝仓孝景本身是一代英杰，也是应仁之乱最大的获利方之一。他对斯波家的操控比甲斐常治更彻底：在获得西军大将山名宗全作为靠山之后，朝仓孝景于宽正二年（1461）将家主斯波义宽废黜，完全抛开斯波一族，迎立来自足利将军一族的另一个庶家涉川氏的后嗣前来继承斯波家，是为斯波义廉。

被放逐者斯波义敏与外来者斯波义廉的斗争，仍在反复。后来斯波义敏通过收买足利将军的亲信伊势贞亲，获得了足利义政的赦免，并于宽正四年（1463）回到京都，三年后再次就任为斯波家督与尾张、远江、越前三国守护。而被夺去家督之位的斯波义廉则寻求岳父山名宗全的支持。

在应仁之乱的动荡中，朝仓孝景作为越前的实际控制人，最开始跟随斯波义廉一起加入了山名家的西军，并斩杀了令西军头疼不已的东军足轻大将骨皮道贤。未料朝仓孝景的这一英勇战绩却让东军的首领细川胜元看到了朝仓的实力。细川胜元以排除斯波氏、确认朝仓家在越前具有守护之权为条件，策动朝仓孝景倒戈投入了东军。

朝仓孝景不仅背叛了身处西军的旧主斯波义廉，而且在细川胜元的默许下，还对东军的斯波义敏发动进攻。文明七年（1475）末，朝仓孝景攻落斯波义敏在越前大野的居城土桥城，并将义敏俘获送往京都。后来的十年间，斯波义敏不断向幕府提出申诉要求拿回领地，却遭到主政的管领细川家的无视。斯波家与细川家虽然同为幕府三管领，却长期呈竞争关系，细川家为永久把持幕府管领之位，自然乐于见到斯波氏的没落。此后，朝仓氏取代武卫斯波家，成为越前的主人。

在这场大乱之中，斯波家在尾张的守护代织田氏也分成了两派：出自常松系的宗家织田伊势守敏广加入山名宗全阵营，并于文明七年（1475）十一月，将同处西军阵营的斯波义廉从京都迎往尾张中岛郡的下津城守护所。另一方面，庶家常竹系的织田大和守敏定则处于细川胜元阵营，支持斯波义敏、斯波义宽父子。

文明八年（1476），织田敏定按斯波义宽的指示，向下津城发起进攻，并击破织田敏广与从美浓赶来的斋藤妙椿联军，把斯波义廉从下津城驱逐出去。在东军首领细川家的操纵下，幕府任命织田敏定代替主家的敏广，成为尾张的守护代。接下来的数年中，织田敏广联合美浓的斋藤军重整旗鼓，与织田敏定在尾张各地激战。

应仁之乱的末期，管领细川家由于把持幕府，获得了相对的决断权。文明十年（1478），幕府将斯波义廉定性为“凶徒”，授予织田敏定以“凶徒退治”之权。斯波义廉由此在尾张失去了容身之地。第二年，在幕府的调解下，织田敏定与织田敏广达成和睦，约定将尾张国分成两半，由两织田家各自进行统治。

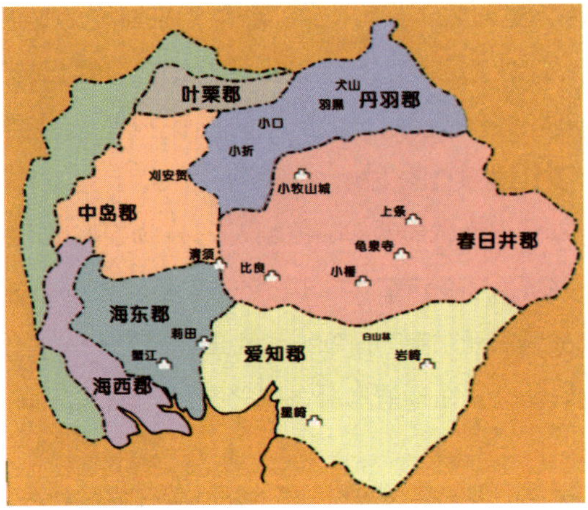

尾张八郡图

织田敏定原本只是宗家敏广之下的小守护代，以清洲城为居城，控制有中岛郡、海东郡以及山田郡的一部分，在此次和约之后成为尾张下四郡：爱知郡、知多郡、海东郡、海西郡的统治者，同时还在上四郡的中岛郡、山田郡中拥有大片领地。而织田敏广则以岩仓城为居城，领有尾张上四郡的其余领地。

织田敏定与主君斯波义宽同处东军，由于斯波义宽在越前遭到朝仓孝景的背叛，不得不转而以尾张为本据地，依赖当地的实力家臣织田敏定。织田敏定一系以庶家出身逐渐成为尾张织田家的主导者，后来织田敏广一系绝嗣，敏定又派儿子织田敏信出继岩仓城织田家。到后来实则岩仓、清洲两处的织田全部是敏定的子孙。尾张的守护代一职世代由清洲城的大和守系担任。

清洲与岩仓两处织田家的传承世系是：

清洲织田家（大和守家）：织田敏定—织田宽定—织田宽村—织田达定—织田胜秀—织田达胜—织田信友

岩仓织田家（伊势守家）：织田敏广—织田宽广—织田广高—织田敏信—织田信安—织田信贤

第3章　“尾张之虎”织田信秀

在清洲城的织田大和守一脉统治尾张下四郡时期，有三个同样姓织田的庶家担任清洲织田家的奉行（奉行，原意是奉上意行事之人，也指辅佐人、中层代官），合称“清洲三奉行”之家，按照世袭官位相称分别是织田因幡守、织田藤左卫门、织田弹正忠三家，共同执掌着清洲织田家的家政。织田信长既非岩仓织田，也非清洲织田，而是出自清洲三奉行之一的织田弹正忠家。

16 世纪初，尽管武卫斯波氏失去了老家越前，但是还领有尾张与远江两国的守护职，就全日本来说其实力也是屈指可数的。远江的东邻是骏河国，其守护今川氏也，是足利将军家一族的名门。在幕府开创的初期，今川家一直兼任着远江守护,但是后来斯波家就任管领期间,将远江守护职横抢到自己家族手中,造成了与今川家的敌对。从此,历代今川氏的家主都将夺回远江视为毕生的宏愿。

第六代今川家主今川义忠在应仁之乱中曾加入细川胜元的东军，向斯波氏的远江展开进攻，不幸却于文明八年（1476）在镇压远江豪族的战斗中战死。其子今川氏亲继位。今川氏亲本身是一代英主，协助他统治领国的舅父伊势新九郎长氏（后称北条早云）也是一代枭雄。君臣同心之下，今川家反而开创了新的辉煌期，先打败关东堀越公方的干涉军，后又平定家中的内乱，在骏河建立起强大的统治，此外今川氏亲又与京都的管领细川政元密切接触。在细川氏的支持下，为进一步削弱斯波家，今川家开始了夺回远江的军事行动。

永正五年（1508），幕府正式任命今川氏亲为远江守护，随后他便开始出兵根除斯波氏在远江的势力。当时武卫斯波家的家主名为斯波义达，是前面提及的斯波义廉之孙。对于今川氏的侵攻，斯波义达起先也曾奋起反抗，率领尾张兵多次进入远江作战。然而面对今川氏亲优秀的军事能力，斯波军屡吃败仗。

今川氏亲塑像

在斯波的后方尾张，斯波义达频繁的出兵以及败战，给尾张守护代、清洲城主织田达定造成了巨大压力。没撑多久，织田达定就在清洲城向斯波义达举起叛旗，却被斯波义达反击诛灭。此后同族的织田达胜被安排为达定的养子，继承了清洲织田家和尾张守护代。但是清洲织田家的权威开始在同族中一落千丈。而斯波义达最后也永远地失去了远江。永正十三年（1516），斯波义达死守远江引马城，却被今川氏亲用矿工挖断水源，最后不得不剃发为僧，打开城门投降，立下向今川家投降的誓状后才被允许回到尾张。此事也令斯波家名誉扫地，不久斯波义达便含恨去世了。随着宗主斯波氏与清洲织田的没落，清洲三奉行家逐渐掌握了尾张下四郡的军政实权。

大永七年（1527），在三奉行之一的弹正忠家，年方17岁的织田信秀，从父亲信定手中接过家主之位，成为胜幡城主。弹正忠家支配着尾张下四郡中的海东郡与中岛郡，是清洲三奉行中实力最强者。其间由于主家织田达胜干涉弹正忠家的继任之事，信秀在继位不久便正式向达胜宣战。后来在另外几家同族的调解之下，双方才达成和解。从此以后，织田信秀已不再将清洲织田达胜这个主家放在眼里，而是凭着自己强横的实力开始南征北战。

在织田信秀继任的前一年，骏河的英主今川氏亲已经去世，当时今川家的领地已横跨骏河、远江、三河三个领国，甚至深入到了尾张的东南部。今川氏亲在打败斯波义达之后，一度攻入尾张，在尾张东南的那古野之地筑起一座那古野城（今日本名古屋市），并将自己的末子今川氏丰任命为城主，又强行让斯波义达把女儿嫁给了氏丰，从而在尾张钉入了一颗钉子。今川家的这座那古野城，最终在享禄五年（1532），被织田信秀用计谋攻下。

根据《名古屋合战记》所载，织田信秀夺取那古野城的过程，颇具戏剧性。今川氏为武家中的文化名门，因此今川氏丰十分爱好连歌文化，并时常邀请周边的领主到那古野城举办连歌会。由于氏丰是斯波义达的女婿，碍于主家斯波氏的关系，尾张的大小领主们每次都欣然前往。享禄五年中的某一日，织田信秀被邀请到了那古野城中，当天在城中天守阁上举办连歌会，织田信秀借口天气闷热打开窗户透气，结果一阵风吹来，信秀便似中了风一般昏倒在地上，片刻后醒转过来时已是目光暗淡、气息奄奄，随后信秀颤抖着请求今川氏丰派人去喊织田家的重臣前来领受遗命。面对这样的情景，今川氏丰动了恻隐之心。但是信秀的家臣进入城中之后，胜幡城的织田军也悄悄潜伏到了那古野城周围。当天晚上，以信秀等人在城内放火为暗号，外面的织田军向城池发起进攻，里应外合之下一举攻克了那古野城。今川氏丰在混战中被俘，织田信秀最后将他驱逐出了尾张。

与织田信秀同一个时代，在尾张东部的三河国，小豪族松平氏也出了一位英主松平清康。

松平清康在大永三年（1523）继任为家主之后，便开始积攒实力。三年后今川氏亲去世，今川家对三河的控制力减弱，趁着历史性的机遇，松平清康用了八年时间便完成了三河国的统一，那一年清康仅 20 岁。后来家臣们对松平清康的评价是："活到三十岁定可将天下收入囊中。"

统一了三河，松平清康又开始向尾张发起侵攻，将织田信秀打得毫无还手之力。天文四年（1535）年十二月，松平清康开始围攻织田信秀之弟织田信光镇守的守山城。十二月五日却发生了重大变故：当天，松平清康在守山城的城门下，被自己的家臣阿波弥七郎正丰斩杀，享年 25 岁。关于松平清康之死，后来的说法是织田信秀向松平军中放出流言："松平家重臣阿部定吉已与织田家串通，在攻城时将对松平军反戈一击。"结果无辜的阿部定吉遭到了松平清康的斥责和同僚们的怀疑。离间计最终酿成惨剧：出于为父亲打抱不平的目的，阿部定吉之子阿部正丰找准一个空隙，从背后将主君松平清康刺死。

松平清康之死，引起了新一轮的倾轧和版图重划。松平清康的嫡子松平广忠年仅 9 岁，统一的三河国又陷入了分裂。织田信秀则乘机带兵攻入三河，在天文九年（1540）获取了以安祥城为中心的西三河大片领地，并向着松平家的本城冈崎城逼近。在骏河，天文五年（1536）今川家经历了一场争夺家主之位的内乱，今川氏亲的第五子今川义元从兄弟之中脱颖而出，成为今川家的第九代家主，在僧人军师太原雪斋的辅佐下，今川家的势力开始逐步回复。织田信秀对三河的侵攻，迫使以松平广忠为首的三河武士，为得到今川家的支援而臣服于今川义元之下。

织田信秀与今川—松平联军于天文十一年（1542）及天文十七年（1548）在三河冈崎城东南的小豆坂发生了两次激战。第一次小豆坂合战中，起初织田军已被击退，陷入危机。终因信秀三弟织田信光为首、名为"小豆坂七本枪"（七本枪即七支枪）的七名武士的奋战，使得织田军反败为胜，将松平—今川联军击败。此后六年里，织田家在三河的影响力与日俱增。六年后，织田信秀率领 4000 大军向冈崎城发起进攻，与松平—今川联军 2 万人在小豆坂再次遭遇。最初织田信秀一举突破了松平军，并攻入今川军的本阵。后来织田军却被今川家冈部元信所率的伏兵突破侧面，最后全军溃退。此战之后，织田家向东的扩张被迫暂停，在三河的统治仅限于西三河一带。另外，织田信秀还为协助美浓守护土岐赖艺，讨伐逆臣斋藤道，三次出兵美浓，一度取得美浓的大垣城及周边地区。

成为尾张下四郡的最有实力者后,织田信秀不再亲自前往清洲城服侍宗家，只是间或派兄弟与家臣作为代表出席清洲城的重要的会议，逐渐与清洲织田家脱离了主从关系。同时趁着统治尾张上四郡的岩仓家织田信安年幼之机，织田信秀将自己的二弟织田信康安置为上尾张的犬山城主兼织田信安的辅佐人，间接控制了岩仓织田家的家政，使得几乎整个尾张都在自己的号令之下。为了使自己在尾张的权威得到确认，织田信秀先后数次前往京都，向朝廷与足利将军献上金钱，家格也由此得到提升，先从正六位下的弹正忠叙任为备后守，后又叙任为三河守。通过织田信秀一生的努力，织田弹正忠一系逐渐成为尾张实际上的国主。由于强悍的作风，织田信秀被世人称为“尾张之虎”。

第 4 章　尾张的大傻瓜

为了统治不断扩大的领地，织田信秀的居城一移再移。天文八年（1539），织田信秀以那古野城旁边的古渡城为居城，到了天文十七年（1548）年，又建筑末森城并移住该地。

织田信秀的原配正室是主家清洲城主织田达胜之女，后来由于与达胜的冲突，信秀便与正室离婚，又娶了弟弟织田信康的家臣、尾张海东郡豪族土田下总守之女为妻，这位继室被后世称为土田御前。土田御前与信秀生下了四男一女：信长、信行、秀孝、信包以及市公主。另外信秀还与多位侧室生下信广、信时、信治、信兴、秀成、长益、长利、犬公主等子女。

天文三年（1534）五月十二日，在尾张胜幡城，土田御前生下了织田信秀的嫡子，这个孩子的幼名叫吉法师。尽管信秀之前已与侧室生下一个庶长子织田信广，但吉法师作为正室所生的嫡子，注定将成为织田信秀的继承人。

出于对孩子的重视，织田信秀先是将家臣池田恒利的妻子安排为吉法师的乳母，这个乳母有一个儿子名为池田恒兴，由此也就成了吉法师的乳兄弟。第二年，信秀又将那座今川氏亲安置幼子的城池那古野城送给吉法师作居城，同时给 2 岁的吉法师安排了四位家老料理城中的政务，按其身份上下依次是：林秀贞、平手中务丞政秀、青山与三右卫门信昌、内藤胜介。

在孩童之时，织田信秀便赐给吉法师居城，并为他配备重臣，可以说是为了把儿子培养成一个天生的统治者与领袖而煞费苦心。而夫人土田御前也对吉法师寄予厚望，特地安排平手政秀成为吉法师的传役，也既是老师又兼辅佐人。平手政秀除了身为信秀的重臣之外，同时也精通茶道与和歌，是织田家中第一渊博的文化人。天文二年（1533）京都的公卿山科言继访问尾张时，对平手政秀的学识大为叹赏。另外，政秀还精通各种武家与公家之礼仪，曾作为织田信秀的外交官与京都的朝廷进行交涉，进献过天皇居的修理费用。织田家并非信浓小笠原、甲斐武田那种弓马礼仪世代相传的武家之名门，但还是为吉法师配备了尾张国内最优秀的老师，家中上下对他的期盼可想而知。

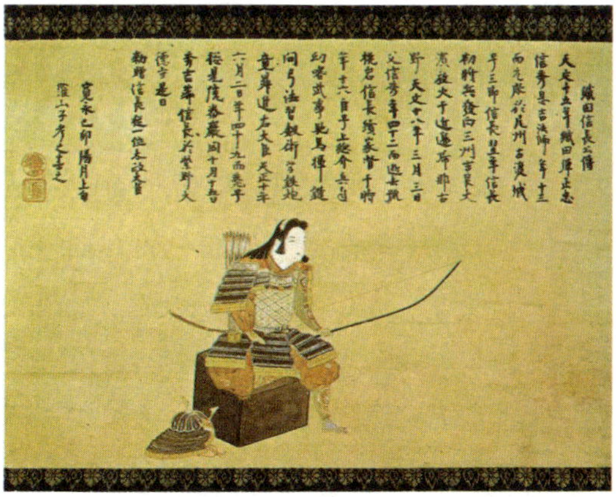
织田信长初阵图

天文十五年（1546），织田信秀的居城古渡城中，时年 13 岁的吉法师由林秀贞与平手政秀服侍，在家中众人的关注之下元服行成年之礼，此后他的正式名字为织田三郎信长。第二年，织田信秀进攻三河时，信长被安排为大将，在三河国的吉良大滨放火，又

| 织田家的“木瓜”家纹

在外野营了一晚便匆匆回阵，算是完成了自己的初阵。

到了十六七岁的时候，织田信长的行事却逐渐让人感到大为不可思议：从三月到九月之间，信长时常不顾水温跳到河里游泳；又不分身份尊卑，成天与乡间农民的孩子嬉闹到一起，拿着竹枪打来打去；田地中的瓜果、店铺里的糕饼，只要肚子一饿取来便吃，从来不问主人也不给报酬；更让人侧目的是，一年到头信长的装扮几乎都像一个疯子一般：每天头发乱成一团、胡乱穿一件小袖袒出半边臂膀、腰中扎着一些彩色的布袋，拿着竹刀、骑着马在街市里横冲直撞。那古野城下街町里的人们，每天早晚两次，只要听到织田信长的马蹄声，就得赶紧让到大路的两旁以免被撞伤。

以上的种种行为，在崇尚质朴刚健、严正守礼的武士之家看来，都是轻浮而没有廉耻的。特别是织田家这种武门中的后起之秀，由于兴起得过于迅猛，为了能在世人的眼中与镰仓、室町开幕以来的名门并列，家中之人心目中的领导者，是那种保守稳健、严守礼仪、有古代武士之风的大将。但是织田信长成年后的形仪举动，却与众人的憧憬格格不入。家老林秀贞、平手政秀等重臣，不约而同都对信长感到失望，而母亲土田御前也开始嫌弃信长，转而疼爱信长的弟弟、品行方正的织田信行。由于织田家的家纹为“木瓜纹”，尾张的百姓们便以此借喻，将信长称作“尾张的大傻瓜”，信长的顽劣之名由此也传遍了邻国。

在室町幕府开创的年代里，曾涌现出一批守护大名如佐佐木道誉、土岐赖康等，作为元勋为幕府的开创立下了汗马功劳。这些在时代中呼风唤雨的成功者，为了显示自己与一般人的不同，也做出过一些让世人侧目的异行：如佐佐木道誉大闹佛都比睿山、土岐赖康撞翻天皇的牛车等。在当时这样一群人被称作“婆娑罗大名”，即行为怪异的诸侯。战乱减少之后，室町幕府的统治走向稳定，各国的诸侯渐渐趋向于谨慎守成，像“婆娑罗大名”这类人便几乎绝迹了。后来织田信长的种种举动，正是这种风格的再现。虽然当时织田家内人都无法理解，但是在乱世时代，具有婆娑罗风格的人，敢于打破一切常规理念，往往会引导家族实现飞跃。或许织田信秀也明白这一点，所以无论是土田御前还是重臣们的投诉，信秀都一笑置之。

在织田信长的奇装异行背后，也隐藏着他好武爱学的一面：通过游泳与策马到野外放鹰狩猎，信长锻炼出了强健的体魄；整日在乡间田下与农民们接触，让他更深入地了解到尾张的国情民情。此外信长还师从市川大介学习弓术、向平田三位学习兵法，并向尾张北部的盗贼头领桥本一巴学习并掌握了新武器“铁炮”（火绳枪）的使用方法。

虽然日本早期也应用过中国制的土制火器，但其射程、精度却远不如西洋的火器，所以对战争的影响微乎其微。西洋铁炮传入日本的时间为天文十二年（1543），那一年有一艘中国船遭遇大风而在九州岛大隅国的种子岛抛锚。船主是一个名叫“五峰”的中国儒生。后来的记载表明，“五峰”就是明朝时期中国最大的海盗及走私商团首领王直。

经过当地小地主西村织部的引荐，种子岛的岛主种子岛惠时、时尧父子接见了王直与船员。当时船上还有两名葡萄牙商人，他们向种子岛惠时展示了手中的新式武器“铁炮”的威力。种子岛惠时在震撼之余，敏锐地感觉到了这种武器的军事价值，当即便花黄金 2000 两从葡萄牙人手中买下了两支铁炮，并交给岛上的铁匠八板金兵卫清定去拆解复制。然而八板复制出了大部分的零件，却始终无法制出枪膛里的螺钉。当他找葡萄牙人请教时，葡萄牙人却要娶金兵卫美貌的女儿为妻才肯告知螺钉的制法。最后金兵卫不得不忍痛将自己 17 岁的女儿若狭交给葡萄牙人，由此得到完整的工艺图，终于将铁炮复制成功。

铁炮复制成功之后，以种子岛为起点，这种新式武器与用法开始向全日本缓慢传播。

| 种子岛上的“铁炮传来记功碑”

纪伊国的僧人同时也是大领

主津田监物丞算长从种子岛时尧处获赠了一支铁炮，而后带回老家纪伊，并成功复制。从此津田算长的大本营纪伊根来寺成为日本一大铁炮产地。

另外当时日本国内最大的港口堺町有一名商人名为橘屋又三郎，也慕名到种子岛造访八板清定，并花重金学得了铁炮的制作方法，他回到堺町之后开始了铁炮的量产。

不久，京都的将军足利义晴也得知了铁炮这一新事物的存在，于是命令管领细川晴元寻访各地的知名铁匠研究铁炮技术，其中近江国国友村的铁匠国友善兵卫率先仿制成功，国友村由此也成为日本中部最重要的铁炮产地之一。

但是由于铁炮的制作工艺复杂，对铁砂的品质要求极高，加上传入日本时的昂贵代价，使得其售价十分高昂，一般的诸侯只是将它作为宝物收藏，而很少大量应用到战场上。

桥本一巴是尾张与美浓国界上的豪族“川并众”中的一员，除了在长良川及其支流上打劫之外，同时做一些水运与贸易，在贸易的往来中结识了堺町的商人并学得了铁炮的用法。而织田信长听说桥本一巴精通一种新武器，立刻大刺刺地跑到对方的家中观赏，看过桥本的演练之后，信长感到如果将这种武器应用到战争中，会给战局带来无数种改变的可能，于是便请求他教授铁炮的用法。但是这在重臣们看来，不过又是信长的一种猎奇举动罢了。

第5章　蝮蛇之婿

在尾张北面是美浓国，统治这个国度的是一个枭雄人物：斋藤道三。这个人在织田信长的人生中占有重要位置。

关于斋藤道三的出身，通常认为他是京都武士松波左近将监基宗之子。松波基宗在侍奉公卿时犯下过失，不仅丢掉了差事，还被禁锢在京城之外的西冈。他11岁的儿子峰丸也不能成为武士，而是被安排到京都的妙觉寺出家为僧，法名法莲房。但是法莲房在做和尚方面的资质远不如他的学弟日护房。在两人都是 20 多岁的时候，日护房就被任命为美浓国厚见郡常在寺的住持，而法莲房却时刻想着出人头地，不甘于以僧侣的身份了此一生，于是便借着日护房前往美浓的时候相随前往，并在中途开溜还俗，以庄九郎的俗名整日混迹在京都周围。

庄九郎长得一表人才又无亲无故，于是被京都的油商奈良屋又兵卫看中，招他入赘做了女婿。此后庄九郎继承了岳父的家业，奔波于各地卖油，某一天竟然又与日护房相逢，此时日护房已改名为日运上人，成了美浓国有名的高僧。相处多年，日运上人素知庄九郎的家门不幸，也知道他一直想重新获得武士身份的心愿，便把庄九郎推荐给了兄长长井利隆。不久庄九郎便成了利隆之子、美浓国小守护代——长井长弘的家臣。以卖油所获得的财富为后盾，庄九郎获得长井长弘的赏识，继承了长井家断绝子嗣的家臣西村氏之门第，并改名为西村勘九郎正利。

在室町幕府时期，美浓国的守护大名一直是幕府元勋和名门土岐氏。土岐氏的家臣斋藤氏长期担任守护代，协助主君理政。小守护代长井氏，是守护代斋藤氏的分家。但是进入战国时代之后，随着自身实权扩大，长井氏一直想着取代主家斋藤氏的地位。美浓守护土岐政房的长子土岐赖武与次子土岐赖艺，围绕着家督的继承权产生了冲突，给长井家的下克上带来了空间。

土岐家的继承人之争，引发的美浓内战，从土岐政房生前到死后持续了十多年。长井氏在这场大乱中站在赖艺一方，希望凭借赖艺的上位而将主家斋藤氏压到下风。大永五年（1525），在西村勘九郎的奇计之下，长井长弘先后攻落了斋藤家的居城稻叶山城及美浓的守护府福光馆。到了享禄四年（1531）前后，土岐赖艺将兄长赖武赶往越前国，自己自称“美浓太守”，实际上已经成了美浓守护。而西村勘九郎在此期间由于功劳突出，已经跳过主君长井氏，直接得到了国主土岐赖艺的看重。

除了谋略出众之外，西村勘九郎还精通枪法。据说有一天土岐赖艺将一枚永乐通宝挂起来，让勘九郎试枪，结果勘九郎一枪刺去，正好从钱眼穿过。大永六年（1526），为进一步笼络西村勘九郎，土岐赖艺将自己一个名唤深芳野的爱妾赐给勘九郎。取得守护的信任之后，西村勘九郎着手谋划除掉主公长井长弘。天文二年（1533），土岐赖艺以长井长弘行事无道为由，命令西村勘九郎将长弘杀害。随后西村勘九郎便继承了小守护代长井家，改名长井新九郎规秀，成为加纳城主。五年之后，守护代斋藤利良病死，长井规秀又出继斋藤家，改名为斋藤新九郎利政，正式成为美浓的守护代。不久他便把居城移到斋藤家世代的居住地稻叶山城，改名为斋藤山城守秀龙。

取得了美浓的实权之后，斋藤秀龙公开倾轧自己的恩主土岐赖艺，引发了新的下克上战争。起初，由于土岐赖艺招来越前的朝仓氏作为援军，天文十年（1541）之际，斋藤秀龙一度被逼到了绝境，最后为了保全性命，他再度削发为僧，取法号道三，打开稻叶山城向敌军表示降伏，此后人们通常按法号将他称作“斋藤道三”。第二年朝仓军撤走之后，斋藤道三再度纠集起美浓的众多豪族围攻土岐赖艺居城大桑城。土岐赖艺在落城之前逃出，前往尾张寻求织田信秀的庇护，此后斋藤道三成为美浓实际上的国主。

由于道三屡屡以下克上，先除掉主公长井长弘，再吞并守护代斋藤家，最后赶走主公土岐赖艺，每次均通过消灭主君向高位迈进。这种行径让人联想到了一种动物：蝮蛇。这种蛇是卵胎生，在母蛇的腹中孵化，出生时不仅咬破蛋壳，往往还会咬破母蛇的肚子。因为行径上的相似，人们给斋藤道三取了一个外号“美浓的蝮蛇”。

斋藤道三赶走土岐赖艺的时候，正是尾张之虎织田信秀实力达到巅峰的时期。面对土岐赖艺的求援，织田信秀慨然允诺，随即便派大军护送赖艺回美浓。在美浓，织田军又得到土岐氏的原重臣氏家、稻叶、安藤、不破等家族的协助，

斋藤道三画像及根据画像绘制的油画像

一直攻到道三的稻叶山城下，最后斋藤道三受形势所逼，被迫与织田信秀讲和，接受对方的要求将土岐赖艺迎回美浓，安置到揖斐的北方城。这一次的胜利，打开了织田信秀向美浓扩张的道路，此后他便屡屡打着讨伐斋藤道三的旗号攻入美浓。

天文十六年（1547）九月三日，织田信秀动员了尾张上下八郡之兵，并会合了美浓土岐赖艺方面的豪族，再次一口气攻到道三的稻叶山城下。九月二十二日，正当织田军在稻叶山城下加纳口的村庄放火之际，斋藤道三率军由城内突出，从侧翼分三路杀入织田军中，导致织田军总崩溃。在撤退的过程中，织田信秀之弟犬山城主织田信康，同族的织田因幡守、织田主水正，信长的家老青山与三右卫门，重臣千秋纪伊守等相继战死，织田方战死人数竟达到5000人。战后斋藤军用砍下的织田方首级在加纳口堆起了一个高高的首冢。

这一战让织田信秀的元气大伤，从此再不敢随便向美浓出兵。而且犬山城主织田信康的战死，以及其继承人织田信清的年幼，也使得织田信秀在尾张上四郡的统治产生了动摇：岩仓城的织田信安已经成年，在失去了织田信康的监视之后，信安便开始摆脱织田信秀的控制，试图重掌尾张上四郡的实权。第二年，织田信秀又在三河的第二次小豆坂合战中被松平—今川联军打败，雄心壮志再次受挫。接下来一段岁月中，织田信秀的运势逆转，被北方的斋藤道三和东面的松平、今川夹攻，弄得焦头烂额。

织田信秀安排给信长的四大家老，青山与三右卫门在美浓加纳口战死、内藤胜介在三河小豆坂战死，就剩下林秀贞与平手政秀两人。林秀贞是尾张春日井郡的大豪族，与其弟林美作守通具都是织田家重臣，林秀贞为了自己的家门考虑，向被众人寄予厚望的织田信行示好之际，平手政秀却始终对织田信长保持着忠诚。尽管平手政秀也对信长的所作所为深感痛心，却无法背弃这个自己手把手教育长大的少主。

在尾张国内都蔑视信长的时候，要巩固织田信长作为继承人的地位，平手政秀想到最直接有效的办法，莫过于让信长与周边的强势大名联姻。东面的今川家门第高贵，而且正致力于向西扩张，若是向他示好，最后织田家可能就会成为三河松平那样的附庸；美浓的斋藤道三出身低微，织田家在门第上具有优势，

清洲城的浓姬铜像

而且打着支援土岐赖艺的旗号，一直在与道三的战争中处于强势，从实力与门第上来说，两家联姻肯定是道三方面有所高攀，因此不愁他不答应。不过织田家在强盛的背后已经出现了隐忧；而在加纳口之战后，斋藤道三掌握全美浓已经接近完成，若能早些联姻，道三将来就可以成为信长的强力后盾。

平手政秀将自己的想法禀告织田信秀，得到了信秀的首肯。不久政秀就前往美浓游说道三。对道三而言，联姻的利益很直接。若是没有织田信秀，五年前他便已经成为美浓之主了，结果因为织田军的干涉，土岐赖艺到最后像个钉子一样牢牢地钉在北方城，成为道三多年来的心中之刺。若是与织田联姻，自己便可放开手来，把失去了后援的赖艺清理掉。另外，道三也听说信秀的继承人是个“尾张的大傻瓜”，一旦联姻成功，道三便有了干涉织田家内务的机会，说不定可以通过控制这个“傻瓜”而把整个尾张掌握在自己手中。就这样，两家各怀鬼胎地订下了婚约。

斋藤道三许给织田家的，是他与正室明智夫人所生的女儿。明智氏是美浓守护土岐氏的同族，在门第上也是相当高贵。这位公主的名字叫归蝶，人们通常又称她为“浓姬”，即是来自美浓的高贵女子。这一风格，日本人是完全照搬了中国的习俗：姬，是中国周朝的国姓，在西周与春秋战国时代，凡是周王及同姓诸侯嫁出去的公主，名字里都会带上姓，如王姬、伯姬，等等。而齐国以姜太公的“姜”为姓，其公主便有文姜、哀姜，嬴姓秦国的公主也有怀嬴。古代学习汉学的日本人，以为带个“姬”字便是公主，但是日本高到公卿，低到大名土豪的女儿都可以称为公主，于是姬作为名字的修饰便在日本女子中泛滥成灾。

据说在浓姬前往尾张之前，斋藤道三曾交给她一把短刀，并嘱咐说：“如果发现对方真的是一个大傻瓜，你就用这把刀杀死他，免得辱没了自己。”但是浓姬却说道："待我过去好好观察一番再下结论，说不定事实正好相反，到时候为了夫君，可能我会把刀插到您的胸口上！"这种见识与器量，让道三也窘得无话可说。其实道三也时常对身边的人感叹说："如果浓姬是个男儿身，那将是我继承人的不二人选。"

天文十七年（1548）三月，一乘小轿载着浓姬从美浓来到那古野城，随后正式举行了婚礼。但婚礼之后很长时间，斋藤道三既没听说女儿将信长杀死，又不见浓姬送来任何情报。这让他纳闷不已：尾张的大傻瓜，真能让自己那器量不同凡响的女儿折服吗？尽管道三百思不得其解，但是与织田的联姻，使得土岐赖艺一派的美浓豪族失去了尾张的援助。趁着这个机会，斋腾道三放开手脚发起进攻，安藤、氏家、稻叶、不破等家族陆续投降，相羽城主长屋景兴、揖斐城主揖斐光亲先后战死，到了天文二十一年（1552），道三攻破土岐赖艺所在的北方城，再一次将赖艺放逐到尾张。从此以后斋藤道三正式取代土岐家，成为控制美浓一国的战国大名。

第6章　信秀之死

在与北方的美浓达成和议之后，织田信秀得以专注于和松平、今川的战争。

天文十六年（1547）七月，织田信秀在三河的矢作川河畔击破松平广忠。为了从今川家取得援军，松平广忠送出自己的嫡子松平竹千代前往骏河当人质，并派出田原城主户田康光护送。但是户田康光却在半路倒戈，挟持着竹千代逃向尾张，以1000贯的价格将竹千代卖给了织田信秀。当织田信长得知有这么一个小孩存在之后，不顾对方是人质的身份，每天带着竹千代骑马、游泳，一起玩耍，在那古野城附近到处都留下了十四五岁的织田信长与六七岁的松平竹千代的足迹。这时的友谊，为后来两人20多年盟友关系做了铺垫。

松平竹千代作为人质在尾张待了两年之久，在这段时间，织田信秀一直以他为要挟，逼迫三河的松平广忠投降。但是松平广忠反而更坚决地向今川家靠

万松寺内的织田信秀木像

拢。虽然松平家的人质没有送到，但是千里送鹅毛，礼轻情义重，今川义元被广忠的情义打动，长期对松平家保持着积极的支援。

可以说，松平竹千代的到来，并没有为织田信秀产生收益，反而给他带来了一系列厄运。天文十七年（1548）四月，织田信秀第二次在小豆坂被今川—松平联军击破，失去了对东三河的影响力。第二年三月，松平广忠走上了和他父亲松平清康一样的末路——在居城被家臣片目弥八斩杀，年仅 24 岁。随后还未等织田家做出反应，今川家便派出大军以迅雷不及掩耳之势接收了松平家的领地。接着今川家以太原雪斋为大将，率领 2 万大军屡屡向织田家控制的西三河发起进攻。同年十月，太原雪斋击破织田方的援军，攻取了安祥城，以该城为中心织田家在西三河的领地丧失殆尽。另外，安祥城的守将是织田信长的庶长兄织田信广，城破时被今川军活捉。今川家以织田信广为人质，交换回了被留在尾张的松平竹千代。此后今川家将松平竹千代带到骏府城直接加以控制，松平方的三河豪族们也因此纷纷向今川义元表示效忠。

不仅长子被俘受辱，就连自己征战十年取的大片三河土地也全部失去，这让织田信秀愤恨不已。天文二十年（1551），身心疲惫的织田信秀染上了当时的一种传染病，并于三月三日突然去世，享年 42 岁。临死前织田信秀留下遗命，让织田信长继承家督之位。

织田信秀生前曾在尾张龟岳山建了一座万松寺，死后他的葬礼法会便在寺内举行。当时织田家大散金钱，广发请帖，不仅请来了尾张全国的和尚，就连远至九州、关东的和尚也被请来，一共 300 多名僧侣为织田信秀举行水陆法会。

按理说葬礼应该由嫡子作为主祭者，但是重臣们等了许久，都不见织田信长出现。最后信长终于来了，却依旧和平日一样衣冠不整、头发乱打成一个结。更匪夷所思的是，信长拖着长刀闯到灵前，抓起一把香灰，恨恨地投到信秀的灵牌上，接着便转身扬长而去。众人虽然觉得诧异，但也奈何不了信长，只好推出信长的弟弟织田信行作为主祭。当天信行穿得仪表堂堂、神情庄重，将一切安排得井井有条。不少重臣都认为：这样的人物才该是信秀公的继承人。唯有平手政秀在一旁疾首跺脚。此时众僧之中有一名来自九州筑前的和尚却小声议论："其实三郎信长公器量非凡，正是能够支撑一国的人物。"

织田信长在继承家督之后，改称织田上总介信长，仍然待在那古野城处理国政，而将父亲信秀的居城末森城赐给了弟弟织田信行，并为信行配备了家中的猛将柴田胜家作为家老。此时织田信行身边的拥护者，不仅有母亲土田御前，重臣林秀贞、林美作、柴田胜家、佐久间大学允盛重、佐久间次右卫门，就连清洲城主织田信友也与信行通好表示支持。当然这一切暂时都还潜伏在水平面之下。

最先公开表示离心的，是织田信长的堂兄弟、犬山城主织田信清。织田信清本来与父亲信康一样，都是织田弹正忠家族在尾张上四郡的代理人，随着伯父信秀的去世，信清逐渐有了独立之心，不仅开始疏远那古野城的信长，而且还霸占了一些上四郡原本在信长名下的土地。后来织田信长将一个妹妹嫁给信清，进一步加强了对他牵绊，才避免了犬山城的进一步离心。

外部的危机已经出现，而在那古野城内，织田信长的不安分又惹出了许多事端，此事直接涉及了重臣平手政秀。平手政秀有三个儿子：平手五郎右卫门久秀、平手监物、平手甚左卫门。其中平手五郎右卫门久秀是政秀的长子与继承人。据说久秀有一匹难得的骏马，信长知道后垂涎不已，屡次派人向他索取，但均遭到了久秀的拒绝，君臣二人就此产生了不和。为此平手久秀也开

政秀寺

始和织田信行暗通款曲，加入了推翻信长的阴谋计划。平手政秀得知此事之后，既为儿子的不忠而痛心，又进一步对信长的不成器感到失望。

天文二十二年（1553）闰一月十三日，平手政秀在自己的府中切腹自杀，临死前留下一封遗书，希望织田信长端正品行、痛改前非。得知平手政秀以死为谏，信长不禁悲叹不已，因为他也知道，家中重臣之中，唯有平手一人对自己忠心耿耿，至死不变。以平手政秀在织田家中的声望，堪称是继父亲织田信秀之后又一根支撑自己人生的台柱，现在这两根柱子都倒塌了。后来，信长命令高僧泽庵宗彭和尚专门建起一座政秀寺，用来悼念平手政秀的英灵。

在老臣们因为各种原因而逐渐远去的同时，织田信长一直也在将一些青年武士收为自己的亲信。天文十七年（1548），时年 16 岁的丹羽五郎左卫门长秀加入信长旗下。天文十八年（1549），14 岁的前田犬千代被信长收作家臣。这些青年，后来都成为织田军的中坚人物。

第 7 章　正德寺会面

“尾张之虎”织田信秀去世已有两年，在这两年里，美浓的“蝮蛇”斋藤道三却没有轻易出兵尾张，因为他着实对尾张的这个傻女婿摸不透。

最让斋藤道三困惑的是，女儿出嫁前身怀宝刀，信誓旦旦地说道：“如果对方是个如传言般的傻瓜，那我就马上将他杀掉。”那一幕还历历在目，但眼看浓姬嫁过去已有几年，她却既没有杀死信长，也没有派出任何使者回来汇报信长的为人到底如何。这种沉闷让老谋深算的道三也觉得不安，由此让他产生的潜意识判断是：“可能信长是一个才识气度都让浓姬折服的伟丈夫。”道三的野心让他从感情上不愿意相信这个现实，但是在没有对信长的能力进行确切判断之前，道三也不敢轻举妄动。

然而尾张第一能臣平手政秀切腹的消息传来，几乎打翻了斋藤道三所有的判断，新的念头油然而生：“难道信长是个所作所为让忠臣义士痛心到要以死

正德寺遗迹

相谏的君主？那么尾张即使不被我夺走，也会被别的强者夺走吧。”为了获得一个更清楚的判断，平手政秀切腹的那一年（1553）四月，道三向尾张派出使者，要求与信长举行一次会面，地点选在尾张领内富田的正德寺。地点选在织田领内，一方面是表示自己的诚意，另一方面也表明自己的气概大到足以将尾张视若无物。

面对一个能将一手提拔自己的主君都放逐掉的枭雄，即使是岳父，贸然去会见也太危险了一点。所以不光是众多家臣，就连浓姬也劝阻信长不要前往，但是织田信长最终力排众议，慨然应约。

会面的时间是在四月下旬。当日，美浓的武士侍立在大路两边，富田的百姓们也早早簇拥在路旁，准备目睹传说中的“尾张大傻瓜”究竟是何模样。斋藤道三本人与亲信也事先潜伏到街边的一栋小屋里，透过窗口观察着街上的动静。

少时之后，一条长队出现了。代表大名印记的马标之下，有一个最显眼的骑马男子，他并没有像一般大名或武将那样梳着油亮光整的朝天髻，而是用稻草把蓬乱的头发打了个横结，上身更是像市井中打架闹酒的无赖一样将衣服扎到一旁，袒露出左肩，下身穿的是虎皮与豹皮缝成的半袴裙（在裤子之外覆盖大腿部分的衣饰），腰间不光系着几个零零碎碎的布袋，还极不相称地斜插着一把二尺长刀。最令人侧目的是，他根本不理会路边人们惊讶的目光，一边前行一边还拿着酒葫芦自顾自地灌着黄汤。这就是那传说中的大傻瓜织田信长。

虽然看清楚了素未谋面的女婿，但斋藤道三却无法轻视眼前这个放荡随意的男子，因为走在“大傻瓜”前面的是约 800 名披甲执刀的亲随武士，其中最健壮地走在队伍前端，第一印象就给人以威武彪悍的感觉，紧跟在信长身后的是 500 名手持长枪的足轻，这些枪的长度竟然有三间（1 间约 1.8 米），这让善用枪兵的道三未免也感到汗颜，不过最让道三惊讶的是，长枪兵身后还有 500 名铁炮手。

铁炮由葡萄牙人传入日本的时间并不长，虽然在九州种子岛、和泉的堺町以及近江的国友村都已开始量产，但由于工艺复杂加上对材料要求极高，因而造价极高。虽然铁炮相比弓箭有着射程远且命中率高的优点，具备最直接的杀伤力，但到当时为止全日本还没有将铁炮大批量用于战争的记录。能装备起一支 500 人的铁炮队，光是这种财力和魄力就足以让人刮目相看了。

道三带着少数人来到尾张，只是想让敌人放松警惕，然而对方不仅没放松戒备，反而排出精锐人马把自己震慑了一场，这个看似傻瓜无赖一般的女婿究竟是何等人物呢？带着满肚子的讶异，道三与随从们离开了小屋。

晌午时分，斋藤道三坐在正德寺大堂里的屏风后面，静待信长的到来。然而当侍者撤开屏风后，出现在道三面前的却是一位身着武士正装、头发一丝不苟、言行谦谨持重、从上到下都无可挑剔的堂堂美男子，而且那能让四周的空气都凝滞的有神双眼里，分明还流露出一点诡计得逞的狡黠神情。事到如今，斋藤道三才发现，自己根本就无法像揣测以前的敌手那样判断信长下一步会做些什么。

这是一场极为另类的会面，据说简短的寒暄之后，再无人发言，双方根本就没有深入的交谈，或许都对对方有着十足的戒心。

侍立在旁的春日丹后与堀田道空分别为两人斟酒。翁婿两人举起酒杯一饮而尽，与此同时一直对望着，似乎都能从对方的眼神里，看出棋逢对手的快意，因为最强大的对手，往往也是对自己了解最深的知己之人。

两人这样对敬三杯，再不发一言，短暂的会面就以沉默结束了。信长告辞离去之后，斋藤道三的心腹猪子兵介向主君问道：“信长大人究竟是何等人物？”道三在当时的回答流传甚广：“我的儿子们，今后恐怕要在女婿的门前系马，成为他的家臣了。”正德寺的会面并没有给信长造成危机，而这个著名的回答却把斋藤道三引上了穷途末路。

第 8 章　缭乱的尾张

斋藤道三通过正德寺之会看到了信长的器量不凡，但是，织田家内却依旧有许多人因为平手政秀的自杀，对信长失去了信心。

天文二十二年（1553）四月，尾张东南部的鸣海城主山口教继受到骏河今川义元的策反，带着城池投靠了今川家。随后山口教继又与儿子及亲信各自出兵，占领了鸣海城周边的一些要地：山口教吉镇守鸣海城，山口家臣冈部五郎兵卫、三浦左马助、饭尾丰前守镇守笠寺城，山口教继本人亲自镇守中村城。四月十七日，织田信长率领 800 人向鸣海进军，与山口教吉的 1500 人在鸣海城外的赤塚遭遇，大战一场未能分出胜负。信长退走之后，山口教继父子又攻落了鸣海城周边的大高城和沓挂城，信长从此失去了对尾张东部地区的控制。

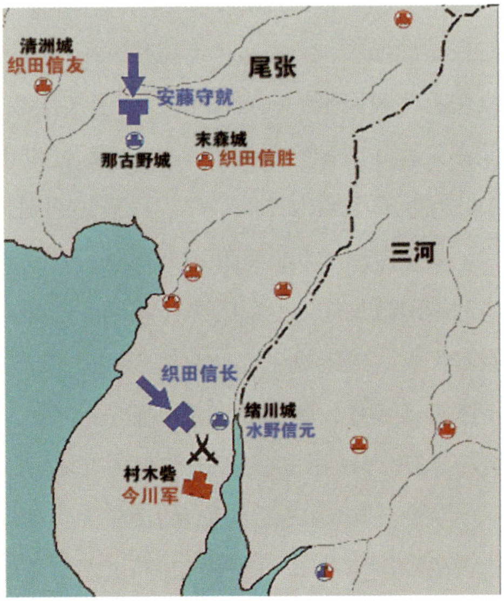

信长奇袭村木砦路线图

天文二十三年（1554）初，今川义元派出大将朝比奈泰能带兵进入尾张，在鸣海城以东筑起一座村木砦，准备隔断织田方的绪川城与木田城，再步步为营蚕食被隔断的两城，把边境线继续向西推进。

正月二十日今川军开始筑城时，织田家在边境上的豪族小河城主水野信元立刻向织田信长报告了敌情。信长派出使者向美浓的斋藤道三请求援军，道三随即派出大将安藤伊贺守带兵前往尾张，在信长出阵时协助镇守那古野城。正月二十一日，信长坐船从海路绕过了村木砦防守严密的正面，在其后方的绪川城与水野信元会合，休息一天之后，于二十四日拂晓向村木砦发动突袭，一举将城砦攻落，并放了一把火将今川方还没完成的工事烧了个干干净净。不久信长又在前线筑起丹下砦、善照寺砦、中岛砦、丸根砦、鹭津砦五座城砦，并向今川家放出山口教继父子要谋反的谣言，促使今川义元将山口父子诱杀，尾张的东南部边境才暂时稳定下来。

山口教继的叛乱达到最大规模的时候，清洲城主织田信友也蠢蠢欲动。天文二十二年（1553）八月十五日，织田信友属下的大将坂井大膳、坂井甚介、河尻与一率先出兵，逼降了清洲周围的深田城与松叶城。第二天，织田信长率军从那古野出发，与守山城的叔父织田信光会合后便杀向清洲，在萱津与清洲军遭遇。一战下来，清洲军全面溃散，大将坂井甚介战死。此后织田信友再不敢与信长正面交战，而是开始谋划着找人暗杀信长。此时尾张守护斯波义统也居住在清洲城中，义统实际上只是织田信友手下的傀儡，而他属下的家臣们却一直想着侍奉尾张的强者，在乱世中出人头地。有一斯波家臣名为梁田弥次右卫门，他在无意间得知信友的暗杀计划后，便悄悄潜出城将消息报告给了信长。信长由此判断清洲城内守备森严，于是改变目标，在城下放火抢掠一番便回去了。

由于告密成功，梁田弥次右卫门得以被信长收为家臣从清洲带走，但是城内的织田信友却把泄密的责任归到了守护斯波义统的身上。第二年（1554）七月，乘着斯波义统的嫡子斯波义银带领守护府中青壮年武士前去狩猎之际，织田信友派家臣坂井大膳与河尻左马丞一起攻入守护府中，将斯波义统与留府的老小全部杀死。事后斯波义银逃往那古野城寻求信长的保护。

弘治元年（1555）初，织田信长以为斯波义统报仇的名义发起反攻，在安食大破织田信友军，信友方的河尻左马丞等数员大将战死。在这种情况下，剩下的重臣之首坂井大膳向信友进言，用分享守护代的职权为条件，前去拉拢信长的叔父织田信光倒戈。不过面对坂井大膳的巧舌如簧，织田信光仅仅只是答复了一句“待我再考虑一番”便将坂井送走，紧接着信光急忙骑马跑到清洲城南矢藏的的信长住处，将坂井大膳的提议一五一十地告诉了信长。织田信长当场即与信光约定：“如果您能借着这个机会助我攻下清洲城，那么我将把清洲城及尾张下四郡中的二郡交给您统治。”这个条件显然比信友方面给出的更实惠。

当晚织田信光回到营中，向坂井大膳回信称，想第二天入城参见织田信友。这个消息着实让信友方高兴了一整个晚上。第二天，坂井大膳作为信友的使者，在城外迎接织田信光。但是当信光靠近的时候，坐在马上的坂井大膳不仅能看到信光带着全副武装的大队人马，还能看到信光身后不远处有着数不清的伏兵的身影，他的第一反应就是己方的计划已经败露，此时已没有时间回城通报，坂井大膳也不招呼身边的人，猛地拉转马头，扬鞭逃离了城池。还在错愕中的守兵不久就遭到了织田信光的猛攻，没过多久清洲城就陷落了，城主织田信友也在落城时被俘，随后被织田信光以弑主的罪名下令处死。

事成之后，织田信长却根本不遵守攻城前的约定，而是将清洲城作为自己

清洲城

的居城搬了过去，并把原织田大和守家的直系家臣坂井氏与河尻氏都收为了自己的家臣，仅把空出来的那古野城送给了织田信光，此外又将信光的守山城分给了另一个叔父织田信次。清洲城是信长的宗主织田大和守与尾张守护斯波的居城，对于织田家和尾张一国有着重要意义，拥有清洲城，便代表拥有了织田家宗主和尾张国主的身份，这种决定大势成败的原则性利益，信长是无法割舍的。类似的背信毁约事件在信长以后的人生中发生过不止一次。一般武士都具有的守信重诺之品格，在织田信长的身上似乎无法看到。不过另外一个著名的无节操武士佐佐木道誉也曾说过："在战场上重视节操，是要吃大亏的。"

同年十一月，为夺取清洲城立下大功的织田信光在那古野城被人杀害，凶手据说是先前被信光欺骗而失去了主家的坂井大膳。另外也有说法称：织田信长为了早日统一尾张，直接派人杀死了信光。历史的真相究竟如何，就不得而知了。在信光死后，织田信长任命首席家老林秀贞成为那古野城城主。

这一年的下半年，还发生了一件让织田家内产生动乱的事件。六月二十六日，信长的同母弟织田喜六郎秀孝在守山城下的松川附近狩猎，当时织田秀孝从守山城主织田信次的家臣洲贺才藏的身边单骑通过时，由于对方不知道眼前是织田家的公子，以为只是个不知礼数没有下马向自己行礼的平头百姓，便回头一箭将秀孝射死。守山城内的织田信次得知自己的家臣杀死了家主的亲弟弟之后，方寸大乱之下舍弃城池逃往他国，留下一堆害怕遭到报复的家臣死守守山城。

尽管织田秀孝是信长同母的亲弟弟，但在信行与信长的对立中却是信行的支持者。闻知秀孝的死讯之后，织田信行带兵从末森城杀出，直奔至守山城城下，看到守山城内守备森严，织田信行也无法攻城，只好在城下烧杀抢掠一番泄愤。而信长随后向守山城内发出通告：罪止于杀人者一人。在守山城开城降伏后，信长仅处死洲贺才藏一人，原谅了其他守山城家臣。事后信长将自己的异母弟织田信时（与庶兄织田信广同母）任命为守山城主。信长对守山城的宽大处理，使得信行一方更加不满，他们就此认为信长之所以不顾杀弟之仇，是因为信长事前就已指示让守山的织田信次找人杀死秀孝，从而削弱信行的羽翼。这个事件，也使得织田信长与信行的兄弟对立更加激化。

在此期间，有一个年纪小信长三岁、干瘪瘦小、长得如同猴子一般的男子加入了织田家，这个人名叫木下藤吉郎，本是农民出身，一开始被织田信长收为身边喂马擦鞋的杂役。

第 9 章　蝮蛇与恶龙

正当织田信长艰难推进着统一尾张的步伐之际，他的坚实后盾、美浓的斋藤道三却迎来了自己的末日。

天文二十三年（1554），斋藤道三将家督之位让给长子斋藤义龙，自己在鹭山城隐居。

这个斋藤义龙，便是土岐赖艺赐下的美女深芳野与斋藤道三所生的嫡子。由于土岐赖艺将深芳野赐给道三的时间是大永六年（1526）中，而义龙的出生时间则是大永七年（1527）七月八日，时间如此之近，让当时的人们尽皆怀疑土岐赖艺是将怀上了自己孩子的深芳野赐给了斋藤道三，斋藤义龙根本就是土岐赖艺与深芳野的血脉，类似的龌龊事在日本古代本来就是屡见不鲜的。时间一长，就连斋藤义龙自己也认为亲生父亲乃是土岐赖艺而非道三，并存下了消灭道三、为亲生父亲报仇的念头。

斋藤义龙画像

由于义龙的母亲深芳野去世的较早，道三后来又娶了美浓名门明智氏的女儿为正室，称作小见夫人。这位继妻不仅为道三生下了浓姬，还生下了两个儿子孙四郎龙重和喜平次龙定。道三晚年又得两子，所以对这两个幼子特别溺爱，再加上小见夫人，这个和和美美的小家庭将义龙排除在了外面，使后者倍感被冷落，更害怕道三随时会转念废除自己的继承人之位而改立弟弟孙四郎。

另外，斋藤道三在正德寺会面说的“我的儿子们，今后恐怕要在女婿的门前系马,成为他的家臣”这段话,更加重了义龙的不满。斋藤义龙身高六尺五寸(约合197cm)，所以后来信长也常称义龙是美浓的“六尺五寸殿”。堂堂一个巨汉，却被父亲说得连“尾张的大傻瓜”都不如，这让义龙怎能不满腔怒火。同时，道三有个弟弟名为长井道利，筹划着挑起父子二人的纷争好乱中取利，便借机向义龙靠拢，并怂恿他与自己的父亲对抗。

弘治元年(1555)十月十三日，斋藤义龙在稻叶山城卧病不起。到了十一月二十二日，道三听闻义龙病危，于是前往稻叶山城探病，并守在山下自己的私宅里，等着随时入城料理义龙的后事。当晚，家臣长井隼人正前往道三的府中代义龙传话：“临死之前，想见弟弟们最后一面，交代一下遗言。”道三信以为真，便让斋藤孙四郎龙重和喜平次龙定随利隆上山。等到两个弟弟站到病榻前的时候，斋藤义龙的近臣日根野备中从隔壁房间猛然冲出，先一刀将上首的孙四郎砍倒,接着又回手一刀把下座的喜平次斩杀。当时义龙也不管满床的鲜血，从病榻上猛然起身，狂笑着吐出了积郁数年的闷气。

山下的斋藤道三收到消息后肝肠寸断，但苦于手中兵力有限，只好在城下放了一把火，恨恨地撤回了鹭山城。

第二年四月十八日，斋藤道三从鹭山城出兵，率领2500人向稻叶山城进发，准备在长良川附近等待美浓各地的豪族会合，并邀请织田信长作为后援，共同讨伐逆子斋藤义龙。收到道三的求援，织田信长迅速率兵渡过美浓与尾张交界的木曾川、飞驒川，进至北岸的户岛——东藏坊。

斋藤道三的墓所常在寺

这期间，斋藤义龙已用

谋略证明了自己并非道三所说的无能之辈：他先是打着为土岐赖艺复仇的旗号动员美浓各地的豪族。这些豪族在斋藤道三与土岐赖艺的对抗中分成了两派，但现在义龙既是斋藤氏的继承者，又是土岐的复仇者，两派豪族合而为一，迅速归集到义龙旗下，短时间内就集结起了17000人的大军，而道三最后在长良川畔集结起的兵力只有7000人。另外，义龙还联络了领有尾张上四郡的岩仓城主织田信安，双方约定好，一旦义龙打败道三与信长，织田信安就从后方出兵，截断信长的退路。

四月二十日辰时，赶在道三与信长会合之前，斋藤义龙率先向长良川下的斋藤道三阵地发动了突击。

义龙方的第一阵竹腰道尘率领600人率先突入道三阵中，最先遭到道三军的截击，道三亲自舞动长枪将竹腰刺死。紧跟着义龙的第二阵又已杀到，为首的武将名为长屋甚左卫门，这时道三阵中的柴田角内单骑突出，截住长屋甚左卫门单打独斗，道三军乘势一拥上前，眼看要把长屋的部队再度挡住。长屋甚左卫门被缠得无法脱身，于是对手下高呼道："不要恋战，目标只有一个，便是山城守的首级！"士兵们闻言士气大振，前方有人架住道三军的攻击，后方的人便从战斗的空隙中穿过，蜂拥冲入道三的本阵。在无数敌军的围攻下，道三本人也左支右绌，穷于应付，后来被长屋旗下一名士兵小牧源太瞅准空当，一枪将他刺倒，并取下了首级。一代枭雄，就这样死于非命，享年63岁，道三旗下的部队随后全面溃散。

斩杀斋藤道三之后，斋藤义龙又率军杀向信长的阵地大良口。两军在长良川的河原上发生激战，织田军不久就被士气旺盛的斋藤军击退，武将山口取手介、土方喜三郎战死。此时信长看到义龙本阵的突然出现，已隐隐感到道三已经遭遇了不测，不久道三战死的消息传到阵中，令信长完全失去了战意。织田信长下令全军渡河退回尾张，并在河中的船上布下铁炮队，以铁炮射击震慑住了义龙的追兵。

幸运的是，位于信长后方的织田信安，并没有按照与斋藤义龙的约定截击信长，而是想着乘下尾张空虚之机突袭信长的居城清洲城。当织田信安杀到清洲城下时，却发现城内守备森严，只好在城下的村庄内放火，后来听说信长军已开始向岩仓城接近，便又匆匆赶回去守城。织田信安与信长年龄相近，两人少年时关系一度非常融洽，经常在一起飞鹰走狗。织田信秀去世之后，信安与信长的堂兄弟、犬山城主织田信清发生了领地争执。由于信长始终站在犬山城信清的一方，使得双方的关系就此走上恶化，到了这个时候，信长与岩仓织田算是正式宣战了。

第10章　尾张统一战

在织田信安起兵的同时，信长的亲弟弟织田信行与庶兄织田信广也各自向信长举起了叛旗。织田信广在自己的领地向周边城池发出动员令，准备集结兵力向清洲城进军；织田信行从末森城出兵，强占了信长在篠木的直属领地三个乡，就连织田家中头号猛将柴田胜家也跟随了信行。

转瞬之间，信长在尾张拥有的下四郡便有一半脱离了控制。同一时期，骏河的今川家也在准备从三河向尾张进军。风雨飘摇之下，信长急忙舍弃岩仓城南撤，中途在正眼寺与织田信安军遭遇，经过一场小战打通了道路，成功返回到清洲城。

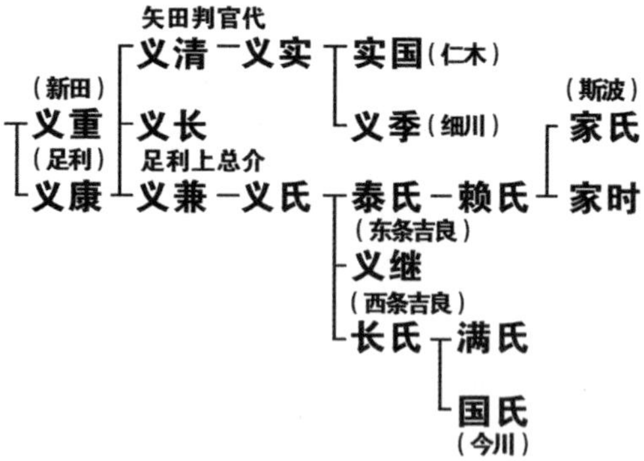

斯波与吉良、今川关系图

接下来信长的举动让所有人都吃了一惊：信长声称仰慕名义主君斯波义银的品格，决定把尾张国和清洲城交给义银，自己退位隐居，住到清洲城北的橹楼上去。这对斯波义银而言不啻是天上掉下来个大元宝，尽管万分意外，他还是兴冲冲地搬进了清洲城的本丸。接着为庆贺斯波氏重掌尾张国，织田信长又联络三河的吉良义昭与义银举行一次聚会。

说到吉良氏，那才是真正的三河之主人。这个家族也是足利将军家的同族，在室町幕府建立之前便担任了足利家在三河的代理人。吉良氏在传了一代之后才又分出今川家，所以，古谚有云：“公方无嗣吉良继，吉良无嗣今川继。”在足利一门内的序次，吉良还在今川之上。从本源上说，吉良的祖宗吉良长氏、吉良义继是足利家第四代家主足利泰氏的兄弟，而斯波氏的家祖斯波家氏则是足利泰氏的儿子，这两家都是足利一族的名门。但是到了战国时代，尽管吉良氏还担任着三河守护，但是三河的最后实力者却是枝繁叶茂的本地豪族松平氏。而吉良的分家今川氏则领有骏河、远江两国，后又扩张至三河，在松平氏向今川降伏之后，吉良义昭也不得不低下高贵的头，向今川义元表示臣从。

所以此时的吉良氏，充当的仅是以今川为首的足利一族在三河的代理人。为了让远在骏河的今川义元确信斯波氏已经重新掌管尾张，织田信长安排了斯波义银与吉良义昭的这次会面。

弘治二年（1556）四五月间，织田信长奉着斯波义银前往三河的上野原，与早已等候在那里的吉良义昭相聚，两方在相隔约一町五段（160 米）的时候各自留下军队，自己仅带亲随来到平野的中间，摆下座席，畅叙了同族家门之谊。但是在这场聚会上仍然发生了争论，主要围绕的是斯波家与吉良氏各自在足利一门的位次高低。最后吉良义昭搬出“公方无嗣吉良继，吉良无嗣今川继”这句老话，斯波义银这才服输，双方最后订立了互不侵攻的协议，各自返回领国。

拥立斯波义银可以暂时压服尾张众多织田同族的不满，与吉良订立的协议化解了今川家进攻的危险，在局势逐渐扭转之后，信长也不再隐居，而是四处出击，讨伐尾张国内的反抗者。

弘治二年六月，守山城主织田信时由于家臣角田新五谋反而遭到攻击，最后被迫自杀。其原因据说是角田不满信时对家臣的赏罚不公，但也有说他是受了信长的指使。因为信时的同母兄便是正在作乱的织田信广，后来信长又将流浪在外的叔父织田信次召回，重新任命他为守山城主。不久织田信广遭到信长的攻击，重新降伏在信长之下。

在此前后，原本属于织田信行方的一些尾张领主也转而投降到信长旗下，如信行的干将佐佐成政，甚至包括信行的家老佐久间大学允盛重。这些人投降后也把信行的种种密谋告诉了信长；另一方面，由于羽翼不断被削弱，信行不得不狗急跳墙地放手一搏。

弘治二年（1556）八月二十四日，织田信行与柴田胜家、林秀贞、林美作等合兵1700人向清洲城一路进发,中途攻击了由佐久间大学允盛重守备的名塚砦。随后织田信长集结的700人出援，两军在名塚砦附近的稻生原遭遇。

织田信行的部队此战分成两路，柴田胜家率领1000人作为先锋向西、林秀贞兄弟率700人向北，从两面对信长发起了进攻。在柴田胜家的猛扑之下，信长的先锋、小豆坂七本枪之一的佐佐孙介最先战死，紧跟着又有山田治郎右卫门战死，柴田军一直突入信长的本阵。此时信长身边仅有亲信40人，在猛将森三左卫门可成、织田造酒丞清正的率领下，这40人护着信长一起向名塚砦后退。到达名塚砦之后，又有一部分豪族前来与信长会合。信长便命令众军埋伏在名塚砦周围，等到柴田胜家队靠近，信长突然大吼一声，如同晴天霹雳般让柴田的士兵一愣，紧跟着信长便带领伏兵一起突出，顿时便将柴田胜家击溃，随后信长又乘势将林秀贞队击破，秀贞之弟林美作守通具战死。这场决定信长、信行兄弟命运的稻生合战最终以织田信长的胜利告终。

战后，织田信行与林秀贞各自逃往末森城与那古野城死守，紧追过去的织田信长军分兵包围了两城。此时信长的母亲土田御前也随信行一起待在末森城中。看到信行的窘境，土田御前派出两个家臣村井长门和岛田所之助前往信长的阵中，为信行向织田信长乞命。面对母亲的要求，信长也只能应允。土田御前让织田信行、柴田胜家等首犯穿上谢罪用的墨衣，自己亲自押领着前去参见了信长。不久之后，信长又赦免了林秀贞。

但是大起大落之后，织田信行却无法保有一颗平常心再留在信长旗下。不久他与上四郡的岩仓织田家以及美浓斋藤义龙联络，准备再度起兵打倒信长。

岩仓城的织田信安，在斋藤道三战死时曾乘机打劫过信长，后来又与杀死道三的斋藤义龙结成了姻亲关系——信安的嫡子织田信贤娶了斋藤义龙的女儿为妻。在义龙的支持下，岩仓织田家的自主性进一步加强。不过织田信安并不是一个安分理智的家主，在形势一片大好的时候他却突然想要废掉长子信贤，改立幼子信家为继承人。斗争的最终结果，织田信贤在岳父斋藤义龙的协助下将亲生父亲放逐，提前登上了岩仓城主的宝座。此后，织田信贤一方面在上四郡与犬山城的织田信清相争，另一方面又与斋藤义龙一起，暗地策动织田信行再向信长发难。

弘治三年（1557）十月，织田信行再度起事，又夺取了信长的篠木三个乡，并准备待织田信贤的联军到来后再合兵与信长决战。然而通过稻生一战，柴田胜家已经认识到织田信长与信行兄弟两人在能力与器量上的差距，这一回坚定不移地站在了信长一方，并迅速把信行的动向告知了信长。

十一月初，织田信行听到了织田信长病重的传闻，立刻派柴田胜家前去探问，带回来的答复却是："信长殿已不久于人世，现在想把织田家托付给您，请您速去清洲城接受遗言。"狂喜之下，织田信行迅速赶往清洲。十一月二日，当信行到达清洲城北橹的信长病榻前之际，事先受到信长指示的池田恒兴与河尻

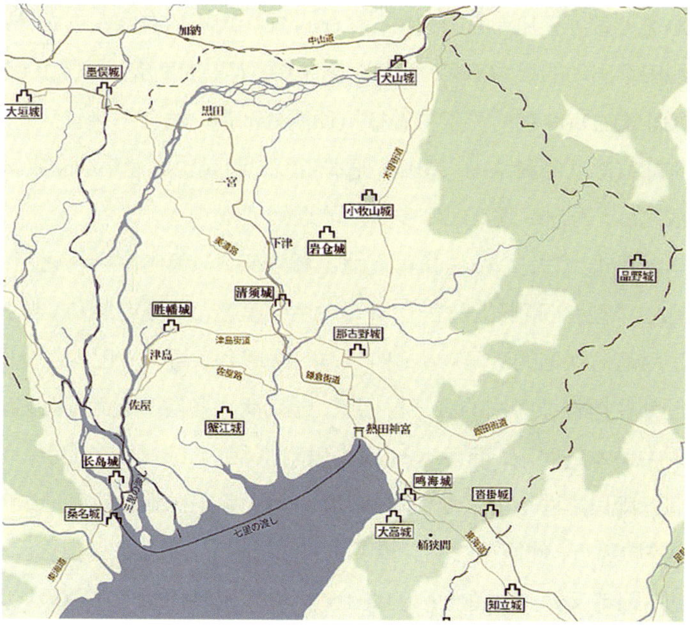

| 尾张国诸城

秀隆悄悄踱至信行身后，挥刀将他斩杀，其场面一如当年斋藤义龙诱杀两个弟弟时的情景。此时织田信行年仅 21 岁。

剪除了尾张下四郡的敌人之后，放眼尾张，还在与信长作对的便只有上尾张岩仓城的织田信贤了。另外犬山城的织田信清虽然是堂弟，又娶了信长的妹妹，但还是保有一定的独立性。为了取得信清的绝对支持，信长派出家臣生驹家长前往游说。这个生驹家长有一个女儿，做了信长的侧室，称作生驹夫人，因而也算是信长的亲信。由于织田信清与岩仓城的织田信安、信贤父子一直为大久地 3000 贯的土地归属权持续发生冲突，故而生驹家长做出承诺：战胜后将把土地判给犬山织田信清家。为此织田信清毫不犹豫地立下了与信长协力作战的誓书。

永禄元年（1558）五月，织田信长率领 2000 人进至岩仓城西北的浮野原上，岩仓城方开始采取的是守城策略，仅派出以山内盛丰为首的 300 人在城门外防备。信长先派出 150 名近卫骑马武士上前诱敌，与山内的 300 人一接触便后退。岩仓城方小胜之下兴高采烈地向前追击，遇到的是信长方面由森可成率领的 500 名弓箭手。几阵箭雨过来，岩仓的 300 人不免有些左支右绌，这时城里看到织田军出动的兵力不多，便又派出 1000 人上前助战，在这 1000 人的突进下，森可成的 500 名弓箭手稍做抵抗便四处溃散。岩仓军接着又向前猛进，柴田胜家却突然从侧翼杀出，织田方原本四散的溃兵也迅速集结起来转身反击，一场激战之后，岩仓军丢下 270 多具尸体退回了城内。

同年七月十二日，织田信长再度北上浮野原，与犬山军会合之后，兵力达到 3000 人，随后在原野上与岩仓城方发生数度激战，互有胜负。在此战当中还发生了弓箭对铁炮的奇异对决：信长方的铁炮名手桥本一巴与岩仓城的神箭手林弥七郎在浮野原旁边的浅野村相遇，随后两人各自拿起武器互射。林弥七郎一箭射中桥本的肋下，而桥本一巴则一枪把林弥七郎打倒在地上。信长的亲随佐胁藤八郎良之冲上前去取林弥七郎的首级，哪知林弥七郎只是诈死伏在地上，等到佐胁靠近，他便突然翻身转手一刀砍了出来，幸好佐胁良之反应迅速，得以闪过，跟着又扑到林弥七郎的身上，将对方压制住斩下了首级。几度交战下来，岩仓城方的损失接近 1000 人，最后全部退回了城中。本来岩仓城的战斗力为 3000 人，经过这两次浮野合战消耗了一半。

永禄二年（1559）三月，织田信长第三次进至浮野原上，这一次加上犬山的兵力，信长的军力超过了 3500 人，而岩仓军仅有 1500 人。尽管斋藤义龙派了 300 人前来助阵，还是没能止住岩仓军在浮野原上的全军覆灭。最后织田信贤只身逃往美浓。始于应永二十九年（1422）织田常松筑城，历经织田敏广、宽广、敏信、信安、信贤五代，具有 137 年历史的岩仓城，终于落到了织田信长手中。从此，尾张上下八郡被信长统一到了一起。

ZHI TIAN XIN CHANG

卷之二
岐阜霸主之卷

第11章　东海风云起

织田信长为统一尾张而来回征战，斋藤义龙已经带领美浓国大步迈进。

斋藤义龙采用“贯高制”，将土地的收入由粮食数转成以贯为单位的金钱进行计量，对美浓国内的土地进行了重新测算和分配，并发布安堵状（土地拥有权的确认证），使大小豪族全都心悦诚服。另外义龙采取“宿老合议制”（重臣合议）处理家中的事务，将美浓主要的豪族全都纳入到了斋藤家的统治体系之中，进而实现了在美浓国内的中央集权。由此斋藤家也从将军的代理人“守护大名”转变为具有更大独立性和地方集权性的“战国大名”。

斋藤义龙的亲生母亲深芳野，其父乃是丹后守护一色义清，也是足利一族的名门。为了避开杀父的恶名，斋藤义龙便把自己的姓改成了外祖父家的“一色”，此后自称一色左京大夫义龙。一色家为足利家的同族和幕府“四职”之一，是室町幕府的元勋家族。义龙的改名表明了斋藤家向中央靠拢的立场。此事既讨得了京都的将军足利义辉的欢心，同时义龙在美浓的实力也得到了将军的认可。永禄元年（1558），义龙就任为正五位下治部大辅。第二年，又担任了幕府的役职“相伴众”，相伴众即是将军在府中举办酒宴或访问大名家时，陪侍在将军身边的重臣，其地位在幕府内仅次于管领。

这一时期京都的将军是足利幕府第十三代足利义辉。应仁之乱以后，接下来的一百年中，斯波氏没落，三管领家田山氏仅出过两任管领，统领天下政务的管领一职长期被细川氏垄断。但细川家内部不久也因继承权之争陷入分裂，经过多番内斗后，细川家主成为傀儡，实权逐渐被家臣三好氏掌握。到足利义辉就任将军的时候，管领细川晴元的号令已经出不了京都，细川家臣三好长庆、三好义贤、安宅冬康、十河一存四兄弟凭借强大的军力，成为日本中部的霸主。

足利义辉本人在细川与三好的混战中被拥立，从小备尝流亡逃难之苦，所以就任将军时便立下宏愿：一定要重建幕府的威信。为了这份理想，足利义辉不仅拜当时著名剑豪上泉信纲等为师苦练剑术，还积极笼络各地的大名。天文十七年（1548）东北的伊达晴宗、植宗父子之战，永禄元年（1558）甲斐国武田信玄与越后的上杉谦信之战、九州的岛津贵久对大友宗麟、西国的毛利元就对尼子晴久等众多强大大名的战争中，足利义辉都曾派出使者参与调停，天下诸侯逐渐便都知道有这个剑豪将军的存在。另一方面，足利义辉也不断号召足利家各地的同族上京勤王，共同对抗三好氏，一色义龙被任命为幕府相伴众，便是这种背景之下足利义辉的笼络手段。

看到义龙得到幕府的重用，织田信长也不甘落于其后。永禄二年（1559）初，织田信长带领500名士兵前往京都。美浓的义龙闻知信长也在上京的消息，派出数名铁炮射手，在途中狙击信长，不过却未打中。这是日本历史上有记录的最早的狙击事件。历经艰险和长途跋涉，织田信长终于到达京都，随后他向足利义辉献上了礼物，又向天皇献上了金钱。不过足利义辉在意的是武田、上杉、毛利、大友这种领有数国、称霸一方的大诸侯，抑或是吉良、今川这类出身名门、家格高贵的家族。对于尾张织田家这个一直籍籍无名，最近才从战火中挣扎出来的后起门第，足利义辉仅仅只是接见一番敷衍了事，并没有给以任何回报和任命。当信长提到下一步的计划是向美浓进攻时，足利义辉更是爱理不理，顾左右而言他，使得信长大感无趣。几天之后，织田信长便打马返回尾张了。

足利义辉对织田信长无比冷漠，另一方面却又数度向骏河的今川义元发出火热的上京邀请。在周边的三管领、四职全部没落之后，离京都较近而且实力最强的足利同族大名，便只有号称“东海道第一强弓”的今川义元了。当时今川义元已领有骏河、远江、三河三个领国及尾张东南部地区，不仅有着丰饶的金山、海盐、海运收入，旗下还有彪悍忠诚的三河武士。如果将年收入全部换算成粮食来计算，今川义元的实力为 92 万石。而织田信长的实力则是 23 万石，相应的动员力仅是今川义元的四分之一。

此前的十几年，今川义元一直忙于和甲斐武田及关东北条作战，直到天文二十一年（1552），今川义元将女儿嫁给了甲斐之主武田信玄的嫡子武田义信，才开启了和睦之门。天文二十三年（1554），由今川义元的军师太原雪斋发起，武田信玄将女儿嫁给关东北条氏康之子北条氏政，今川义元的儿子今川氏真又迎娶了北条氏康的女儿早川，三家结成了以姻亲关系为纽带的“甲相骏同盟”，两个强大的敌人武田与北条由此变成了今川义元的后盾。

早年的今川义元曾经出家为僧，以“梅岳承芳”的法名跟随师父太原雪斋一起在京都学禅。成为今川家的家主之后，他仰慕京都文化的喜好便在领国中处处得到展现。今川家的居城骏府城，与越前朝仓家的一乘谷城、周防大内家的山口城并称为日本三大京都文化中心，城下不仅街町纵横，而且商业发达，建有众多山水庭园和宅邸，一年四季都有京都的公卿、茶人、连歌师前来应对酬答。义元在战事之余，也沉浸在文艺与风雅之道中乐不思蜀，连带着将儿子今川氏真也培养成了一个文化爱好者。

但是义元的师父兼军师太原雪斋却看到了这种趋势下的隐忧，太原雪斋曾对人说道：“今川家在我死之后，恐怕将难以免于衰退啊。”雪斋和尚去世（1555 年，享年 60 岁）的时间也正是甲相骏三国同盟成立，今川家势力达到鼎盛的时候。两年之后，今川家中声望仅次于太原雪斋的大将朝比泰奈能也去世了。而没有雪斋劝诫的义元，转而又继续沉浸到琴棋书画的风雅之道中。其间他也曾有过向尾张进军的念头，但是织田信长将斯波义银拥立为名义上的尾张国主，又找来今川家

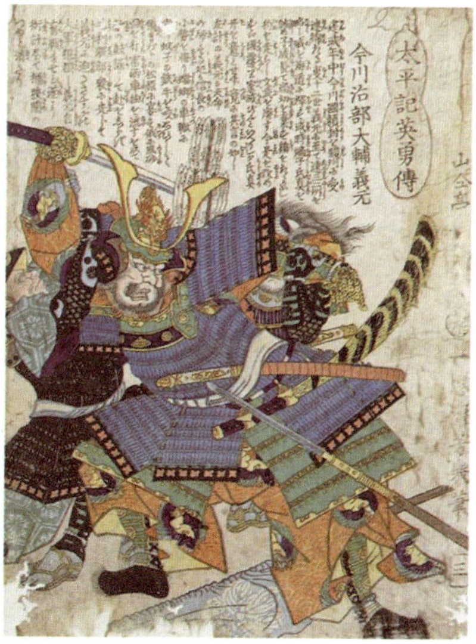

今川义元像

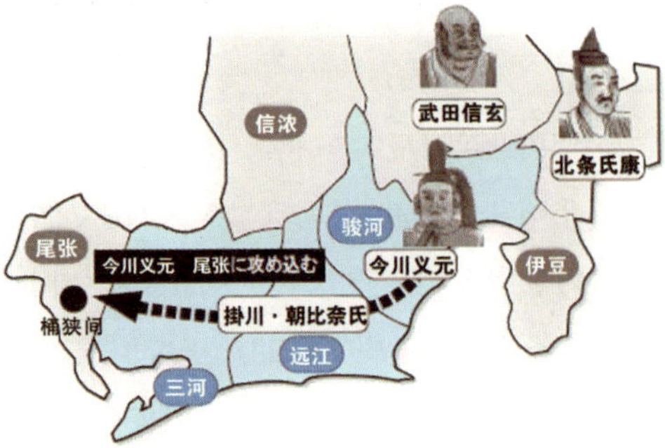

| 今川、武田、北条及尾张关系图

同族的吉良义昭说和，义元就把事情给搁置到一旁了，这一拖，就是五年。

永禄二年（1559），尾张的傀儡守护斯波义银看到织田信长没有得到将军的承认，便认为这是自己联络周边大名、恢复实权的机会，于是派同族石桥氏前往三河联络吉良义昭，要吉良向今川义元请求援军。然而斯波义银的阴谋还未付诸行动，消息就被密报给了信长。此时信长既然已经控制了整个尾张，留下斯波义银这个傀儡对他而言也不再具备多大的意义。信长毫不留情地将斯波义银与石桥氏逐出了尾张。而之前以斯波义银与吉良氏为媒介，订立的尾张与今川之合约也就此失效。今川义元有了进攻尾张的借口。

而且这几年织田信长在尾张的迅速扩张，引起了今川义元的注意。另一方面，足利义辉在与三好的对抗中一获得喘息，就连续向骏河派出使者，敦促义元带兵上京，并许诺一旦义元进入京都打败三好氏，就会任命他为等同于管领的“管领代”，这是骏河今川氏祖祖辈辈可望而不可即的荣耀。所以同年年底，今川义元开始了上京作战的准备。而他首先要迈过的障碍，就是尾张的织田信长。

第 12 章　今川之阵

今川义元前往京都的征程，从较近的路途来看，要经过尾张、美浓、南近江三个国，根据今川方面的推算，尾张织田信长兵力为 3000 人左右，美浓的斋藤义龙兵力 12000 人，南近江的六角义贤、义治父子兵力为 1 万人，就算三家联合起来，总兵力也就 25000 人，所以今川义元在骏河、远江、三河三个领国发起总动员，聚起了 25000 人作为主要战力。同时今川方向尾张方放出消息："今川家的总兵力达到 40000 人或 45000 人。"

松平元康塑像

今川军的先锋，乃是三河的松平元康与远江的井伊直盛。松平元康，就是曾经在织田家做过两年人质、与织田信长结下友谊的松平竹千代。在与织田信广互换回来之后，竹千代被送往今川家的骏府城居住，幼年也受到了太原雪斋和尚的教育栽培，长大后由今川义元主持元服，成年时受赐了义元的"元"字，取名为松平次郎三郎元信，并娶了义元的侄女、今川家同族关口亲永的女儿筑山殿为妻。由于仰慕祖父松平清康的丰功伟业，向今川义元请示之后，松平元信改名为"松平藏人佐元康"。

永禄三年（1560）五月十二日，今川义元颁布了一系列军法：军中禁止喧哗、争论，禁止抢掠，以及攻城、坚守时的种种战法规定，命令部将大井扫部承负责调配武器、粮草。一切安排妥当之后，今川义元亲率 22000 人从骏府出发西进，途经远江国，于五月十六日到达三河首府冈崎城，和先行集结兵力等候在该地的松平元康、井伊直盛 3000 人会合。五月十八日，今川军进入尾张沓挂城，并在此处召开了军事会议。

由于先前织田信长在村木砦之战后，于今川家向西的路线上筑起丹下砦、善照寺砦、中岛砦、丸根砦、鹫津砦五座城砦，将今川家前方的鸣海城与大高城切断，使得大高城孤悬在海边。当时织田方的防御配置是：佐久间大学允盛重率兵 700 驻守丸根砦，织田玄蕃允信平、饭尾近江守定宗、饭尾信宗共 500 人驻守鹫津砦，水野忠光驻守丹下砦，佐久间信盛守善照寺砦，尾川一秀守中岛砦，这三砦主要是包夹牵制今川家在鸣海城配置的冈部元信军。另外在今川家向北的丘陵之中，有佐佐成政率领 530 人驻守的龙泉寺城，丹羽源助、前野小兵卫防守的岩作城。

今川家25000人的大军若是走北面的山路,定会困难至极。而向西的平原上,两个据点鸣海城与大高城又被织田家的五座城砦分割包围。若是置此不顾而向前推进,织田信长无疑将会采取类似上一次奇袭村木砦式的战术,从海路袭击大高城,从而截断今川方的补给与退路。所以今川方在五月十八日的军议中确定的作战方案是:先加强大高城的守备与补给,再步步向前推进,将织田家的城砦一个个拔除。

负责向大高城运送兵粮这个艰难任务的是三河武士之首松平元康。五月十八日夜,松平元康将三河军分成两路,一路400人由石川数正带领,从大高城外丸根砦与鹫津砦、中岛砦之间穿过,攻击织田军后方的善照寺砦。织田家在丸根砦的守将佐久间大学允盛重,与鹫津砦的织田玄蕃允信平闻讯急忙派兵增援善照寺砦,看到两砦的守军已被调开,松平元康急忙率领800名士兵驱赶着110匹驴马从丸根砦下穿过,将兵粮运入了大高城。随后石川数正队从善照寺砦下撤军,绕道进入大高城与松平元康会合。

五月十九日凌晨3点,松平元康留下鹈殿长照加强大高城的守备,自己率领1200人向佐久间盛重的丸根砦发起进攻。与此同时,今川家的朝比奈泰朝与井伊直盛2000人也向鹫津砦发动攻击,此时丸根砦内守军原为700人,但已有400人派往善照寺砦,砦内只有300人,鹫津砦内也仅剩下400人。

在丸根砦下的松平元康,将1200人分作三队:松平家广与大久保忠世率领弓箭手与铁炮队从正面射击,等到守军的注意力被吸引过去时,松平重吉率领奇兵从侧面向城池发起突击,随后松平元康亲率石川数正、本多重次及本队武士从后门发起攻击,一举将城砦攻陷,织田方守将佐久间盛重与300名守兵全部战死。战后松平元康回大高城休息,同时换守城的鹈殿长照前去迎接今川义元入城。当天上午10点30分的时候,朝比奈泰朝也攻陷了鹫津砦,守将织田玄蕃允信平以及饭尾定宗、信宗父子全部战死。另外,今川家的骏河水军也从大高城渡海经过伊势湾到达清洲城的西南面,攻取了海西郡的蟹江城,使织田方陷入了腹背受敌的境地。

在丸根与鹫津的胜报传来之后,今川义元率领本队诸军从沓挂城出发,穿越西面的山地向大高城前进。

第13章 人间五十年，下天一梦间

五月十八日夜，当石川数正进攻善照寺砦、松平元康护送军粮进入大高城的时候，佐久间盛重派使者前往清洲向信长报告了战况。同一天晚上，信长在清洲城内召集重臣们举行军议，然而家臣们有的主战，有的主降，不管持哪一种建议，面对号称45000人的敌军，最后都拿不定主意。到了深夜，开始有人借着各种理由退席。这时织田信长笑道："武运穷尽之时，智慧的镜子也会蒙上阴影啊！"随后便宣布会议结束了。

当天夜里，又有情报传到织田信长手中，这一次的情报是由信长派到前线的间谍首领梁田弥次右卫门政纲传来的。当初就是梁田政纲向信长举报了织田信友的暗杀计划，后来便被信长派到尾张与三河的边境，专门负责情报工作。在今川义元进至三河冈崎城的时候，梁田派出多名手下混入城中，当上了今川军的挑夫与杂役，这些人跟随今川义元一路向西进入沓挂城，将义元的动向全部报告给了织田家。今川义元在十八日夜制订的先向大高运送兵粮，丸根、鹫津陷落时移阵前往大高的计划，被一个名叫与曾平的挑夫打探到，并告之了梁田政纲。另外，织田家还有一支部队潜伏在今川军北部的丘陵之中，那边是由蜂须贺小六与前野长康为首的土豪盗贼集团"川并众"。这些人在收了信长的金钱之后，以80人分成两组，在沓挂城周边的山中活动，山中的所有村庄全部都在他们的监视之下。得到与曾平的报信，梁田政纲与蜂须贺小六便来到沓挂城西北的祐福寺村中，请村长藤左卫门派人询问今川军行军路线上沿途村的村民，再次确认了与曾平情报的准确性，于是连夜派快马，经过龙泉寺城前往清洲通报给织田信长。

五月十九日凌晨5点，已经就寝的织田信长收到快马通报：今川军已向鹫津、丸根二砦发起了进攻，当下信长便从被窝里起身，吩咐侍从们将灯点亮，

织田信长跳“敦盛”的蜡像

随后他沉思了一下，最终暗暗下定了决心。接着信长便站起身，让侍从敲起太鼓，自己拿出扇子跳起了幸若舞“敦盛”，边跳信长还边吟道：“人间五十年，下天之事，恍如梦幻。既有生，焉有不灭。”

幸若舞是日本的一种民俗艺术。古代幸若舞中有一种重要形式是以死者的口吻叙事，引起生者的共鸣。“敦盛”源自日本 12 世纪末源平合战时代的平氏武将平敦盛的名字。

平安时代末期，日本武士的两支首领清和源氏与桓武平氏之间爆发了争夺天下的大战，最终以平氏灭亡，源氏首领源赖朝开创镰仓幕府告终。平敦盛就是出身桓武平氏的一名少年武将。寿永三年（1184），平敦盛以 17 岁之龄参加了“一之谷合战”，桓武平氏在这一战遭遇了制命性的失败。撤退之际平敦盛被源氏方的老将熊谷直实杀死。

平敦盛是当时的美少年，且善于吹笛，曾经从祖父手中得到鸟羽天皇赐下的名笛“小枝”。当熊谷直实将敦盛打倒在地，要取下对方首级的时候，一度产生了犹豫：自己已是头发花白，而敦盛却和自己的儿子熊谷直家一样，正是英姿勃发的美少年，一时间直实竟不忍下手。但是平敦盛却说道：“能死在您这样的劲敌手中，也没什么可后悔的。请您速速取下我的首级，但一定要让确认首级的大将知道我平敦盛的名字。”于是熊谷直实便流着泪将平敦盛杀死，事后不久，他就放下屠刀出家为僧。

平敦盛的英年早逝与视死如归令人可悲又可叹，于是后世便以他的自述为题材编出了幸若舞“敦盛”。信长所吟的正是跳“敦盛”时伴舞的舞谣，大意是：人生不过五十年，世间的事如同梦幻一般；既然能获得生命，就会有死亡。下天，是宗教用语，将天分为上天、中天、下天，离人间最近的便是“下天”，所以“下天之内”，就是指被下天覆盖住的人间。以这段舞蹈与舞谣，织田信长驱散了

丨尾张热田神宫

自己面对敌方大军的恐惧，随舞蹈一起凝结在周围空气中的视死如归的气氛，被信长凝聚到身体之中,使自己充满了战意。

舞毕，织田信长叫侍从为自己穿戴好头盔铠甲，又吃了一碗茶泡饭。一切整理妥当，出征的法螺响起，家臣们还没反应过来，只见信长已持枪上马向城外奔去。五名随从武士岩室长门守、长谷川桥介、佐胁藤八、山口飞驒守、贺藤弥三郎与 200 名杂兵陆续反应过来，争先恐后追了上去。城内刚刚惊醒过来的武士闻讯也陆续起身，装备好之后便出城追赶信长。在从清洲城到尾张热田神宫之间约 3 里的道路上，不断有人加入信长的行列中。早上 8 时，织田信长到达热田神宫时，身边已经集结了 2000 人。

热田神宫是日本最古老的神宫之一，在第十二代天皇景行天皇时由皇子日本武尊下令建立，是权威仅次于伊势神宫的全日本第二高规格神社。日本古代天皇传位时世代都要继承三种神器：八咫镜、八尺琼勾玉及天丛云剑，热田神宫是以三神器中的“天丛云剑”为神体进行供奉。这把剑乃是织田家的族神素盏鸣尊在斩杀了一条名为“八岐大蛇”的妖物之后，从蛇尾中得到的宝物。因而热田神宫也可以称得上和织田家渊源颇深，每次出兵前织田家都会先在宫内进行一番祷告。

在神社之内，已可以看到远处鹫津砦与丸根砦上升起的黑烟。在这里，信长向社神进行祈愿，当他奉上愿书并参拜之后，大殿深处的神像方向突然响起了一阵穿着甲胄跑动的声音。在查不出任何人为因素的情况下，将士们都认为是主神准备出征为己方助战，从而士气大振。参拜过后，织田信长带着人马离开神社，向前线的善照寺砦急速行军。

第 14 章　风雨桶狭间

离开沓挂城向大高城前进的今川义元军，在通往大高的途中受到了祐福寺村以及周边各村百姓、僧侣、庙祝的夹道欢迎。其间，祐福寺村村长藤左卫门作为乡民的代表，向今川义元献上了各种礼物，包括“胜栗”一斗、酒十坛、昆布（海带）五十捆、米饼一斗、栗饼一石、煮芋头十篮、煮萝卜十篮。

据说今川义元由于腿比较短，加上身体发胖而无法骑马，只能坐在乘舆里由人抬着行军。当时正值梅雨过后的初夏时分，天气闷热无比，义元得到村民们送来的食物，又看到身边的轿夫与士兵热得满头大汗，于是大发恻隐之心，下令就近找个阴凉处停军歇息。于是百姓们便将今川义元引到了一个叫作桶狭间山的山下、名为“田乐坪”狭长谷地上。义元在此地立下营帐暂作休整，将酒食分给本队士兵们一起享用。今川家的其余诸军，分散在义元本队周围，顺着谷地的出口向西北摆成阵势，以防范织田军从谷口突入。

此时的时间是五月十九日中午，今川方的兵力分布为：

鸣海城守备队（冈部元信），3000 人。

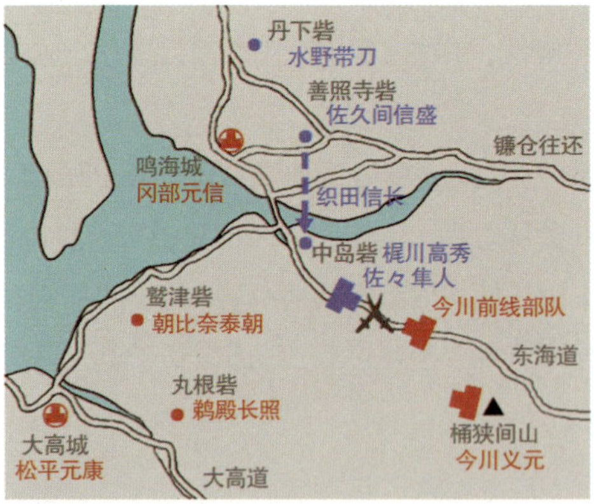

| 桶狭间之战的布阵图

大高城守备队（鹈殿长照），2000 人。

丸根方面军（松平元康），1200 人。

鹫津方面军（朝比奈泰朝），2000 人。

沓挂城守备队（浅井政敏），1500 人。

蟹江突击队（葛山信贞），5000 人。

上午 10 时，织田信长本队由丹下砦的守将水野忠光做向导，避开靠近鸣海城的海边大路，走小路进入善照寺砦。

10 时 30 分，苦斗了近六七个小时的丸根、鹫津两砦终于陷落。消息到善照寺砦，织田信长根本不为所动，他唯一关心的只有今川义元本队的动向。

正午，梁田政纲传来情报：“今川义元已经到达桶狭间停军休息。”一确认这个消息，织田信长就开始从善照寺砦拔军南行。为避免受到鸣海城冈部元信 3000 人的追击，他派出佐佐隼人正与千秋四郎两人带领 300 骑向鸣海城发动了突击。在这支部队的掩护下，信长的 2000 人先南下到达中岛砦。

在中岛砦，重臣林秀贞与柴田胜家劝阻信长不要再向前，因为此地已经处在丸根、鹫津、大高、沓挂等敌方城砦的包围之中，一旦敌方发动总攻击，织田军有可能全军覆灭。但是信长却说道：“以小军对抗大敌，本来靠的就是天意。若有幸战胜，不仅家门有光，也会为自己在这乱世立下高名，大家以此自勉吧。”经信长这么一说，柴田胜家等人抖擞精神、重新上马。

桶狭间之战中有很多的疑点和诡异之处，其中最大的一个疑点就是，对于这座位于最前方的中岛砦，不管是丸根的松平元康，还是鹫津的朝比奈泰朝、鸣海的冈部元信，在长达半天一夜的时间里都没发起过任何攻势，到十九日下午，织田信长的 2000 人还能避开今川家的耳目从该处悄然通过。随后信长的 2000 人转入中岛砦东面的丘陵之中，经过太子岭（海拔 54 米）、生山（海拔 26 米），到达武路山（海拔 30 米）的山顶上。从这里，织田军已经能够看到今川义元设在桶狭间山下田乐坪的帐幕以及搁在营边的乘舆。

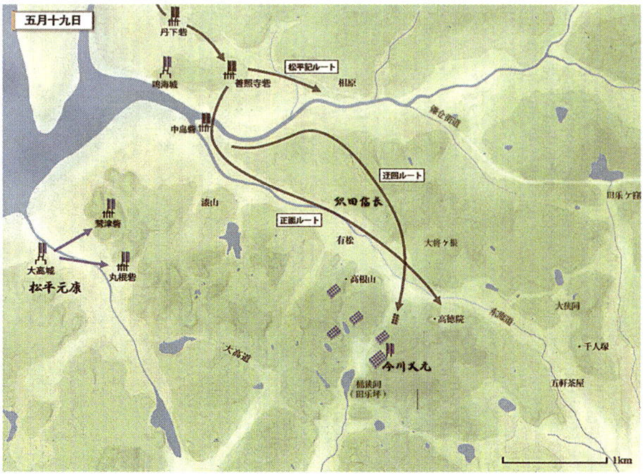

| 织田行长的奇袭行军路线

下午 1 点左右，桶狭间附近突然下起了一阵急雨。不仅田乐坪上的今川士兵到处寻找树林躲雨，在桶狭间山周围的今川方守备部队也乱了阵型。

趁着千载难逢的时机，织田信长扬刀指向义元的帐幕，怒吼道："突击！"自己率先从 30 米高的山上冲下，身后的骑马武士、足轻也都蜂拥上前。大雨掩盖了织田军的马蹄声。当织田军冲到今川义元的大帐前时，大多数今川士兵还在远处避雨，门前只有少量的前卫。这些前卫迅速被织田军的骑马突击冲散。

等到织田信长冲入今川义元的营帐中时，却发现义元在 300 名旗本的护卫下，舍弃了乘舆，步行向东逃窜。信长立时令旗一指，向全军高吼道："不要纠缠恋战，目标只有一个，就是今川义元的首级！"亲随们立刻向今川义元所在的方向围了过去。在织田军的四五度突击之下，今川义元身边的 300 人迅速减员，到最后仅剩 50 人，今川义元不得不亲自迎战织田信长的近卫武士。

当时今川义元头戴八龙五枚兜，身披红色锦之阵羽织，抽出心爱的宝刀"宗三左文字"，连斩织田方数人，随后遭到织田家两个青年武士服部小平太和毛

| 今川义元战死图

利新助秀高的围攻。先是服部小平太向义元的左肋腹刺去，义元机警晃过，又回手一刀，将服部的大腿砍伤。正当两人角力之事，毛利新助又扑了上来，和服部小平太合力把今川义元压到地上，抽刀砍下了他的首级。

今川义元时年42岁，出自足利一族的名门，领有骏河、远江、三河三个领国，与武田、北条等乱世豪雄相斗十多年，从未落在下风，最后却死在尾张大傻瓜旗下的两个无名小卒手上，叫他怎能甘心。临死前，今川义元奋力咬断了毛利新助的左手小指。

当织田军用长枪挑起今川义元的首级，高呼“今川义元，讨取”的时候，还在山间谷地死斗的今川军由近及远，土崩瓦解。织田信长下令在整个战场地区扫荡追击，今川方的有力武将松井宗信、井伊直盛、久野元宗、由比正信、吉田氏好、一宫宗是等人先后战死，残部陆续脱离战场退往骏河。松平元康、朝比奈泰朝、葛山信贞等分遣队收到义元战死的消息后也纷纷退走。最后，织田军以2000人左右的作战兵力，砍下的首级竟超过3000个。

这一战中还有一个诡异之处：今川方渡海从尾张西部登陆的别动队葛山信贞部足有5000人，当时他的阵地笠寺距离清洲城极近。以信贞手上充足的兵力，在一天多的时间里，却没有向空虚的清洲城发动进攻。而且当织田信长的奇袭队从笠寺通过时，葛山信贞也没有向今川义元发出任何警讯，这种消极态度足以让人对他的立场产生怀疑。不过从葛山氏的系谱来看，可以发现，葛山信贞是甲斐霸主武田信玄的第六子，出继给了今川家重臣葛山氏元，成为葛山家的继承人，那么对于今川义元在桶狭间的战死，或许就有武田信玄这个盟友的幕后黑手作用在内了。

以上就是战国三大奇袭战中的“桶狭间合战”。除了实力上的对比之外，双方主将的人格、性格优劣往往也能够影响战争结果，甚至能够改变实力的对比，起到决定战局的作用。织田信长正是用精细的测算、耐心等待时机的沉着，以及关键时刻惊人的智谋与胆识，最终打败了兵力是自己五倍的今川义元。通过这场奇袭战，他完全洗清了自己给人的“大傻瓜”印象，不仅是尾张国内之人，就连周边诸侯对于这个结果也大感惊诧，开始小心谨慎地关注着信长的一举一动。

第 15 章　清洲同盟

桶狭间合战之后，织田信长乘势向今川占领的东尾张诸城发动进攻。五月二十一日，织田军攻陷沓挂城，守将近藤景春战死。在此之前，大高城守将松平元康早已放弃城池退往三河。尾张西南部的葛山信贞部队也坐船从海路向骏河退走。唯一还在负隅顽抗的只有鸣海城主冈部元信。由于鸣海城内尚有数千人马，织田信长一时强攻不下。最后，冈部元信以织田方送回今川义元的首级为条件，让出了鸣海城。当时今川义元的亡骸已在撤退时被家臣埋到了丰川边的大圣寺里。

对于今川义元这个强大的敌手，织田信长表现出了难得的尊重。在十名僧侣的念经超度之下，信长将义元的首级及一些遗物交给义元的亲随，由后者转交冈部元信，带回骏河的临济寺安葬。随后信长又在尾张的须贺口、热田等处的大路旁筑起数座“义元塚”，命僧侣诵千部经来悼念这个用生命让自己成名的对手。不过今川义元临死前用来奋战的那把“宗三左文字”宝刀，却被信长秘密收藏起来，暗地里他还命人在刀身刻上“织田尾张守信长”的字样，作为战胜的纪念。

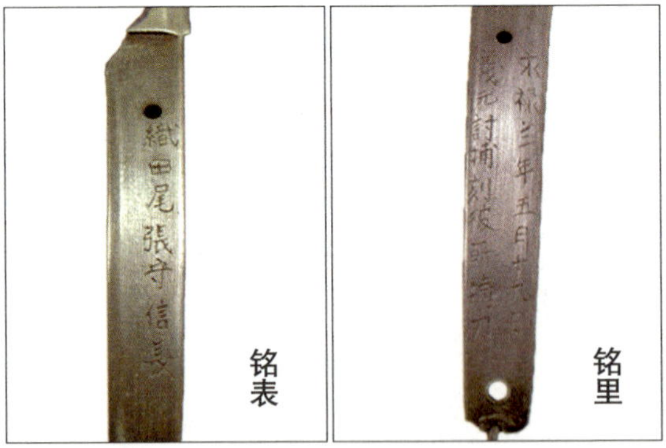

“宗三左文字”刀铭：正面刻有“织田尾张守信长”，背面刻有“义元讨捕刻彼所持刀”

且说从大高城撤退的松平元康，经过老家三河的冈崎城时，发现留守在城内的今川军已经跑了个精光。从这个现象，元康看到了今川家在三河的统治之薄弱，只要一场大败仗就足以使其统治土崩瓦解。多年来四处做人质和寄人篱下的生活，让松平元康深深感受到拥有实力和独立的重要性，眼前的大空白机遇，让他对这片祖先曾经奋斗过统治过的土地重新燃起了占有的欲望。在得到所有家臣的赞同之后，松平元康带兵接管了冈崎城。

在今川家，义元的继承人是其嫡子今川上总介氏真。在今川义元临死前两年，为了专心上京同时锻炼好儿子，他已让氏真参与了家中的领地经营。战前，义元将后方两国骏河、远江的事务全权交由氏真打理，自己则主要负责三河方面的备战。今川氏真的天赋，更多地表现在连歌唱答与蹴鞠上，特别是在蹴鞠方面，他得到了飞鸟井流传人飞鸟井雅纲的脚法之真传。对于领国的事务，今川氏真一直颇为愚钝。在今川义元战死之后，今川氏真一方面忙于事后的葬仪，另一方面缺乏对三河的了解与应变，在接下来的近一年的时间，对松平元康在三河的行动竟没有做出相应制裁。

事实上，从今川义元时代起，今川家内的传统是：骏河、远江才是今川家的根本，而悍勇善战的三河武士只相当于今川家的佣兵，冲在战场最前方、风险最大的任务全都由三河武士来完成。所以三河武士素来与今川家离心，只是因为义元的实力过于强大，而无法付诸行动。松平元康在冈崎城起兵之后，松平在各地的分家也陆续起来响应，整个西三河转眼间便落入元康的手中。

永禄四年（1561）九月，经过藤波畦之战，领有西尾与东条两城的吉良义昭降伏于元康之下。在东三河，许多国人领主都已在桶狭间战死，以西乡氏与户田氏为首的豪族们向元康送上人质表示臣服。此时今川氏真不仅不派兵讨伐松平元康，反倒害怕东三河的豪族们不稳，在已经收取了人质的情况下又向东三河索要新的人质。结果应者寥寥，最后今川氏真怒火攻心，竟下令家臣小原镇实将东三河各家留在今川家的十余名人质全部牵到龙拈寺刺死。此事反倒让东三河的豪族们既摆脱了束缚，又增加了对今川的仇恨之心，以菅沼定盈为首的众多豪族陆续投向了松平元康。

不过这个时候，松平元康还不敢正式与今川氏真决裂，以他的实力，无法面对今川氏真背后的武田信玄、北条氏康两大巨头。

永禄四年（1561）春，松平元康派出重臣石川数正前往尾张，探索与织田信长的合作之道。由于背后有斋藤义龙，前方又有武田与北条，信长也不想

桶狭间之战的布阵图

介入东海道的战局，便初步与松平家订立了一个互不侵犯的协议。松平元康的亲生母亲於大夫人是水野忠政之女，水野忠政的长子水野信元时为织田家臣。作为於大夫人的兄长，水野信元也算是元康的伯父，此后被织田信长委任专门负责与松平家的交涉。

随着松平家实力的加强，松平元康在信长眼中的地位也在逐渐上升。

到了永禄五年（1562），松平元康已取得大半个三河国。这一年正月松平元康亲自前往清洲城，与织田信长进行面对面的会谈，之后，两家缔结了正式的攻守同盟，史称“清洲同盟”。在这个同盟中，双方约定好，松平家专心向东作战，织田家专心向西扩张，两家互为后盾，一起夺取天下。从双方的实力来说，此时的同盟是一个对等的盟约，而等到后来实力对比发生变化时，对等性也就不复存在了。

清洲同盟成立之后，松平元康宣布正式与今川家断交，并向今川家留在三河的最后一个大势力鹈殿氏发动了进攻。鹈殿氏是三河武士中仅次于松平家的势力，其家主鹈殿长照是今川义元妹妹的儿子，作为今川家的亲族，鹈殿长照一直为今川家坚守着三河最后的阵地。永禄五年（1562）二月四日，鹈殿氏的居城上之乡城被松平军攻陷，鹈殿长照战死，两个儿子鹈殿氏长与鹈殿氏次全部被松平军俘虏。

这个时候，松平元康的正室筑山夫人与三岁的嫡子竹千代及一岁的女儿龟姬还作为人质留在骏府。由于筑山殿是今川家的亲族，故而今川氏真一时下不了决心将她处死。但是筑山殿的父亲关口亲永却因为元康的背叛而受到氏真的斥责。关口氏的直系祖先今川了俊是今川家史上最杰出的人物，作为室町幕府初期的九州探题曾经平定了九州的战乱，后来子孙世代担任远江守护，并且多次将继承骏河守护的机会让给了宗家。世代忠厚的关口亲永受到今川氏真的怀疑，竟然与正室夫人一起选择了自杀，以他们的生命来向氏真的良心进行谴责。在这种情况下，筑山夫人与孩子们的性命暂时获得保全。

松平元康将在上之乡捕获的鹈殿氏长与鹈殿氏次作为交换，又向今川家送上自己的同母弟松平康元作为人质，将筑山夫人与两个孩子换了回来。这个松平康元与松平元康的名字极为相近。不过，这兄弟俩虽然同为於大夫人所生，却不是同一个父亲。康元的父亲乃是一个名为久松俊胜的三河乡下武士，是松平广忠横死之后於大夫人再嫁的后夫。松平元康为这个异母弟弟费尽心思想了个和自己相近的名字，又把他送往今川家，等到骏府方面明白真相，为时晚矣。永禄六年（1563），松平元康舍弃了今川义元的“元”字，改名为松平家康，宣布正式与今川家决裂。

而交换回来的小松平竹千代，成年后名为松平信康。作为清洲同盟的附加条款，永禄十年（1567），九岁的松平信康与织田信长的长女五德姬结为了夫妇，使得两家的同盟关系更加稳固。

第16章　向美浓进军

永禄四年（1561）五月十一日，美浓的巨汉、一色右京大夫义龙去世，享年35岁，临终前他又让儿子兼继承人龙兴改回了斋藤姓。

斋藤义龙的死因是麻风病。据说杀死父亲斋藤道三之后，义龙便开始用“范可”二字作为自己的署名。范可是中国唐朝时的一个官员，也犯下过杀害自己父亲的罪孽，故而义龙以这个典故来自嘲。不管他是否真是斋藤道三亲生，但是由道三一手培养长大并传以家主之位，两人实则已经无法解开这种用时间和托付凝结在一起的父子之情义，所以在杀死道三之后，义龙在情绪上有些失常也是可以想象的。

但是斋藤义龙也用自己短暂的一生，证明了父亲评价自己“无能”的错误：他向西与南近江的六角义贤结盟、和北近江的浅井久政交战，向南在尾张扶植多个代理人与织田信长相抗，使斋藤家的影响遍及邻国。在他死后，留给斋藤龙兴的是一个强大的美浓国和一套以“斋藤六宿老”为核心的统治体系。

“斋藤六宿老”是指：稻叶右京亮一铁、安藤伊贺守守就、氏家常陆介直元、长井甲斐守卫安、日比野下野守清实、竹腰摄津守直光。这六家全部是美浓的大领主，其中稻叶是美浓守护土岐氏的历代重臣，长井氏是斋藤的同族，而安藤、氏家、日比野、竹腰则是先跟随道三后跟随义龙兴起的新兴豪族。在斋藤义龙改名为一色义龙时，为了让新进的家臣门第提升到与原土岐旧臣对等的地位，义龙还命令安藤、氏家、日比野、竹腰分别采用一色家重臣的姓，各自改苗字（姓氏）为：伊贺、桑原、延永、成吉。以这种形式，义龙将有力的守护土岐系家臣与守护代斋藤氏家臣全部凝结到了一起。与此同时，原为斋藤道三亲信的一些家臣，如堀田道空、森左卫门可成、猪子兵介则遭到整肃，陆续逃往尾张，成为信长的家臣。道三正室小见夫人的母家明智城也遭到义龙的攻击，城破后一族大多战死，仅有一个名叫明智光秀的青年带着少数人逃出，辗转前往越前投靠了朝仓义景。

义龙去世之后仅过了两天，织田信长便带着大军渡古木曾川、飞驒川前往美浓吊丧。五月十四日，下起了暴雨，织田军与前来应战的斋藤军在西美浓的森边口发生激战，最后斋藤方退走时留下了 170 余具尸体，其中有六宿老中的两人：长井甲斐守卫安和日比野下野守清实。

这一战中还发生了一个小插曲：织田家的前田又左卫门利家斩杀了日比野清实属下一员豪杰武将足立六兵卫。

前田又左卫门利家，就是前文曾经提过的前田犬千代。利家是尾张小豪族荒子城主前田利昌的第四子，在 14 岁的时候成为织田信长的小姓（在武将身边担任杂役与侍卫的青少年武士，多为下属武士家的儿子，也兼有人质的意味）。另外，同为信长小姓的佐胁藤八郎良之也是利家的五弟。在稻生合战与浮野合战中，前田利家都立下过战功，因为善用长枪，赢得了“枪之又左”的异名。本来按照这样的轨迹发展，不久他就会成为织田军中的大将。

但是在永禄二年（1559），信长的一个同朋众（以僧人身份为领主提供猿乐、连歌、茶道、围棋等表演的弄臣）拾阿弥偷了利家别在佩刀上的发簪。据说这个发簪是利家的夫人阿松之父的遗物，前田利家一怒之下拔刀将拾阿弥斩杀。不过拾阿弥还有一个身份：他是信长的父亲织田信秀与一个侧室所生的儿子。尽管柴田胜家、森可成等将领纷纷为利家求情，但织田信长一怒之下还是将利家逐出了织田家。

前田利家骑马画像

前田利家作为浪人在外游荡了两年，一直没有出仕别家诸侯，桶狭间之战时，也曾跟随织田军出战，斩获过三颗今川方的人头，但没有获得信长的宽恕，始终徘徊在织田家家门之外。

日比野下野守清实麾下的足立六兵卫，是美浓的豪杰之士，因为善于杀人而得了个“颈取足立”的异名。森部合战时，前田利家作为一个浪人又跟随织田军到了战场上，到了交锋时他就跳入战团专找斋藤军的大将厮杀，以求立下能够回归织田家的大功。

在乱战之中，前田利家碰到了足利六兵卫，经过一场死斗，取下了六兵卫的首级，紧接着利家又斩取了斋藤家两人的首级。战斗结束之后，前田利家将三个首级摆在织田众将面前，当大家看到其中有足立六兵卫的人头时，不禁齐声赞叹。借着这个契机，织田信长终于允许前田利家回归织田家，并且还将利家的俸禄由 100 贯增加到了 450 贯，远远超过了后者的期望。

森部合战之后不久，斋藤家的另一名宿老竹腰摄津守直光也因病去世。六宿老仅剩下稻叶右京亮一铁、安藤伊贺守守就、氏家常陆介直元三人，这三人此后就被合称为“美浓三人众”。

面对织田信长的步步进逼，斋藤家采取了义龙时代的老策略，在尾张方面

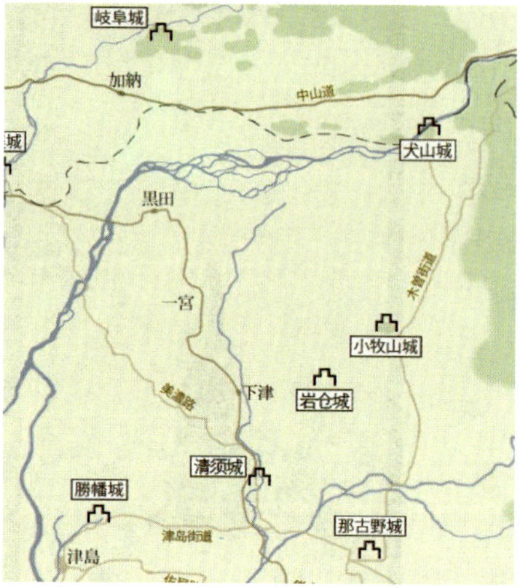

小牧山与犬山位置图

扶植代理人，扰乱信长的后方。这一次受到斋藤家策动的，乃是信长的堂弟兼妹夫、犬山城城主织田信清。

攻略岩仓城的织田信贤时，织田信清是以确保大久地 3000 贯领地为条件参战。胜利之后，织田信清获得了这 3000 贯的领地。但人心苦不知足，因为再未获得任何额外封赏，织田信清对信长还是有所不满。桶狭间之战时，织田信清借口防备美浓，未派一兵一卒增援清洲城，裂痕逐渐扩大。到了永禄五年（1562），织田信清与斋藤家结盟，正式向信长宣战。

犬山城与美浓隔着木曾川相望，互为声援。无论信长向哪一方进军，都要越过广阔的浓尾平野，既导致行军路程过长、容易贻误战机，又容易遭到斋藤家与织田信清的突然袭击。为了同时防备两面，兼向美浓进军，信长决定在上尾张靠近前线的地方建一座要塞屯兵。他所选中的，乃是岩仓城与犬山城之间、平野上的唯一小山丘——小牧山。信长向家臣们宣布时，却说是要把居城移到犬山城旁边的二宫山，由于这个计划太过冒险，遭到了所有家臣的反对，于是信长就装作表示妥协的样子：“那就移到小牧山吧！”这一次大多数人都同意了。这个事件，与中国南北朝时期的北魏孝文帝迁都洛阳的过程，有异曲同工之妙。

小牧山位于尾张北部春日部郡的小牧乡，高 80 余米，在山顶能够望到方圆六里之远，可以说是整个平野的核心。永禄六年（1563）八月中，信长先派出士兵 1000 人驻守该地，由丹羽五郎左卫门长秀负责筑城，历经 90 余日，到当年年底正式完工。建成的城池名为小牧山城，环绕着山脚的是一圈木栅和深壕，山南山北仅有两扇木门，在山的南面陆续分布着四五百间武士屋敷、足轻长屋以及马屋，信长的府邸也被拱卫在其中。在山顶，修有三间高（约 5.5 米）的望楼，足以远望到美浓与犬山。当年年底,织田信长的家眷与重臣们全部搬往小牧山城,告别了在 150 年间发挥着尾张国府作用的清洲城。

将根据地移到上尾张之后，织田信长以小牧山城为基地向犬山推进，另一方面也能灵活的建立城砦对犬山加以限制。

永禄六年（1563）年中，犬山城外围的最后屏障、与久地山下的小久地城被信长军攻落，城主小岛左卫门父子向信长投降，随后信长在犬山城周围建起宫后砦、濑山砦等城砦将犬山城团团围困。这一时期，信长身边的杂役木下藤吉郎已转职为武士，并和“川并众”的蜂须贺小六、前野长康一期参加了宫后砦的守备。

永禄七年（1564）五月，织田信长亲率 2000 人向犬山发起总攻。此时犬山城内守军加上美浓方面的援军仅 1000 人左右，经过两个半小时的战斗，织田军的先锋柴田胜家、佐久间信盛、丹羽长秀陆续突破南面的三个城门，向山上的织田信清屋敷杀去，信清看到大势已去，只好舍弃城池，经美浓逃亡甲斐武田家，此后他以“犬山铁斋”之名成为武田家家臣。

第 17 章　稻叶山落城

由于受到犬山城织田信清的干扰，从永禄五年（1562）到永禄七年（1564），织田信长对美浓的战争一直处在拉锯状态。其中大的战斗包括永禄五年五月的十四条·轻海合战以及永禄六年春的新加纳之战。前一场战争，双方未分出胜负就各自退军。但后一场新加纳合战中，斋藤军在天才军师竹中半兵卫重治的指挥下，以伏兵战术将织田军打败。

竹中重治的家族竹中氏，也是美浓土岐氏的一个分家。竹中重治还有一个身份——他是“美浓三人众”之一的安藤守就的女婿，在新加纳之战击败织田军时，重治年仅 19 岁。

身为良将，未逢明主也是一种悲哀。由于屡次击退织田军，美浓之主斋藤

竹中半兵卫重治画像

龙兴逐渐开始得意忘形，小小年纪就荒怠于酒色，不但没有继续加强边境上的防卫，反而昵近群小，疏远以美浓三人众为首的重臣。在这种情况下，竹中重治决定给斋藤龙兴一个惩戒。

永禄七年（1564）二月六日，作为人质待在稻叶山城中的竹中重治之弟重矩，突然病倒。竹中重治以探病为名，与数名家臣夹带着武器一起进入稻叶山城中，到了晚上，在岳父安藤守就的协助下，重治带领 16 人一起占领城门，随后在城头敲起钟鼓起哄，把斋藤龙兴吓得屁滚尿流，连夜逃出城外。

织田信长得知竹中重治夺城之后，派出使者前去交涉，表示愿意以半个美浓国换取重治手中的城池，却遭到重治的拒绝。到了八月，竹中重治又把稻叶山城交还给斋藤龙兴，自己离开美浓，前往北近江，当了浅井长政的客将。一年之后，他又辞去了浅井家给出的 3000 贯俸禄，回到老家菩提山城隐居。尽管此事只是竹中重治给斋藤龙兴的一个惩戒，但斋藤龙兴由此与以安藤守就为首的美浓三人众所产生的裂痕，已经更加无法愈合了。

在斋藤家的忠臣良将纷纷抛弃主家之际，织田家却反倒有许多将星升起，其中最令人瞩目的就是农民出身、担当过杂役的木下藤吉郎。

木下藤吉郎生于天文六年（1537）二月六日，小信长三岁，藤吉郎是尾张爱知郡中村的农民木下弥右卫门之子，15 岁时开始流浪各国，曾经在今川家臣、远江头驼寺城主松下之纲处当过一段时间杂役，后来又回到尾张，并于天文二十三年（1554）成为织田信长的杂役。由于他面相老成丑陋、身材矮小，加上行事怪异，织田信长常常称他为“猴子”“秃鼠”。除了杂役之外，信长最开始只把藤吉郎当成是小丑及专门讲解各地风土人情的角色。

然而对于信长派下的种种杂务，这只“猴子”总能出色地完成，而且在许多细节上还能看到他的无微不至。一到冬季，藤吉郎常常把信长的木屐焐在怀里，等到信长出门时，穿在脚上总是暖的。每当藤吉郎值事时，所用的柴火炭薪总比别人少一半。从这些小事上，织田信长渐渐对他开始另眼相看，随后派给他修理城墙等事务，藤吉郎依然完成得比别的武士出色，这就说明这个农民之子远远强过了一般武士。

木下藤吉郎画像

由于日本在以往的几个世纪里一直存在着严格的等级制度，公卿、武士这两个阶层都有着严格的门第与出身限定。平民出身的人，要想过得好一点，只能努力去当上商人或僧侣，但是僧侣便注定了与仕途和家门绝缘，商人则一直是被武士歧视的对象。所以平民与武士之间的鸿沟，几乎是无法逾越的。但是，战国乱世的魅力在于，这个时代给了许多出身低贱的人以飞跃的机会。即使是平民，也能在战国时代跨越家门、血统的鸿沟，通过种种努力与机缘成为一国一州之主甚至是号令一方的霸主。织田信长的岳父斋藤道三，正是以平民完成飞跃的典型。有道三这个巨人为榜样，信长对平民出身的人并不抱有歧视，像藤吉郎这样的人在织田家就有了展示自我的机会。

木下藤吉郎在织田家的地位逐渐上升，并于永禄四年（1561）娶了织田家足轻大将浅野长胜养女祢祢（实为杉原定利之女）为妻，正式加入了武士的行列。浅野长胜是尾张上四郡的豪族之一，成为信长的家臣的时间较早，因而在信长取了尾张上四郡之后，浅野氏的实力也相应地有所扩大。

另外，木下藤吉郎除了办事麻利有条理之外，还有一个特点就是善于笼络人心。永禄七年（1564）织田信长向犬山城发动总攻时，原本在美浓与尾张边境上一直保持着独立性的土豪集团“川并众”，以其党首蜂须贺小六与前野长康为首，竟然都跟着木下藤吉郎作战。

在尾张与美浓的国境附近有两条大河——木曾川与长良川，国境线就从这两条河间的平原上穿过。川并众就是以两河之间的小土豪为主，称霸水路的水贼。

犬山城在木曾川的南侧,与犬山隔河相望的是斋藤家的伊木山城与鹈沼城，信长进攻织田信清的犬山城之际，伊木山城主伊木清兵卫与鹈沼城主大泽正秀屡屡出兵救援织田信清，给织田军造成了极大的伤亡。所以在永禄七年（1564）初织田信长向犬山发动总攻前，派木下藤吉郎率领川并众进驻木曾川北岸的松仓城，对伊木与鹈沼两城进行牵制。

最靠近河边的伊木清兵卫，与川并众一直素有联系。木下藤吉郎以 60 艘战船在伊木山城下压阵，随后派出蜂须贺小六与前野长康入城，向伊木清兵卫晓以利害，不久伊木就开城投降了。

接着木下藤吉郎又以相同的方式包围了鹈沼城，不过当时他的兵力只有 400 人，而鹈沼的守军也为 400 人，在人数不占优的情况下要攻城谈何容易，而且城主大泽正秀又是号称“东美浓之虎”的猛将。

当时木下藤吉郎军中有一个坪内定利，与鹈沼城内的副将大泽主水基康交好，于是藤吉郎便派他偷偷入城游说基康。而后又由大泽基康引荐说服了大泽正秀。不过大泽正秀虽然答应投降，但由于先前在犬山杀伤织田军过多，心中仍然有所顾虑，害怕遭到织田信长报复。木下藤吉郎为了即将到手的大功，索性豁了出去，自己亲自到鹈沼城中当大泽的人质，又派使者前往信长的营中讨回复。信长本来不想放过大泽，但是得知藤吉郎已留在城内当了人质之后，也只好答应豁免大泽正秀的旧罪。以此为前提，大泽正秀以鹈沼城向织田家降伏。

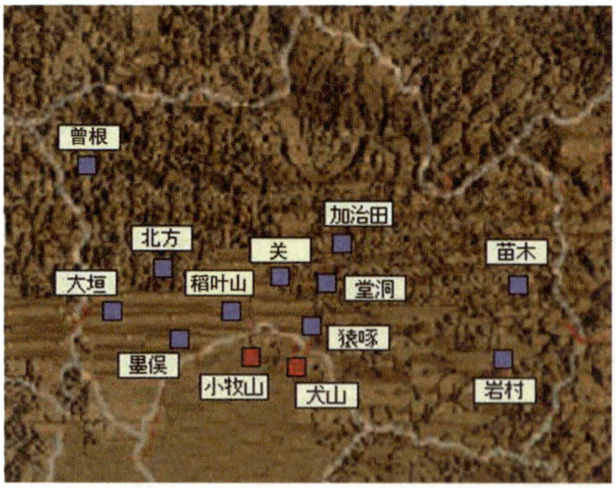

木曾川与长良川附近的形势图

不久，木下藤吉郎率

川并众在木曾川上搭起一座舟桥，以供织田军进入两川之间的平原。加上降伏两座城池，木下藤吉郎一连立下三件大功，令信长非常满意。平定犬山城之后，信长将木曾川附近的镜野、巾上、苧濑的 600 贯文土地赐给了木下藤吉郎。

另外，东美浓的群山之间有着豪族远山氏，其家主岩村城主远山景任娶了织田信长的姑母，因而算是信长的姑父。在织田与斋藤的实力悬殊逐渐明朗、整个东美浓逐渐归入信长手中的背景下，远山氏也毫不犹豫地加入了织田方。

取得木曾川北的据点之后，织田信长继续向北推进，陆续攻落猿啄、加治田等城，并于永禄八年（1565）九月越过长良川，逼近斋藤家居城稻叶山城。九月二十八日，织田信长攻落稻叶山城边的支城堂洞城。但是第二天打扫战场之时，斋藤龙兴与长井道利却率着 3000 人从山上冲下，一路将织田军赶回长良川以南。

长良川在稻叶山正南面的河道十分宽广，不利于织田军的进退与补给，这也是信长在堂洞之战战败的原因。所以此后他不急于向稻叶山进攻，而是着手在长良川选择固定的渡河点建立一个基地。信长选中的是长良川在西美浓部分的三角洲墨俣。但最先负责在墨俣筑城的佐久间信盛与柴田胜家，由于斋藤军的干涉，均铩羽而归。

永禄九年（1566）九月二十四日，木下藤吉郎带领川并众利用一日一夜的时间，筑起了一座要塞，并打退了斋藤军的数次攻击。这就是传奇性的“墨俣一夜城”。墨俣城建立起来之后，织田军可以随意渡过长良川进出美浓，同时由于这座城的威慑，西美浓的豪族们也开始向织田家臣服。斋藤方的防御体系走向了瓦解。

永禄十年（1567）七月，西美浓广泛传开流言：“织田军似乎在氏家（直元）的领地上随意进出。”因为这个谣言，美浓的人们开始怀疑氏家直元和他的好友安藤守就投靠了织田家。信长在得知计谋奏效后，迅速率领 2000 人出击，进攻氏家直元领地东面的曾根城，曾根的城主是美浓三人众之一的稻叶右京亮一铁。在流言的作用下，稻叶一铁由于害怕受到氏家与织田的两面夹击而灭门，这个在美浓三人众中一直以我行我素著称的硬汉，率先向织田信长投降并送出了人质。而氏家直元与安藤守就听闻稻叶一铁投降的消息，也向信长投降并送上人质。美浓三人众从此全部转身为织田家臣。就在这个时期，隐居的竹中重治受到木下藤吉郎的多次相请，最后终于被打动，加入了织田家。稻叶山城的陷落只是时间问题了。

永禄十年八月一日，织田信长亲率 5000 人向稻叶山城发动了进攻。织田军先锋柴田胜家、丹羽长秀、佐久间信盛在攻破七曲口的山门及二城之后，由于山腰的斋藤军据险死斗而停滞不前。半个月之后的八月十四日，木下藤吉郎率领川并众、大泽、伊木等家合兵 2000 人，乘船从墨俣出发，顺着长良川到达稻叶山下。这支队伍由稻叶山城的水门发动奇袭，从背面攻上稻叶山城。腹背受敌之下，斋藤龙兴最终在八月十五日舍弃了这座父祖两代的居城，坐小船从长良川逃往伊势国的长岛，从此亡命天涯。

桶狭间之战后过了六年，织田信长终于拿到了梦寐以求的美浓国。

第 18 章　天下布武

取得美浓之后，织田信长迅速将居城移到稻叶山城，并将尾张的小牧山城破除。

根据尾张高僧泽彦宗彭的建议，信长将稻叶山城改名为“岐阜”。这个名字借用的是中国周朝凤鸣岐山、兴起于西岐的典故，暗喻着该城将成为自己征服天下的起点。美浓与东方的信浓、北方的飞驒之间都隔着崇山峻岭，向南是尾张，向西与京都隔着近江相望，正是背倚群山、俯视天下的霸府之地。

信长改建的岐阜城

永禄十年（1567）十一月，

信长开始使用“天下布武”的印章，表明自己将以武力取得天下的志向。

尽管以上举动或许是有些张狂，但信长却并非视天下英雄如无物。在美浓的东面，是信浓与甲斐，这两个国度的主人乃是号称“甲斐之虎”的名将武田信玄。为了避免在进攻美浓时受到武田干扰，织田信长在斋藤义龙死后，屡屡向武田信玄献上重礼示好。当时，织田家有不少同族随着犬山铁斋信清一起当了武田家臣，其中有一人名为织田扫部助一安。永禄八年（1565）信长将这位织田一安召回尾张，请他牵线搭桥，与武田家订立了一个婚约。婚约的一方是武田信玄的第四子、当时武田家在南信浓的大将诹访四郎胜赖，另一方则是织田信长的养女（实则是信长之妹与美浓苗木城主远山勘太郎的女儿）。这个女子嫁到武田家之后，为胜赖生下了嫡子信胜，旋即因难产去世了。后来为维系两家的联姻关系，信长又让嫡子奇妙丸与武田信玄的第六女松姬订立了婚约。由于信长的正妻浓姬多年来没有生育，这个奇妙丸作为信长与侧室吉乃所生的长子，被立为了织田家的嫡子。

在信浓的北面，是幅员辽阔的大国越后，其国主是有“越后之龙”称号的上杉谦信。上杉谦信与武田信玄并称战国时代军神级的武将，两人在北信浓的川中岛地区进行过五次对决，这五场大战的战术之精妙与战斗之惨烈，都为日本战国时代之罕见，不过两个英雄却为此耗去了 10 年的时间。而织田信长的崛起，恰好是在这 10 年里。

由于上杉谦信笃信佛教，终生未娶，故而也没有亲生子嗣，只是收养了几个养子，准备在里面挑选一个作为继承人。织田信长得知上杉家的情况之后，于永禄七年（1564）向谦信派出使者，在送上礼物之余，又陈述说自己子嗣众多，如果谦信需要，也可以从里面挑选一个作为养子。但由于尾张与越后相

武田信玄与上杉谦信画像

隔过远，而且两家以前几乎没有来往，所以上杉谦信婉拒了信长提出的这个提议，但是也在同年十一月赠送越后的飞鹰给信长作为回礼。

正如与松平元康结盟一样，织田信长与武田信玄、上杉谦信这些东面、北面霸者结好，是因为除了占领美浓外，信长已经把今后扩张目标定在了西面。此时在西面，控制着京都地区的是原管领细川晴元的家臣三好氏。

三好氏发源于阿波，在细川氏的内讧之中崛起，中兴之祖三好长庆最盛的时候，领有山城、摄津、河内、和泉、丹波、播磨等八个国，是名副其实的天下霸主。此外三好长庆还有三个杰出的兄弟：文武双全的次弟三好义贤治理阿波，三弟赞岐国主十河一存是号称“鬼十河”的猛将，四弟安宅冬康作为水军大将镇守淡路，控制着四国到畿内的海路。在畿内，三好长庆则有号称“三好三人众”的同族重臣及智将松永久秀作为辅佐。

但是三好家的霸业未能持续多长时间。永禄四年（1561），先是三弟十河一存于前往有马温泉的途中落马而死。永禄五年（1562）次弟三好义贤又在和泉久米田对田山氏的战斗中战死，永禄六年（1563），被三好长庆寄予厚望的嫡子三好义兴突然去世，年仅22岁。到了永禄七年（1564），三好长庆病重不起，临死前听信侧近松永久秀的谗言，以为四弟安宅冬康要谋反，遂将冬康喊到饭盛山城来逼他自尽。但是事后三好长庆又醒悟过来后悔不已。在病痛与失去兄弟的空虚折磨之下，三好长庆于同年（1564）七月四日也在饭盛山城去世了。由于三好长庆这一支已经绝嗣，重臣三好三人众拥立十河一存的嫡子十河熊王丸为三好宗家的继承人，称作三好义继。

随着家中栋梁的连续倒塌以及庶家的入嗣，使得三好家的大权旁落到三好三人众与松永久秀手中。将军足利义辉乘这个机会开始联络各地的大名，试图恢复幕府的声威，这却促使三好家为了稳固新当主而痛下杀手。

永禄八年（1565）五月一日，三好义继受赐了足利义辉的“义”字，改名为三好义重，同时又经义辉奏请，获得了左京大夫的官位。18天之后的五月十九日，松永久秀与三好三人众以参拜石清水八幡宫之名，突然带兵袭击了将军所在的二条御所。尽管剑豪将军足利义辉拿出珍藏的多把宝刀奋勇作战，最后还是寡不敌众，被三好军乱刀砍死。与义辉一同战死的还有他的幼弟足利周嵩。

三好三人众行此大逆不道之事，无非是为了改朝换代，抹去旧的足利幕府建立新的三好政权。无奈三好家的气运已衰，不久三好三人众与松永久秀发生内斗，家主三好义继被两派玩弄于股掌之中，四处迁移居城避难，声望一落千丈。

另一方面，室町幕府的气数也还未尽。足利义辉尚有一个二弟一乘院觉庆在奈良出家，义辉遇害之后，控制了大和国的松永久秀向奈良兴福寺施加压力，迫使寺方将觉庆禁闭在寺内，照此下去，他被杀也不过是早晚的事。但是足利义辉横死的时候，有一群幕府奉公众（将军的近卫武士）逃出。这些人都是世代忠于将军的足利氏同族或近臣，为了保全足利将军家的血脉，奉公众们以一色藤长、仁木义政、三渊藤英、细川藤孝为首，又联合了近江甲贺的豪族和田惟政，潜往兴福寺，将一乘院觉庆营救了出来。

永禄九年（1566），一乘院觉庆在近江国的矢岛还俗，取名为足利义秋，此时他受到了近江国主六角义贤的保护。但是不久之后，六角氏与三好三人众讲和，足利义秋遂于当年八月逃亡若狭，投靠妹夫武田义统。紧接着在若狭武田家内发生了武田义统与儿子武田元明争位的大战，义秋又被迫继续北逃，前往越前朝仓义景处接受庇护。一路逃难下来，义秋觉得都是自己名字中带有个意态悲凉的“秋”字惹的祸，于是在越前把自己的名字改为足利义昭，取“昭”字如日初升、号令天下之意。

将军足利义辉画像

自朝仓孝景在应仁之乱中取得越前以来，朝仓氏又传续了四代。此时的朝仓家主义景，原名朝仓延景，后来受赐足利义辉的一个“义”字才改名为义景，称得上与幕府关系密切。朝仓家经历父祖几代开疆拓土，势力影响扩大到了越前以外的加贺、

明智光秀画像

若狭等国，为京都北邻的第一大势力。义景本人也十分仰慕京都文化，居城一乘谷城因此被建设成为一座洋溢着京都之风的文化名城。所以对于拥有将军继承人地位的足利义昭，义景自是十分欢迎的，不仅为他建立了临时御所，又派人热心款待、周到服侍。但是义景更多只是把足利义昭当成是装点朝仓家门面的饰品，根本没想过为了这个名不副实的将军而去与畿内第一强者三好家决一死战。所以当足利义昭要求他出兵南下时，义景的反应甚为冷淡，这使得义昭大为失望。

在朝仓家，负责接待足利义昭的，乃是来自美浓的明智光秀。斋藤道三遇害之后，明智氏作为道三的妻家，也受到了斋藤义龙的讨伐，落城之际光秀就逃往了朝仓家。由于光秀的母亲是若狭守护武田义统的姐姐，而足利义昭又是武田义统的妻兄，基于这一层关系，明智光秀担当了在朝仓家接待足利义昭的职责。相对于朝仓义景的暗弱胆小，光秀从足利义昭这位雄心勃勃的流浪公身上，看到了幕府中兴的希望，所以与义昭深相接纳，并暗自托以前程。

此时放眼京都周边，“三管领、四职”之家陆续没落，唯一一个还保有着实力的幕府元老六角氏也与三好家相勾结，能与三好对抗的就只有地方上的大名了。而在日本中部，织田家距京都较近，崛起极为迅猛，这引起了足利义昭的注目。当足利义昭开始属意于信长，明智光秀就自告奋勇充当使者前往美浓。明智光秀出身于美浓，既是斋藤道三的亲族，也是信长正室浓姬的堂兄弟。

足利义昭的邀请，为织田信长带来了梦寐以求的上京借口，这也是信长由一介地方诸侯，走上天下霸主之路的重大契机。

第 19 章　织田家的人们（上）

织田信长身边最有名的女子，乃是斋藤道三的女儿、正室浓姬。但是信长一生中最爱的女人，却是侧室生驹吉乃。

吉乃是尾张北部豪族生驹家宗的长女，最先嫁的丈夫是美浓土田城主土田弥平次。这个土田家也是信长之母土田夫人的娘家，按辈分算这个弥平次是土田夫人的内侄，即织田信长的姑表兄弟。不过在天文二十三年（1554）对鹈沼城主大泽正秀的战争中，土田弥平次不幸战死，时年仅 24 岁。由于吉乃没有为他生下孩子，因此便回到娘家寡居。三年后，织田信长路过生驹家时，一见到吉乃，顿时惊为天人，不顾她的名分，执意将她纳为妾室。

这一年年底，吉乃为信长生下了长子奇妙丸（信忠），后来又生下了次子茶筅丸以及长女五德姬。虽然仅是一个侧室，但是吉乃在信长人生中的地位却远重于正室浓姬，吉乃不仅为他生下了长子，据说得力干将木下藤吉郎也是通过她推荐给信长的。不过在永禄九年（1566），吉乃由于产后虚弱卧病不起，渐成沉疴难返，信长在焦急之余，命人从各地搜罗来泥鳅等珍贵膳食为她进补，最终还是未能留住吉乃那飞逝的生命。同年五月十三日，吉乃以 29 岁的芳华在小牧山城去世，随后被葬在生驹领附近的小折。据《久昌寺缘记》载：在吉乃死后，信长常常登上小牧山山顶的望楼，眺望小折的葬地，潸然泪下。

吉乃的墓碑

奇妙丸由于是信长最疼爱的吉乃所生，又被浓姬纳为养子，便成为信长的嫡子兼

| 茶筅

| 五德

继承人。实际上织田信长的长子另有其人，他是信长在 1554 年与家臣原田直政之妹所生的儿子，名为织田信正。由于这个侧室原田氏遭到浓姬的妒忌，所以信正生下来之后，就被寄养在重臣村井贞胜家，成年后取名为“村井带刀先生重胜”，后来才回归织田家，改名织田信正。织田信正和织田信广一样，也只能算是宗家的庶长子，在织田信广战死后，信正便继承了信广的家门。

另外，信长较有名的侧室，还有后来纳的近江豪族高田源十郎之女锅夫人等多位，有名的儿子共有 11 人，其中以嫡子信忠、次子信雄、三子信孝最为著名。

要提到的一点是，织田信长为几个孩子所取的幼名，似乎颇与他“尾张大傻瓜”的名头相合：长子信忠，幼名“奇妙丸”，只是字面上莫名其妙，尚无伤大雅；次子织田信雄，幼名却是“茶筅丸”，茶筅，乃是喝茶时用来洗刷茶器的刷子；第三子织田信孝，由于出生日期为三月七日，便被信长随口命名为“三七丸”；长

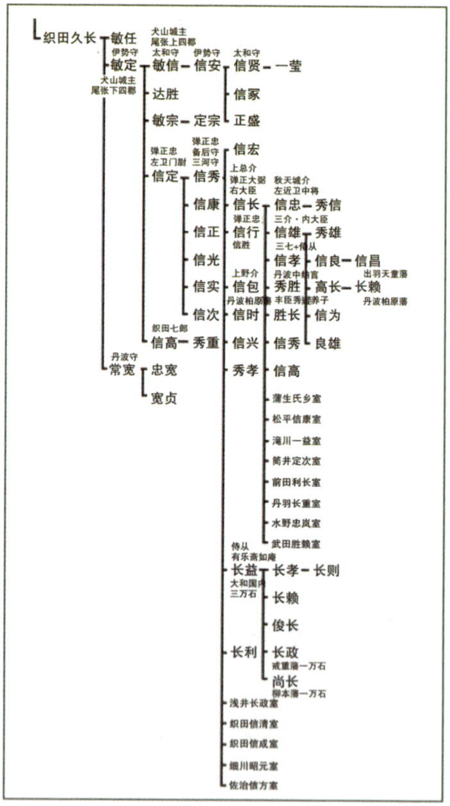

| 信长的兄弟与子嗣关系详图

女五德姬的“五德”，其实是在日本围炉中用来搁铁锅的圆形有脚铁架。

织田信忠的诞生时间是 1557 年，信雄与信孝的诞生时间是 1558 年，五德姬的诞生时间是 1559 年，皆是在桶狭间合战之前。或许信长正是借此暗行韬晦，向周边的敌人展现出自己只是个满脑子奇思怪想的傻瓜。信长崛起之后，人们才改称“五德姬”为“德姬”，将“德”牵强附会地理解为儒家的仁、义、礼、智、信五德。

织田信长共有兄弟 12 人，其中信行、信包与信长同是土田夫人所生。在统一尾张的过程中，信行、信时、秀孝陆续横死，剩下的兄弟以庶长兄织田信广为首，还有信包、信治、信兴、秀成、信照、长益、长利八人。具体事迹留待后表。

另外织田信长还有几个妹妹，其中较有名的是阿犬和阿市。

阿犬又称犬夫人、犬之方，是信长最疼爱的妹妹之一。在桶狭间合战时，今川家的水军一度从伊势湾登陆，由蟹江威胁到清洲城的后方，这使得信长认识到拥有自己水军的重要性。所以在战后，信长将阿犬嫁给了尾张大野城主佐治为景之子佐治为兴。佐治家的领地位于尾张国突出在伊势湾中的知多半岛，借助地利之便，佐治家旗下的佐治水军成为尾张第一的海战力量。为了拉拢佐治家，信长不仅将妹妹嫁给了佐治为兴，还将自己名字中的“信”字下赐，佐治为兴由此就改名为佐治信方。此后佐治水军一直随织田军活跃在各地的战场上。

浅井长政画像

信长的另一个妹妹阿市，号称战国第一美女，和信长同是土田夫人所生，她的夫婿，乃是领有北近江的大名浅井长政。

近江乃是京都东侧的大国，将日本第一大湖琵琶湖包在怀中。从室町幕府建立时起，南近江就由佐佐木源氏的宗家六角氏统治，而北近江则由佐佐木家的分家京极氏统治。幕府建立之初，出身于京极家的京极高氏（佐佐木道誉）担当过幕府的重要功臣和元勋，一度左右幕政。京极家也乘机扩张领国，最盛时曾领有出云、隐岐、飞驒、摄近、近江五国，其势力甚至凌驾于宗家六角氏之上，乃是幕府“四职”之一的名门。但是应仁之乱以后，京极氏陆续失去了其他的领地，只剩下北近江半国。后来家内又发生了京极高广与京极高吉兄弟争位的大乱，原本只领有浅井郡的豪族浅井亮政乘乱取代主家，掌握了北近江。经历浅井亮政、浅井久政，传到浅井长政时，作为战国大名的浅井家已历三代。

浅井家在北近江的统治，实际是以北近江豪族联盟为基础展开的，能压制住北近江豪族的，才是这里的王者。浅井长政的祖父浅井亮政便是这样的人物，但是长政的父亲浅井久政性格软弱，加上在军事上缺乏手腕，数次在与南近江六角氏的战争中惨败，被迫向六角行臣下之礼。浅井长政在元服时，不仅拜受六角家主六角义贤一字称浅井贤政，还娶了六角氏的家臣平井定武之女为妻。在六角眼里，也只是把浅井当作家臣的级别来看待。但是长期以来六角氏的专横与浅井久政的软弱已经引起北近江豪族们的不满，这一次的赐字与结婚更是点燃了大家的愤怒。于是重臣们合力将浅井久政放逐到琵琶湖中的竹生岛上，改立贤政为家督。随后贤政又弃掉“贤”字，改称浅井长政，并与平井定武之女离婚。这一年是永禄三年（1560），浅井长政时年 15 岁。不久之后，浅井长政便在野良田之战，以 10000 人击破了前来兴师问罪的25000 名六角军，从此浅井家才正式从六角的阴影下独立了出来。

阿市画像

而这个时候，正在美浓与斋藤龙兴拉锯的织田信长也注意到了北近江的少年英杰。由于自斋藤义龙时起，美浓斋藤氏与六角便是同盟关系，为了牵制斋藤的后方，织田信长开始寻求与浅井家建立同盟。信长所派出的使者，乃是处在西美浓与南近江的交界之地、刚刚投向织田家的豪族不破光治。

由不破光治传达了信长的提议之后，浅井家内一度产生过争论：应仁之乱以来，尾张织田家一直是斯波氏的拥护者，而越前朝仓篡夺了斯波的领国，因此两家长期处在对抗的立场上。但是浅井家从建立到打败六角的过程中，一直都得到朝仓家的援助，两家的友谊延续了三代。若与织田结缘，浅井家必将得罪风雨同路的朝仓家。这使得家臣们犯了难，以重臣远藤直经为首的一群人竭力反对与织田结盟。

在不破光治的奔走斡旋下，织田信长最终向浅井方做出承诺："在同盟期间，织田家不会向朝仓进军。若是有特殊情况要攻打朝仓家，事先会向浅井家通报。"得到这个承诺，浅井家最终才答应与织田结盟。作为盟约中的一个条件，信长还答应把自己的亲妹妹嫁给长政，不过两人的婚礼，是在同盟建立的七年之后，也就是永禄十年（1567）举行。

在这七年里，六角家由于内乱已经衰弱了下去，而浅井长政则奠定近江霸主的地位，成为名震全日本的青年武将。另一方面，织田信长也终于攻克了稻叶山城。为了庆贺数桩喜事，和表示对长政的看重，信长不让浅井家出一文钱，自己一力承担了婚礼的全部费用。不过，浅井家内对于信长与朝仓的对立，并没有因为一个诺言而就此放心。在婚礼前夕，远藤直经曾向浅井长政建议在婚礼时将信长谋杀，但却被长政否决。所以阿市最终还是成为浅井长政的妻子，并陆续为他生下三个女儿：茶茶、阿初、阿江。这三个女孩，在后来的时代中，都嫁给了显赫一时的人物。另外，长政的前妻平井夫人为他生下过一个嫡子万福丸，这个孩子后来被阿市所收养。

第20章　织田家的人们（下）

随着织田家领地的不断扩张，信长的家臣人数也越来越庞大。

信长的核心家臣，乃是自织田信秀起便出仕织田弹正忠家，成为信秀、信长、信行家老的重臣家族，其代表人物为林秀贞、柴田胜家、佐久间信盛。另外池田恒兴与丹羽长秀，也是尾张豪族出身，与信长年龄相近、较早出仕。池田恒兴是信长的乳兄弟，丹羽长秀既擅长作战与后勤，又擅长筑城，是信长同龄人物中的佼佼者。以上五人，作为尾张豪族的代表人物，成为信长初期的重臣。

此外南尾张的一些小豪族如前田、佐胁、佐佐等，陆续送出儿子在信长近前充当小姓近侍，这些青年武士后来逐渐成长为织田军的中坚阶层，有名的人物包括：前田利家、佐佐成政、佐胁良之、堀秀政、埇直政、长谷川秀一。类似的小豪族还有水野、生驹、饭尾、浅野等。

斋藤道三死后，他的一批亲信武士受到斋藤义龙的驱逐，前往尾张成为信长的家臣，信长对他们一如道三在世时那般信任，其中的人物主要有森可成、堀田道空、猪子一时、金森长近。随着清洲、岩仓两家织田的灭亡，旧守护代重臣坂井、河尻随后成为信长的直臣。

以上四类家臣，共同构成了织田信长的嫡系势力：尾张众。在统一美浓期间，织田信长为了培育起中坚战力，以尾张众为基础特地建立起了两支亲信部队，名为“赤母衣众”“黑母衣众”。

黑母衣众的名单为：佐佐成政、毛利新助、河尻秀隆、生驹胜助、水野带刀

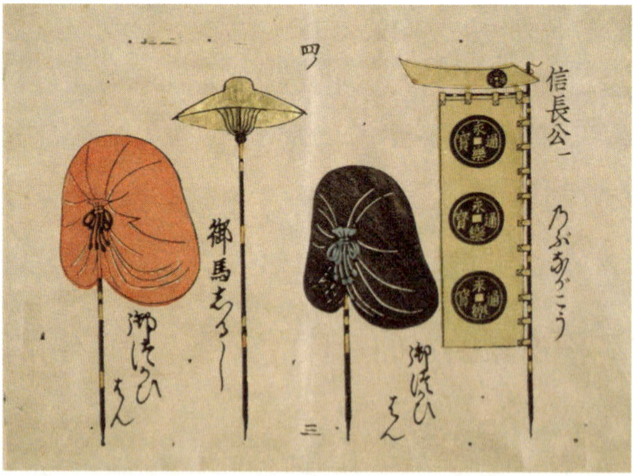

信长的母衣与旗印

左卫门尉、津田盛月、蜂屋赖隆、中川重政、松冈九郎二郎、平井久右卫门、伊藤武兵卫。

赤母衣众的名单为：前田利家、饭尾尚清、福富秀胜、塙直政、黑田次右卫门尉、毛利秀赖、野野村正成、猪子一时、浅井新八郎、木下雅乐助、伊东长久、岩室长门守、山口飞驒守、佐胁良之、长谷川桥助、金森长近、加藤弥三郎。

“母衣”拿到现在可以称为“铠甲伴侣”，发源于日本平安时代末期，是用一块长布将编得非常紧密的竹板包住，武士在骑马时绑在背后防范流矢。但是到了战国时代，除去护背的功能外，母衣更多成了特种兵的装饰。黑赤两母衣众都是由信长的马回里面选出，马回即指在大将马周围巡弋的武士，这些马回多由小豪族的子弟编成，负责在信长的身边护卫与传令。而从中选出黑母衣众与赤母衣众，除了负责在总大将与分支部队之间传令外，一旦分支部队指挥官要更换，便可以就地接任，因而也充当了中层指挥官预备队的角色。作为织田家上升期中的精锐部队，这两支母衣众中的不少人物，后来都成为影响一方的风云人物。

柴田胜家画像

丹羽长秀画像

攻略美浓之际，信长旗下又衍生出两个军团：

木下藤吉郎率领着蜂须贺正胜、前野长康为首的川并众，以及大泽正秀、伊木清兵卫、竹中重治等美浓尾张交界处的豪族成为一支独立战力，由于其活动范围主要是上尾张与美浓中间，所以岩仓织田家灭亡之后，一些岩仓城的遗臣也加入了信长的部队，有名者包括山内盛丰之子山内一丰、堀尾泰晴之子堀尾吉晴。

织田家的另一大战力则是美浓豪族之首的“西美浓三人众”：稻叶一铁、氏家直元、安藤守就。另外加入织田家的美浓有力豪族还包括不破光治、远山氏，等等。他们的部队也时常充当着织田军的先锋。

关于织田家臣中的有名人物，当时有一首歌谣传颂：“前进柴田、后退佐久间、木棉藤吉、米五郎左。”其中所指的四人分别为柴田胜家、佐久间信盛、木下藤吉郎、丹羽长秀。这首歌谣意指开战时柴田胜家时常如鬼神般冲锋在前，撤退时由佐久间信盛殿后可以减少损失，木下藤吉郎如同木棉般结实好用，丹羽五郎左长秀是米一样不可或缺的人物。

除了美浓与尾张的武士之外，许多才能突出的外地武士，也被织田信长提拔为重臣。其中最有名的乃是出身近江甲贺的豪族兼忍者泷川一益。由于擅长忍术及铁炮术，泷川一益迅速得到了信长的重用，在织田家中的地位并不低于柴田、林、佐久间等重臣。另外还有一个原因是，泷川一益与信长的乳兄弟池田恒兴有着亲缘关系。此外近江出身的村井贞胜，以及美浓斋藤龙兴的遗臣武井夕庵，由于长于政务，都被信长提拔为身边处理政事、负责文书的官僚。

以上这些家臣，乃是织田信长由尾张走向天下的最大助力。

ZHI TIAN XIN CHANG

卷之三
天下布武之卷

第 21 章　六角氏的末路

永禄十一年（1568）六月，足利义昭向织田信长派出使者的事被朝仓义景知晓。

朝仓义景责难义昭不该暗地与自己的敌人联络。对此，足利义昭只有好言抚慰：“朝仓家的忠勤我已深知，且暂待时机。”并写下一封誓书，表示将对义景的恩情永世不忘。知道义昭去意已决，朝仓义景也不便强留。七月十六日，在少量朝仓军的护卫下，足利义昭离开了越前，经过北近江浅井领地，于二十二日到达织田家的美浓。

织田信长以美浓的立政寺作为临时御所，将足利义昭安置在该处。二十五日，信长正式参见了义昭并献上大刀、名马及制钱千贯。足利义昭在嘉许信长的忠节之余，催促他赶快带兵上京。得到义昭的令旨，信长立刻驰檄畿内，号召周边的大小诸侯前来织田军中会合。此时织田家拥有尾张、美浓之军力，又有三河德川、北近江浅井两大臂助，横在他进京路上的只有南近江六角一家而已。

作为扎根南近江 300 年的强者，此前六角氏内部已经发生了庶克嫡的事件。嫡流的六角氏纲一系大权旁落，以六角氏纲之弟箕作城主六角定赖为代表的箕作分家，长期作为主家的出阵代表屡建战功，掌握了家中的实权，后来逐渐霸居主城观音寺城，成为南近江的战国大名。

六角定赖旗下有号称“六角六家老”的六家重臣，分别是后藤贤丰、进藤贞治、蒲生贤秀、平井定武、目加田纲清、三云成持。其中后藤贤丰与进藤贞治并称“两藤”，乃是六角家的首席重臣。在六角家中兴之君六角定赖时代，六家老辅佐主君向北压服浅井，向西支援将军与三好对战，为六角定赖争得了“管领代”（代理管领）的身份，这是六角家的全盛时代。

但是六角定赖死去之后，六角家先是在与三好的几场大战中连连失利，后又在1560年的野良田之战中败给浅井长政，浅井家就此独立。此期间定赖的继承人六角义贤已将家主之位传给了嫡子六角义治。文武兼备、声望最隆的家老后藤贤丰引起了义治的不安。为防止下克上的事件发生在自己身上，六角义治于永禄六年（1563）在观音寺城将后藤贤丰与其嫡子暗杀。此事激怒了所有家臣，其余重臣联起手来把六角义贤、义治父子从观音寺城放逐。最后，在温和派家臣蒲生定秀、贤秀父子的调停之下，六角义贤父子才得以回归。不过作为惩罚，六角义治被迫将家主之位传给了弟弟六角义定。

在永禄十年（1567），六家重臣还联合起来制定了一套名为“六角氏式目”的分国法度，用来约束主家的权力。尽管六角家已遭到限制，但豪族们的离心趋势还是不可挽回。这样一个孱弱的敌人，根本无法成为信长强大的阻力。

永禄十一年（1568）八月七日，织田信长率领250名马回先行到达浅井长政的领地近江佐和山城。在这里，他派出使者曾我兵库助佑乘前往越前邀请朝仓义景前来相会，又派人西上说服六角家让路放行。但是朝仓摆出一副坐山观虎斗的样子，对信长的邀请根本不予理睬。而在三天前的八月四日，京都的三好三人众亲自前往观音寺城，与六角义贤、义治父子结成了对抗信长的统一战线。在佐和山城连待七日得不到满意回复之后，信长又返回了美浓。

九月七日，织田信长亲率15000人从岐阜城出发，同行的有三河德川家康1000人。

1566年，松平元康完全统一了三河国，随后他不仅向朝廷申请取得了三河守的官位，还改名为德川家康，确定以“德川”这个清和源氏新田流名门作为自己的新家名。另外，浅井长政也带着3000人加入了织田军的战列。加上各地前来会合的大小豪族，当时织田军的总兵力据称达到5万—6万人。

而六角家这边则摆出一副抗战到底的阵势：六角义贤、义治、义定父子三人以精锐马回众1000骑固守本城观音寺城，田中治部大辅以6000人守和田山城，吉田出云守以3000人守老家箕作山城。这三座城分别位于易守难攻的高山之上，其中观音寺城与箕作山城相邻，而和田山城则在观音寺城以东2公里的爱知川边。按照六角方的预计，织田军最先会攻击前沿的和田山城，所以派驻了最多的兵力防守该城，而观音寺与箕作山城则可互为犄角，随时能够夹击和田山城下的织田军。其余的六角家臣则分别驻守在18座支城里，构成严密的防守体系。除了防守之外，六角家的胜机，乃是三好三人众的及时来援，不过在此之前，织田信长已经对六角家发动了猛攻。

观音寺与箕作山城的地理位置

九月十一日，织田信长到达爱知川的北岸。出乎意料的是，信长并未按六角方的预计全力进攻和田山城，而是在九月十二日兵分三路渡过爱知川。稻叶一铁率领美浓三人众牵制和田山城，柴田胜家与森可城率领部分尾张众牵制观音寺城，而信长则亲自与泷川一益、丹羽长秀、木下秀吉一起杀向箕作城。这一年，木下藤吉郎在来往信件中开始以“秀吉”之名自称，其弟小一郎改称秀长，向武士之路又迈进了一大步。

在六角家的三角防御体系中，与重兵把守的和田山城及精锐把守的观音寺城相比，箕作山城人数不是最多，地位不是最重，看似只是一座辅助性的支城，但信长却敏锐地看到，攻下此城，既可以切断和田山城的退路，又可以使观音寺城胆寒，乃是破坏六角家防御体系的关键。双方这种战略眼光的差异，就注定了战争结果的一边倒局面。

九月十二日，木下秀吉队2300人、丹羽长秀队3000人，同时从箕作山城的东口向城门发起冲击。六角方的箕作山城守将吉田出云守重政是日置流弓术的传人、号称日本第一的神箭手，曾屡次发箭射伤织田军的将领。加上城坚坡陡，

南近江攻略示意图

织田方一整天的攻城战毫无进展。下午5时，吉田出云守突然率军杀出，一口气将木下秀吉与丹羽长秀赶到了山下。

到了晚上，木下军中召开军议，蜂须贺小六提出以夜袭进攻山地城池的方案，被秀吉所采纳。暗夜之中，秀吉命人在箕作山上点燃50多支火把，乘夜向城池发起攻击。由于视线受阻，对于从各个角落翻入城中的织田军，守城的六角军防不胜防，混战之中城门也被打开，织田军的大部队随即涌入城内。经过七个小时的夜战，到十三日天明时分，城将吉田出云守以出家为僧为条件向信长投降。

后方的箕作山城易手，悬在前方的和田山城守军未经交战便各自逃出城外，六角氏所构筑的持久战防御体系一天之内就被打垮。此时的观音寺城中仅有1000人，成为惊弓之鸟的六角义贤父子三人连夜舍弃城池，逃往甲贺群山中的忍者之乡。

蒲生氏乡画像

失去了主家之后，以六角六家老中的平井、后藤、进藤、目加田为首，18座支城的大小豪族陆续向信长开城投降，六角家一族的嫡流六角义秀也臣服于信长之下。还在闭门抵抗的，仅剩下一座日野城，城主乃是后藤贤丰以外六角家的最有实力者——蒲生定秀、贤秀父子。

此时在织田军中，恰有一名伊势豪族神户具盛，在年初信长对伊势的侵攻中降伏，他的领地与蒲生家相邻，同时也是蒲生贤秀的妹夫。织田军将日野城团团包围之际，神户具盛自告奋勇，独自一人叫开城门，入城游说蒲生父子。最终蒲生贤秀也开城向信长投降，并送去嫡子鹤千代作为人质。这个蒲生鹤千代由于少年早慧、英才秀出，信长一见便极为赏识。就在这一年，织田信长安排蒲生鹤千代元服，并将自己官名“弹正忠”里的“忠”字下赐，为鹤千代取名为蒲生忠三郎赋秀。另外，信长还把自己的小女儿雪姬许配与他。这个蒲生赋秀，就是后来领有会津 90 万石的大诸侯蒲生氏乡。

在南近江的战国大名六角家没落之后，通往京都的大门也向织田信长打开了。

第 22 章　信长上京

永禄十一年（1568）九月十三日，织田信长进入观音寺城，对前来归附的各地豪族进行整合。

由于织田的军威和足利义昭大旗的双重作用，琵琶湖西岸的朽木氏、京极家的家主京极高吉也都陆续加入了织田军。九月十四日，信长派出使者前往美浓迎接义昭上京。二十六日，义昭由美浓赶到观音寺城与信长会合。

在信长攻击六角氏的时候，三好三人众正在大和与松永久秀交战，因为松永从三好的居城之中将家主三好义继拐带了出来。得知六角氏被击破后，三好方的驻军陆续从京都撤出，退往西面诸城防守。此时已没有任何势力可以阻挡信长进入京都的步伐。

九月二十七日，当天是一个黄道吉日，织田信长与足利义昭一起离开观音寺城，向京都进发。当时的队列分为三个大阵：

第一阵为近江军团：

先锋：目贺田摄津守纲清、马渊伊予守、伊庭河内守、三井出羽守、三上伊予守、落合出云守、池田大和守七家共 5000 人，这是代代在六角家担任先锋的武士。

第二队：浅井下野守久政、浅井备前守长政父子，及高岛越中守、朽木宫内大辅晴纲共4300人，以上为北近江武士。

第三队：平井加贺守定武、永元大炊头、楢崎内藏介、鲶江又八共3400骑，以上为南近江六角家臣。

第四队：京极长门守高吉、京极治部大夫、黑田日向守、坂田兵库头、水原河内守共4300骑，以上为近江守护京极一族。

第五队：蒲生左兵卫大夫贤秀、后藤喜三郎高治、和田和泉守、种村三河守共2800骑，以上为南近江六角家臣及甲贺山间武士。

第六队：泽田武蔵守、种村大藏大辅、永田刑部少辅、山崎源太左卫门尉、青地骏河守、朽木宫内大夫3700骑，以上为琵琶湖西岸的近江武士。

第七队：小川孙一郎、久德左兵卫尉、野村越中守、镜兵部少辅共2500骑，以上为六角与浅井处的近江中部武士。

第八队：平井丹后守、仓桥部右京进、赤田信浓守、宫川三河守、田中石见守、大野木土佐守、三田村左卫门佐、加藤佐渡守共3200骑，以上为南近江豪族。

第九队：山冈美作守、矶野丹波守、箕浦二郎作卫门尉、多贺新左卫门尉共2300骑，以上为浅井家臣。

第十队：今村扫部头、坚田刑部少辅、大宇大和守、高桥越前守、尼子出云守、森川长门守、狗丹后守、隐岐右近大夫共3100骑，以上为京极家同族。

第十一队：六角义秀及旗本武士8000人。

第十二队：进藤山城守、进藤伊势守、进藤尾张守、宫木右兵卫尉共4200骑，以上为六角家臣。

第十三队：松下若狭守、间宫佐渡守、阿闭淡路守、高野濑十兵卫尉、堀伊豆守、水原采女正、吉田出云守、建部传八兵卫尉、河端左近大辅、大原大学助、木村筑后守、山内赞岐守共3800骑。

第二阵为美浓尾张军团：

第一队：佐久间右卫门尉信盛、佐久间大学助盛次、佐久间刑部少辅、佐久间左京进信辰共 5700 骑。

第二队：饭尾近江守重宗、饭尾隐岐守敏成、织田玄蕃允秀重共 3200 骑，以上为尾张东部的织田家同族，其前代都已在桶狭间合战的前哨战战死。

第三队：水野左卫门尉信元、水野大膳亮、梁田出羽守政纲共 2500 骑，以上为尾张东部豪族。

第四队：林佐渡守秀贞、池田胜三郎恒兴、毛利新助、尾川平左卫门共 3500 骑。

第五队：柴田权六胜家、前田又左卫门利家、德川三河守家康共 4200 骑。

第六队：木下秀吉、木下秀长、毛利河内守秀赖、织田造酒丞清正共 3500 骑。

第七队：不破河内守光治、织田上野介信包、坂井右近将监政尚、中岛丰后守共 2800 骑。

第八队：明智十兵卫光秀、山田三左卫门尉、蜂屋兵库头赖隆共 4500 骑。

第九队：山口飞驒守、远山河内守、岩室长门守、织田左马允共 3200 骑。

第十队：丹羽五郎左卫门长秀、津田扫部头、福富平左卫门尉共 3400 骑。

第十一队：佐佐内藏助、河尻与兵卫、野野村三十郎、津田越后守、津田源八郎共 2300 骑。

第十二队：织田信长及旗本武士 1 万人。

第十三队：织田十郎左卫门、织田美作守、织田市令助、织田左助、织田孙五郎共 2000 骑。

第十四队：森三左卫门可成、稻叶又左卫门、村井民部少辅贞胜 2100 骑。

第十五队：氏家常陆守直元、稻叶伊予守一铁、安藤伊贺守守就共 2400 骑。

第十六队：村井丹后守、岛田所之助、奥平十内、加藤三右卫门、甲斐越前守、犬山越中守、名塚采女正、乾加贺守共 4200 骑。

第十七队：织田孙兵卫尉、织田主水正、丸毛伊豆守、山口半左卫门、冈部又右卫门、堀池主膳正、前田一学、小田左马允、丹羽想内兵卫、泷野源八、寺田善右卫门、篠川兵库头、团平八、永井新太郎、森兵部左卫门共 3400 骑。

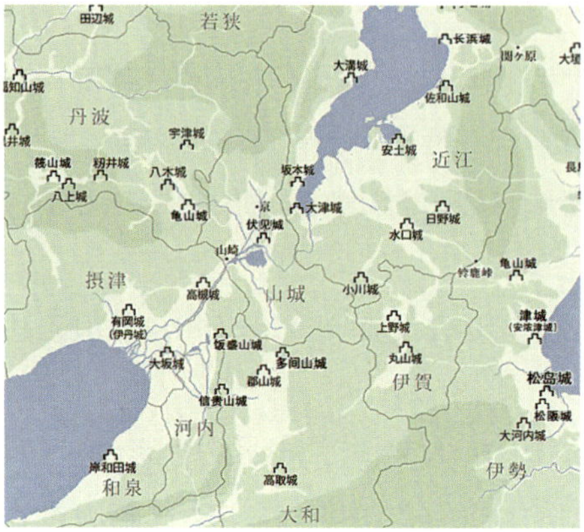

| 京都周边的据点

第三阵为足利义昭亲卫队2000人，其中细川兵部大辅藤孝与上野中务大辅清信各率500骑担当将军的先导开路。

以上的总人数超过了10万人，而且这个人数远在美浓、尾张、近江三国的军事动员力之上，可能除了武士和一般的杂兵之外，信长又让各家把地头上的农民动员起来，组成了前所未有的宏大队列，实际的军事人员可能只有5万至7万。不过光是这种场面，就足以让京都周围归附过来的大小豪族们五体投地了。

当天信长一行到达琵琶湖西岸的三井寺观音院。第二天（九月二十八日），信长正式簇拥着足利义昭进入京都。随后他把义昭安置在相国寺慈照院，自己在东福寺布下本阵，向周边的三好军发起了进攻。

此时三好家在京都周边的布置是：岩成主税助友通率领2500人驻守山城国胜龙寺城，三好日向守长逸、三好下野守政康以5000人守摄津国芥川城、池田筑后守胜正以1500人守摄津池田城。本来与三好三人众对抗的松永久秀也带着三好义继陈兵于北白川观望。另外三好家名义上的大将兼一族长老三好笑岩则渡海回阿波去组织援军。

第23章　天下至恶——松永久秀

九月二十八日未时，近江七先锋目贺田、马渕、伊庭、三井、三上、落合、池田共8000人率先向北白川的松永军发起进攻。这一招打乱了所有敌人的算盘。

松永久秀本以为信长的目标乃是霸居京都多年的三好三人众，故而拥兵北上，准备乱中取利。哪知己方还未立好阵势，便首先成了被织田军攻击的目标。见识到信长用兵的神出鬼没，久秀马上派出使者向信长请降。以先锋的北近江七家为中介，织田信长在南禅寺接见了松永久秀、久通父子。

|松永久秀画像

这个松永久秀乃是名震畿内、一手废掉三好家的枭雄人物。此人和信长的岳父斋藤道三有着类似的人生轨迹：他生于 1510 年，也是商人出身，在天文九年（1540）成为三好长庆的佑笔，也就是秘书官。三好长庆赏识久秀的才能，后来不仅任命他为三好家家宰，还把自己的女儿嫁给了久秀。而久秀比长庆整整大十二岁。在三好家控制京都之后，松永久秀参与到政权的中枢之中，并与三好长庆嫡子三好义兴一起担任了将军足利义辉的相伴众，叙官从四位下弹正少弼。同时他又作为三好家大和方面的总指挥，参与了对大和国兴福寺的制压。

大和的兴福寺与近江的比睿山延历寺是日本的两大真言宗重镇，合称为“南都北岭”。在数百年的风云转换之中，僧人家族筒井氏逐渐掌握了兴福寺僧兵集团的控制权，成为大和的最有实力者。然而松永久秀在近十年间步步为营，借助三好家的兵力向大和进逼，最终在永禄十一年（1568）十一月攻落筒井家居城筒井城，进而在大和建立起了主导地位。作为战国时代下克上的后来者，三好家的中流砥柱三好义兴、安宅冬康乃至三好长庆之死，据说都有久秀暗地里的黑手在作用。三好义继继任之后，松永久秀又与三好三人众合伙谋杀了将军足利义辉，不久之后与三好三人众反目，双方在畿内地区反复交战。为了挫败三好三人众的包围，在战斗中松永久秀甚至下令放火烧毁了奈良的佛教圣迹东大寺大佛殿。以上种种恶行，使得世人将他称作“天下至恶”。

但是织田信长上京前夕，松永久秀的处境已经非常不妙：九月初，筒井家之主筒井顺庆与三好三人众联合起来，对松永家进行东西夹攻，九月三日，久秀的居城多闻山城也遭到攻击。只是随着信长的上京作战展开，三好三人众不得不收拢兵力西撤防守，久秀才暂时逃过一劫。这一次他拼上老本以最后 3500 人陈兵北白川，就是为了向信长展示实力。

为了获得信长的欢心，松永久秀还献上了三件重宝：吉光骨食、广桥与九十九发茄子。

吉光骨食，乃是由京都粟田口的刀匠吉光制作的胁差（插在腰间的短刀），这把胁差上面刻着“吉光骨食”四个字，与播磨赤松家代代相传的“小虎”合称日本两大名胁差，乃是所有武士的梦寐以求之物。

广桥，是松永久秀与公卿广桥氏之女所生的女儿，不仅有着公卿血统，而且还是大和第一美女。

而最能表示诚意的，还是九十九发茄子。九十九发茄子，乃是室町幕府第三代将军足利义满秘藏的唐物茶入。茶入，即是装抹茶的茶叶壶，由中国传来的茶器，在日本被称作“唐物”，是有价无市的重宝。茄子，乃是茶入中的一种，以上窄下大、形状像圆形的茄子而得名。这尊九十九发茄子堪称日本重宝，一直在名将与名人间转手，其传承有迹可循：最开始由第三代将军足利义满时持有，在足利将军手中传了五代，后由八代将军足利义政赐给了宠臣山名政丰。15 世纪末，又传到了日本茶道的革新者村田珠光手中。据说村田珠光出价 99 贯买得这尊茶入，所以借用《伊氏物语》“华发九十九尽白，差一即百年，恋君之心，矢志不变”的典故，将之命名为“九十九发茄子”。此后这个茶入依旧不断在名人手中易手：越前朝仓家的军神人物朝仓宗滴以 500 贯购得此物，为了避开越前的战火，宗滴将它存于京都的豪商袋屋手中；天文五年（1536），京都

九十九发茄子

发生法华宗动乱，几个法华派僧人在战火中获得了九十九发茄子，又辗转以1000贯的价格将它卖给了大施主松永久秀。

松永久秀虽然是一个不择手段、善使阴谋的枭雄，但是同时也是一个精通连歌、茶道的有教养之人。日本的茶道，在村田珠光手中已经由单纯的品茶，发展成为禅茶一体。村田珠光本人除了身为茶人之外，还是名僧一休和尚的徒弟。随一休学习参禅之后，珠光从一休处受赐了宋朝高僧圆悟克勤的手迹，并将之挂于茶室之中，每次茶事时必先行礼。从此茶人们在饮茶时还会兼及参禅，借助茶水的清邃，感受思想的宁静和顿悟。因而茶道在战国时代已被视为高尚之事，而茶器与茶室中的墨迹，有时候甚至被视作茶人们的身家性命。身为茶人的松永久秀，将九十九发茄子献给信长，足以表现出自己最大的诚意。

但凡有野心者，若是得到了众多前代名人拥有过的宝物，或是闻名天下的重宝，必然会在征服欲得到满足之后从心底涌起喜悦。松永久秀要激起的，正是信长的这种心态。另一方面，他也是三好家中较早投向信长的重臣，并带上了三好家名义上的家主三好义继。信长一旦控制了三好义继，三好三人众若与织田军对抗，就成了名副其实的家贼。以上几大筹码，让信长根本无法拒绝。

此外，松永久秀与斋藤道三同是商人出身，据说两人早年曾有过生意上的来往和深厚的交情。投靠到信长身边的原道三之亲信堀田道空、猪子兵介想必已经把这段往事告诉了信长，所以不难想象，织田信长在南禅寺会见松永久秀时，从他身上看到了那个蝮蛇的影子。1552年的春天，信长在正德寺看见道三时，蝮蛇58岁，三年后他便死在了自己儿子的手中。眼前的这个松永久秀，这一年正好也是58岁。对于这个号称“天下至恶”的男子，信长不仅没有追究他过往的罪行，反而产生了很大的好感。

最后，织田信长许诺：认可松永久秀将来对大和国的所有权，织田家同时会出兵帮松永家从三好三人众与筒井顺庆手中夺回大和。跟随松永久秀一起向信长降伏的三好义继，也获得了领有半个河内国的许可。

这件事，却让信长所拥戴的足利义昭崩溃。因为，松永久秀正是杀害他兄长足利义辉的主谋者。

第24章　新将军就任

在接见松永久秀的同一天，信长派出柴田胜家率领近江、尾张之兵18000人进攻京都西南的三好方据点——胜龙寺城。

胜龙寺的守将乃是三好三人众之一的岩成友通，作为三好家的实力派，面对信长的大军，岩成既不可能拱手让出城池，同时还指望着三好三人众其余二人的救援。毕竟在三好家全盛时代，三四万的动员力也是常有的。但是这一回面对柴田胜家18000人的猛攻，已经支离破碎的三好根本凑不起决战的兵力，唯有固守各城而已。激战持续了整整一个下午，眼看迟迟得不到救援，岩成友通终在当天晚上降伏于柴田胜家的军门之下。

九月二十九日，信长将投降的岩成友通与松永久秀编入战列，以近江、美浓尾张及畿内之兵5万人攻入摄津国。由于岩成友通的投降早已使得三好家内闻风丧胆，三好三人众剩下的两人三好日向守长逸与三好下野守政康以及阿波来的援军篠原右京亮长房，陆续丢掉芥川城、泷山城，渡海退往三好的老家阿波国。大豪族伊丹亲兴向信长献地请降，唯一还在抵抗的只有三好三人众曾经的得力干将池田胜正。

摄津，与相邻的和泉一起濒临着濑户内海，其领内的兵库港和和泉的堺町港是日本近畿最为发达的商业港口。这种经济上的优势使得池田家领内商业高度繁荣，形成自给自足之势。而且池田长正、胜正两代受到三好长庆的照顾，得以随着三好家的发展而稳步扩大池田家的领地。所以此时既是出于对三好的报恩，又是为了保证领内的经济循环能够独立运转，故而池田家不惜正面对抗信长的5万大军。

对池田劝降无果之后，信长于十月二日向池田城发起了总攻击，结果在池田方的紧密防守之下，先锋武士尾川平左卫门等14人战死，另有数百人重伤。面对池田的拼死抵抗，信长念头一转，下令在池田家赖以维持发展的城下街町放火，这一招迅速奏效。十月三日，池田胜正前往信长的大本营芥川城，得到领地保全的许可后，献上了人质五名，正式降伏于信长之下。此后，佐久间信盛作为信长的代表，与义昭的亲信大将和田惟政、细川藤孝一起随松永久秀转攻大和，讨伐躲在群山之中的筒井顺庆。

正当信长乘风破浪之时，老天也赶来助一把力。三好三人众所拥立的将军足利义荣，因患上背疽，于九月底在阿波去世。

尽管三好三人众与松永久秀一起谋害了足利义辉，但是足利家作为清和源氏总领，在全日本的影响力仍无法消去。这个足利义荣乃是足利义辉与义昭的堂兄弟，其父足利义维因在争夺将军之位的斗争中失意而蛰居阿波平岛，故称平岛公方。足利义荣是平岛足利家的长子，于永禄九年（1566）随三好康长与篠原长房渡海来到摄津，以摄津富田的普门寺作为临时御所建立了将军府。

不过三好家的只是把义荣当作自己发号施令的傀儡，甚至都不愿意为他向朝廷交纳任命一位将军正职的答谢礼金。而遭逢乱世，天皇和公卿们过得也很拮据，定要先收钱再颁下任命状。在这样你来我往的拉锯之下，到了永禄十一年（1568）二月八日，足利义荣才被正式任命为足利幕府第十四代将军。但是才过了半年，足利义荣便因病去世了。关于他的死因，也有说法是被松永久秀下了药。据说松永久秀有一个从弟名为松永喜内，由久秀推荐给义荣成为家臣，后来却因为行为不检而被义荣手刃。松永久秀对此引以为终生憾事，所以趁着信长进军、三好退往阿波之际，他就找人给义荣下了毒（《阿州将裔记》）。足利义荣的去世，也扫清了足利义昭就任新将军的障碍。

足利义昭画像

十月十四日，信长与足利义昭一起回到京都六条的本国寺。此前信长已遣使向天皇献上了太刀与沙金。于是在十月十八日，天皇正式下旨：以足利义昭续任从四为下左近卫中将，同时补任为室町幕府第十五代征夷大将军。

在向天皇的例行答谢之后，便是封赏。足利义昭本人获得了将军家代代相传的山城及丹波直辖领。原南近江六角义贤旗下的豪族们也得到保全。大和被封给松永久秀，河内由三好义继、田山高政平分。新空出来的领地只有三好三人众逃走后空出来的摄津了。

但是当义昭提出要把摄津以及周边各国的余地赐给信长时，却被信长谢绝了。相应的，信长只提出希望能够在近江的大津、草津、和泉的堺町派遣代官（行政长官）。对于摄津、近江数十万石的领地而言，以上三处只不过是一些关口与街町，所以义昭毫不犹豫地答应了。然则大津、草津乃是从近江、美浓进入京都的必要关所，堺町则是畿内的经济中心，这实际上也是信长为将来埋下的伏笔。

既然信长不要摄津，足利义昭便把三好三人众原来领有的芥川城赐给了自己的亲信功臣和田惟政。作为南近江具有忍者背景的豪族，和田家世代忠于将军，和田惟政既曾帮助义昭从大和逃出，又为他提供过庇护所，后来也在上京作战中出了大力。将摄津的 10 余万石之地赐给和田惟政，无疑可以让和田氏成为京都的有力屏藩，因为摄津，是以前和以后阿波三好家渡海上京的登陆点。和田惟政加上摄津另外的两大领主池田胜正与伊丹亲兴，一起并称为“摄津三守护”。

既然信长不要领地，足利义昭又想着在名位上给他种种奖赏。以前周防的大内义兴以及南近江的六角义贤也曾先后扶助逃难的将军重返京都，作为回报，他们获得过“管领代”的头衔。因为管领是只有足利三家亲族细川、斯波、田山才能担任的。但那是将军之威势尚在之时，现值此末世，管领代之职已经无法和信长的功勋相称。所以足利义昭提出，要破格将管领之职授予信长，但是又被信长拒绝了。在义昭看来，这无外乎还是嫌酬劳不够丰厚，于是他挖空心思，又提出为信长设立一个与将军平级的“副将军”之位。不管是管领还是管领代，总归还是将军的家臣，但是副将军，显然就脱离了将军家臣的名分了，然而织田信长还是婉拒了义昭的提议。这使得义昭完全不知道该以什么样的立场对待信长，万般无奈之下，只好在往来的书信中称信长为“御父织田弹正忠殿”，也就是把信长当作义父来看待了。

十月二十四日，在京都诸事安排妥当之后，信长率军返回美浓，各地的大小豪族也陆续返回领地。

这一次的拥立将军成功，在全日本范围内提升了织田信长的声望。事成之后，信长却婉拒了种种回报迅速离开，其仗义与高尚之名也被世人所称道。不过在后世看来，此事已经表明，信长不会屈服在室町幕府原有体制之下的志向。另外，京都周边的大小豪族，除了死硬抵抗的六角义贤父子，与逃走的三好三人众之外，其余凡是表示降伏的，全部被信长所接纳并保全，其中甚至包括三好的家主三好义继以及号称“天下至恶”的松永久秀，这看似是一种宽大，实则是在京都周边埋下各种隐患。而这些隐患，也正是将来织田信长再次带兵上京的理由。

第 25 章　京都之主

和泉的堺町，实则由摄津的堺庄与和泉的堺南庄两部分组成，自室町中期起，便成为管领细川氏发展对明朝贸易的港口，以后依托海运业逐渐发展成为日本最大的都市。

在战国时代，堺町已经产生了一大批富商。借着经商获得的财富作为资助，商人们从明朝购进了大批珍贵茶器，茶道文化也得以在该地发展到鼎盛。村田珠光之后的日本茶道宗匠武野绍鸥便是堺町的武器商兼皮革商，前将军足利义辉、三好家的三好义贤以及松永久秀、细川藤孝皆是他的茶道弟子。借着茶道与政

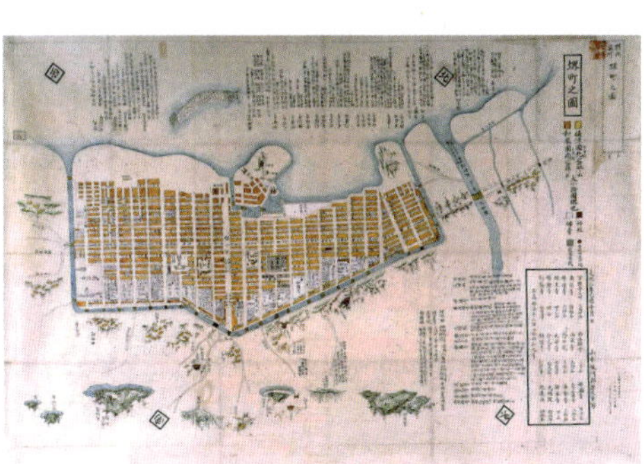

堺町

治献金，堺町的商人们还取得了当地的年贡代理征收权，形成了一定程度上的自治，而主要的管理者，便是由 36 名商人所组成的“会合众”。其中最有名的是今井宗久、津田宗及和千宗易，这三人既是豪商，又是武野绍鸥的茶道弟子，在武野之后的茶道界并称“天下三宗匠”。

今井宗久，是武野绍鸥的弟子兼女婿，在绍鸥死后抚养他的遗子武野宗瓦，同时继承了大量绍鸥生前收藏的名品茶器。在织田信长围攻池田城之际，政治嗅觉极为敏锐的今井宗久率先前往芥川城，他所朝贺的不是即将就任将军的足利义昭，而是掌握了军事实权的织田信长。宗久同时还将绍鸥珍藏的名品“绍鸥茄子”与“松岛茶壶”进献给信长。对于主动靠拢过来的今井宗久，信长大为赏识，承诺将任命宗久作为自己在堺町的代理人，但是信长也让今井宗久回去给堺町的商人们带话：为了给新将军修建御所，请堺町上缴税钱 2 万贯。以同样的理由，织田信长也勒索了摄津石山本愿寺的法主显如上人 5000 贯。事后，尽管堺町的会合众凑出了 2 万贯上缴，但他们并不甘心今后继续受信长如此这般盘剥，其中不少人便开始与阿波的三好三人众联络，邀请三好军再度进攻畿内，并承诺到时给予军费、物资支持。

同年十一月中旬，三好康长与三好长逸、三好政康在阿波集结起本据地之兵，并会合阿波三好的家宰篠原长房、淡路的安宅信康，流亡的斋藤龙兴与长井道利也率领一批美浓来的浪人加入三好方，共同组成船队，浩浩荡荡地渡海杀向畿内。

本国寺

此番三好军的登陆点，不是戒备森严的摄津，而是和泉的堺町。登陆之后，会合众如约为三好军提供了全面的军费、装备、兵粮支持。十二月二十八日，属于三好义继的和泉家原城被三好三人众攻落，三好军一鼓作气北上，直指京都。另外，降伏之后被勒令隐居的岩成友通也重新起兵来与三好三人众会合。

永禄十二年（1569）正月五日，新年的喜庆还没落幕，三好三人众的5000人突入京都，并向足利义昭所在的本国寺发起猛攻，试图重演四年前杀害前代将军足利义辉时的那一幕。

但是这一回，足利义昭身边有细川藤孝与明智光秀率领奉公众武士奋战。摄津的和田惟政、河内的三好义继、近江的六角义秀、朽木元纲陆续率兵赶来，对三好军形成合围之势。酣战一天之后，双方死伤人数超过1000人，在此期间三好三人众曾放出“细川藤孝战死”“三好义继失踪”等流言，但是还是阻止不了越来越多的援军驰集到足利义昭身边。到了晚上，三好军只好撤围西走。

池田、伊丹两人本来也是在第一时间便发兵赶赴本国寺，无奈在路上遭到高规城主入江春景的阻击，到了六日入江春景再度降伏，池田、伊丹两军才得以西上。两军在京都西面的桂川之畔迎头与三好军相遇之后，池田与伊丹迅速被三好三人众击破，只得各自绕道丹波逃回摄津。不过随后三好三人众又被追来的三好义继与细川藤孝击败，三好康长与几员主将逃回阿波，其余的残兵散落到京都周边的伏见、八幡、木幡等地。

正月六日，身在美浓的织田信长也得到了京都的战报，当天便决然起身西上。尽管大雪封路，但是信长的8000人仅用了两天时间就赶到了京都。除了下令追击三好余党、处死反叛者入江春景之外，信长又派使者前往堺町传话，声称将杀光所有堺町人，烧毁全镇。

一时间堺町之人赶着转移家财并送走老人孩子，产生了极大的混乱。最后会合众们以今井宗久为中介，向信长表示完全降伏，附带答应放弃自治权，按时为织田军提供军费。作为经济中心和日本中部最大的铁炮产地，堺町完全落到了信长的控制之下。此后信长安排佑笔松井友闲作为堺町奉行，全权负责堺町的管理。而今井宗久也得到了丰厚的回报，不仅成为信长在摄津地区的盐税代官和淀川的航运管理者，后来随着织田家的壮大，还获得了生野银山及但马银山的采矿权。

同时，信长以加强京都的警戒为名，任命部将佐久间信盛、丹羽长秀、木下秀吉为京都的军事长官，幕僚村井贞胜、明院良政（信长的佑笔）为京都的行政长官，从足利义昭手中接管了京都的军政管理权。到此时信长控制将军的意图也逐渐明显了，正月十四日，他向足利义昭发出含有九条限制令的《殿中御定》：

一、将军用人须先得到织田家许可，杂役及同朋众除外。

二、公家众（公卿）、御供众（侍奉将军的随臣）可随时参见将军。

三、当班值日的奉公众武士应自觉出勤。

四、将军直臣的家臣若有事需进入御所禀报主家，须先得到信长的许可，无特殊原因禁止接近御所。

五、一切诉讼事务须先经奉行人（织田家臣）再向幕府与朝廷上报。

六、禁止向将军直接诉讼。

七、将军可以询问幕府的公事，如以前之例。

八、以上事项将军若不能执行，当班的奉公众应及时监督与披露。

九、医师、阴阳师与石山本愿寺、比睿山延历寺的僧人未经许可不得进入将军府。

两天之后，信长又追加了七条细则，第二年正月又增加五条，限制将军对地方发出命令及向有功之人封赏土地。这二十一条《殿中御定》，使得足利义昭在军政及民事方面的权力全部被剥夺，成为有名无实的傀儡。尽管十分不满，但是由于没有兵权在手，足利义昭也只能一一答应。

由于义昭所在的本国寺在战火中已经残破不堪，信长又于二月二十七日起着手在京都二条堀川西侧的二条町为义昭修建新的御所，新城由信长亲自担任总监工，以村井贞胜与岛田所助为主管，召集京都周边 14 国数万民夫与工匠，历时 70 日完成，建成之后以地名命名为“二条城”。这座位于京都中央的城中之城，方

| 二条城外城御殿（现为日本国宝级文化遗产）

圆共长 400 平方米，呈正方形，有两层水壕及两层城墙，中心是一座三层楼的小型天守阁。为了赶工期，筑城用的石料全部是取自京都周边的墓石或石佛，但是在大门等主要设施上还是用金箔瓦装点，尽展豪壮之气。不过对于足利义昭而言，二条城只是一座豪华的囚笼而已。

弗朗西斯科·德·沙勿略画像

就在二条城的建筑工地上，经和田惟政介绍，织田信长见到了在日本传教的耶稣会传教士路易斯·弗罗伊斯。

耶稣会是罗马天主教会下属的苦修组织。1534 年 8 月 15 日，六名巴黎大学学生聚集在巴黎郊外蒙特马特山中腹的殉教者圣堂。瞻仰众多殉教者的事迹之后，六人于堂中宣誓，要以清贫、贞洁自守，穷尽一生之力将天主教事业传遍世界，并且誓不担任教皇。耶稣会以这六人为核心成立。数年之后，该会得到教皇的正式承认，成为天主教下面的重要传教组织。

路易斯·弗罗伊斯铜像

随着西方殖民活动的发展，以吃苦耐劳闻名的早期耶稣会修士也跟着殖民者的船队一起把圣经传往海外。1547 年，耶稣会六名创始人之一的弗朗西斯科·德·沙勿略（Francisco de Xavier）在印度的果阿见到了九州岛西南端萨摩出身的流浪日本人菲吉罗，得知遥远的东方还有日本这个国家没有接受主的教化。弗朗西斯科便毅然要求菲吉罗带自己前往日本。

经过四个月的航行，1549 年 8 月 15 日，弗朗西斯科一行在九州岛的鹿儿岛登陆。

此后的三年时间里，他的足迹走边九州诸国，并得到了萨摩岛津贵久、丰后大友宗麟、周防大内义隆及平户松浦氏的传教许可，在堺町也得到豪商日比屋了珪的扶助。但是弗朗西斯科前往京都寻求足利将军与天皇的支持时，却发现二者对天主教事务毫不关心。为了验证教义，他提出要与比睿山的僧侣进行论战，又遭到比睿山方面的拒绝。在京都失意地停留了 11 天之后，弗朗西斯科一行便离开京都返回了九州。

1552 年，弗朗西斯科离开日本前往中国传教，却在半路的上川岛病倒，同年于该地去世。1622 年，弗朗西斯科·德·沙勿略被教皇格里高利十五世追列为圣徒。

弗朗西斯科在日本传教事业的继承者，就是织田信长面前的这位路易斯·弗罗伊斯。

弗罗伊斯于 1532 年生于葡萄牙里斯本， 1548 年加入耶稣会，不久被派往印度果阿。在果阿，他受到弗朗西斯科的教导，也见到了那个担当弗朗西斯科向导的日本人菲吉罗，并目送两人一起前往日本。弗朗西斯科病逝之后，弗罗伊斯便下定决心继承他在日本未竟的事业。

1563 年，弗罗伊斯从长崎登陆日本，用一年时间学习日语，随后于 1565 年进入京都，在畿内地区进行传教。他主要活动的地域，是弗朗西斯科留下过活动足迹的堺町，后来又进入松永久秀控制的大和。

在大和，松永久秀觉得天主教的教义可以协助统治下层民众。为了压制当地最为强大的兴福寺势力，松永久秀命令弗罗伊斯的助手加斯帕·维尼亚与深明佛法的公卿清原枝贤论法，同时令重臣高山友照及结城忠正作为裁判。结果论法双方一时间无法分出高下，但是事后高山友照却把传教士召入自己的居城泽城，为高山一族举行了洗礼。

和田惟政的领地与大和较近，他被天主教的教义所感化，并受洗成为基督徒。但是在日本的政治中枢京都，基督教却无法广泛传播，而且连续数代将军威势尽失，弗罗伊斯也无法获得全国性的传教许可，只能奔波于各国之间，一个一个地说服当地的大领主。

在三好氏倾族出逃、畿内诸事百废待举的大潮之中，弗罗伊斯已发现，京

丨织田信长肖像画

都的新主人不是重新获得将军之位的足利义昭，而是两次扶助将军、兵威横扫畿内的织田信长。故而通过和田惟政做中介，拜会了织田信长。对于好奇心极强的信长而言，弗罗伊斯所献上的地球仪、时钟、世界地图让他大开眼界。而且就信长行事怪诞、与众不同的性格来说，他也极有兴趣挺身而出，充当西洋文化在日本流行的潮头人物。

更重要的是，既然信长准备铲除以足利幕府为核心的旧有统治体系，就必须先削弱在京都周围根深蒂固的佛教寺院力量。比睿山延历寺与奈良兴福寺，距京都极近，历来常有天皇、公卿及足利将军的庶子在诸寺出家担任座主。一旦京都有变，两山往往会提供支援和庇护。而在室町幕府中期以后，随着寺院势力的壮大，中央或地方执政者与寺院发生利益冲突，和尚们就会抬上佛像前往京都游行抗议，这是让历代京都主人都极为头疼的事。

对信长而言，除了这两山之外，还有一个更强大的对手，便是一向宗的座主、摄津石山本愿寺的显如上人。一向宗作为日本最大的武装僧团，在座主的号召下于各地发起一向一揆（一揆即起义），甚至能够驱逐原有分国之守护，成为地方割据势力。北方的加贺以及半个越中国就长期处在一向宗僧徒的控制之下。而在信长盟友德川家康控制的三河国，永禄六年（1563）至永禄七年（1564），就爆发过为期半年、使半个三河国陷入动荡的三河一向一揆，差点将家康的统治推翻。

以上诸寺的僧侣们早已是公然喝酒吃肉、娶妻生子，而且四处宣扬暴力，严重威胁到武家社会的秩序。而弗罗伊斯带给信长的天主教教义，则是主张以清贫为荣、贞洁自守，鼓励世人行善以修天国之福，这与信长的统治需求不谋而合，也可以被他用来当作制约寺院势力的正面榜样。故而信长欣然允许弗罗伊斯今后在畿内自由地传播基督教。

同时，织田信长又是一个具备独立世界观的唯物论者，他能够借助天主教教义来统治人民，也能够兴致勃勃地穿戴西洋铠甲、品尝葡萄酒，但自己却绝不受洗成为教徒，所谓的南蛮文化也只是他辉煌人生中的点缀而已。后来的事实也表明，过度醉心于天主教教义，亲身受洗成为耶稣信徒的战国武将如丰后大友宗麟、和田惟政、高山友照之子高山右近重友、小西行长等，往往因为虔诚敬奉耶稣而忽略武家社会的运行规律与法则，最后被时代的浪潮所淘汰。

随着耶稣会到来的还有西洋的画师，于是在这个日本刚刚和世界近代文明接轨的黑暗时代，留下了一张西洋风格的织田信长近坐肖像。

这张由欧洲画师为信长画的肖像，现藏于日本爱知县丰田市的长兴寺。从画上可以看到，信长眼神犀利，浓眉高鼻，面部轮廓刚劲锐利，足以显出性格中的果断与野心勃勃。另外据后世的考证，信长身高 170 厘米，在当时平均身高 150 厘米的日本人之中，已可算是鹤立鸡群的美男子。

第 26 章　伊势侵攻

在积极向京都进军的间隙，信长发动了对西南面邻国伊势的侵攻。

从尾张美浓进入畿内有两条路线，一条是自美浓向西走近江，另一条是从尾张向西南走伊势。伊势与尾张相邻，两国一起合抱着日本最大的海湾伊势湾。就领土面积而言，伊势甚至还大于尾张，尾张分为上下八郡，而伊势则有南北十三郡。然则在之前 200 年的时间里，伊势国一直处在动乱之中。

从室町幕府的第一代将军足利尊氏到第三代将军足利义满期间，是日本历史上的南北朝时期。在近半个世纪的时间里，足利将军拥立北朝天皇，与公卿势力在大和国吉野拥立的南朝天皇鏖战不休。后来在第三代将军足利义满时期，北朝逐渐取得了压倒性的优势，最终以和谈的形式实现了南北朝的统一。正因为如此，南朝在地方上所留下的一些军事势力一直无法完全纳入幕府的统治体系之中，因为幕府对各个分国派驻的是武家式的统治者——守护，而南朝一直沿袭古制，在各国任命的军政长官被称为国司。到了战国时代，全日本还有三家国司：土佐的一条家、飞驒的姊小路家以及伊势的北田家，这三家全部都是世袭的公卿大名。

由于伊势领土广阔，又是原南朝天皇所在地吉野的右邻，因而成为南朝与足利对抗的最主要军事基地之一。伊势国司北田氏，也是祖上在畿内及陆奥立下过大功的军事公卿名门，在南北朝合一之后，被足利将军特许保有南伊势的一志、多气、饭野、饭高、度会五郡。进入战国时代，北田氏西向大和的宇陀郡扩张，向东南压服不到一郡之大的小国志摩，成为南近畿的一大势力。北田也有一批庶家被封到领内各郡，其中木造氏的家格仅次于宗家。

| 伊势国势力分布图

北田氏的北邻，乃是足利将军为对抗北田氏而扶植的国人领主长野氏。长野氏以长野城为本据点，领有安浓与奄艺两郡，同时也有两个有力的分家细野氏与云林院氏。经过长期抗争之后，在永禄元年（1558），长野氏与北田氏议和，长野家迎立了北田具教的次子北田具藤成为养子兼继承人。

在长野氏北面，则是自镰仓时代起，在北伊势繁衍了 350 年的豪族关氏。正平十五年，关家由于协助足利将军作战有功，被封以铃鹿、河曲两郡，借此分出龟山、神户、峰、鹿伏兔、国府五个庶家，通称为“关一党”。但是到后来，领有河曲郡的神户氏逐渐脱离了宗家的控制，走上独立发展的路线。15 世纪末 16 世纪初，神户家在绝嗣之后，从南伊势迎来北田家第七代国司北田材亲之子具盛作为继承人，称作神户具盛，此后实际上演变为北田氏的同族。

在伊势东北端的三重、朝明、员弁、桑名四郡，则散居着号称“北伊势四十八家”的大小豪族。历代足利将军派到伊势的守护，通常以三重郡作为守护府。美浓的土岐氏，便是经常担任伊势守护的家族之一。

永禄十年（1567），织田信长在取得土岐氏的本据地美浓之后，便开始了对伊势的蚕食。这个纷乱的西邻，正是信长壮大实力的最好猎物。

永禄九年（1566）八月，信长以泷川一益为先锋，向北伊势发动突袭，连克桑名、员弁两郡。一盘散沙的北伊势四十八家根本组织不起有效的抵抗，大多降于织田家之下。

同年泷川一益带领织田军一直攻到神户家领有的河曲郡高冈城下，受到城将山路弹正阻击，才停止前进。

第二年（1567）二月，织田信长亲率 4 万大军包围了高冈城，北伊势四十八家中的千种、宇野部、赤堀、稻生等家陆续向信长投降。

当时神户家的家主乃是第七代神户具盛（原名友盛）。在势穷力竭之下，神户家被迫答应收信长第三子三七丸为养子，以此作为条件与织田家议和。由于神户具盛娶的是日野城蒲生定秀之女为妻，所以在当年信长进攻南近江时，便担当了劝降蒲生家的任务。然而织田三七丸虽然娶了具盛的女儿为妻，又改名为神户信孝，但是却还是难免受到具盛的冷遇。信长得知此事之后，一怒之下勒令将具盛幽闭于蒲生家的日野城，又把以山路弹正为首的不服从信孝命令的神户家臣 120 人全部处死，神户家就此被完全纳入到了织田家的控制之中。

讨平神户氏，织田信长继续向南攻入长野氏所在的安浓郡。包围长野分家细野藤敦所在的安浓津城之后，信长向长野氏提出，如果愿意接受自己的弟弟织田信包作为继承人，便可讲和撤军。对于这个提议，长野家内分成了两派：细野藤敦坚决反对拥立织田信包；而他的弟弟分部光嘉、川北藤元及众多重臣则赞成接纳织田信包、放逐长野具藤，因为具藤乃是长野家百年世仇北田氏的儿子，只是在 10 年前北田氏的兵威逼迫之下才被迫迎为长野家的继承人。

两方争论不下之际，分部光嘉耍了一个计谋：他暗地向长野具藤进言说细野藤敦与信长密通，怂恿具藤前去请求父亲北田具教出阵讨伐藤敦，然后又把事件的发展通报给了细野。细野藤敦一怒之下便向长野具藤临时驻扎的炉鞴汤城发起进攻，而当长野具藤向长野城撤退时，分部光嘉又串通重臣们关上了长野城的城门，走投无路的长野具藤最后只能逃往父亲北田具教处。

永禄十二年（1569），长野一族终于达成了迎纳织田信包为家主的决定。

此后织田信包娶神户具盛之妹为妻，并舍弃长野城，而以安浓津附近的上野城作为居城。他改姓长野氏还没多久，就又接到信长的命令，与长野家断绝了关系。因为此时信长已经上京成功，若让弟弟冠上长野这个小豪族的家名，无疑是对自己的一种污辱。

在神户与长野陆续被信长控制之后，北伊势三大势力之一的关盛信，原本一直响应六角义贤在南近江的山中作战，此时也只有乖乖向信长投降了。随即信长便下令让关、峰、国府、国伏兔等关一族全部成为神户信孝的家臣，而云林院、分部、川北等长野一族则成为上野城主织田信包家臣。

永禄十二年（1569）八月二十日，织田信长自岐阜出发，自称是出去放鹰，南下前往伊势桑名，在该地会合美浓、近江、尾张、伊势之兵，总军力达到7万余人，随后南下攻入南伊势北田具教的领地。

此时北田家已被信长先锋泷川一益的谋略弄得疲于奔命。

在伊势国的东北角上的小国志摩，最大的领主本是纪伊熊野出身的海盗家族九鬼氏，但在永禄三年（1560），由于北田具教的策动，一群志摩小豪族突袭了九鬼家居城田城，城主九鬼净隆当场战死，其弟九鬼嘉隆带着余部逃入山中，北田家就此控制了志摩一国。在桶狭间之战前后，九鬼嘉隆通过泷川一益的介绍，率领九鬼水军投靠了织田信长。泷川一益攻入伊势之际，九鬼水军在北田家广阔的海岸线上发动了多次侵扰，一度还攻陷北田家领有的大淀城，水军战力不强的北田具教对此只能穷于应付。

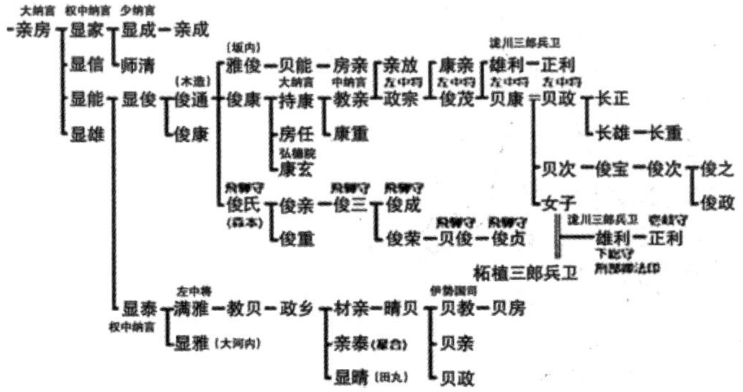

| 木造与北田、泷川关系图

泷川一益给北田家造成更大的麻烦则是同族木造具政的谋反。

木造家作为北田一族内仅次于嫡流的名门，历来一直受到天皇及幕府的殊遇，其家主所受封的官位通常为三四位的参议、中将或中纳言，与北田家嫡流同级。而且木造家此期间的家主木造具政也是北田具教的三弟，按理说应该也是一族中一人之下万人之上的人物。

但或许是北田具教在四面扩张皆取得进展之后产生了自大之心，也或许是他想刻意打压木造氏，所以在北田家内的马揃祭（类似于阅兵式）中，木造具政出场的序列，竟然排在一门中关系较远的田丸、大河内、坂内三家之下。这极大的刺伤了木造的自尊心。

此时泷川一益所派出的密探已经遍布南伊势，木造与北田的冲突很快就被他知晓，于是一益首先拉拢了木造家的家臣、一个源净院名为主玄的和尚，此人是木造具政的妹妹与家臣柘植三郎兵卫所生的儿子，以僧侣之身出仕于木造具政。但泷川一益在与他接触之后，既发现他与木造家渊源深厚，又觉得此人才能出众，便果断地将自己的女儿嫁给他，又收他为养子，取名为泷川三郎兵卫。本来徘徊在武家边缘的泷川三郎兵卫得此殊遇，哪能不誓死效忠，于是他便发动兄弟柘植三郎左卫门一起将泷川一益引荐给主君木造具政。泷川一益承诺以织田的军力帮助木造氏一雪前耻，成功使得木造具政答应倒入织田旗下。

永禄十二年五月，木造具政以自己领有的户木、木造两城向北田具教举起反旗。其后北田具教出兵数千攻打户木与木造，但是在泷川一益与九鬼嘉隆的水陆支援之下，木造具政愣是支撑了三个月之久。等到织田信长率领大军南下，北田具教这才手忙脚乱地凑起兵力北上拒守。

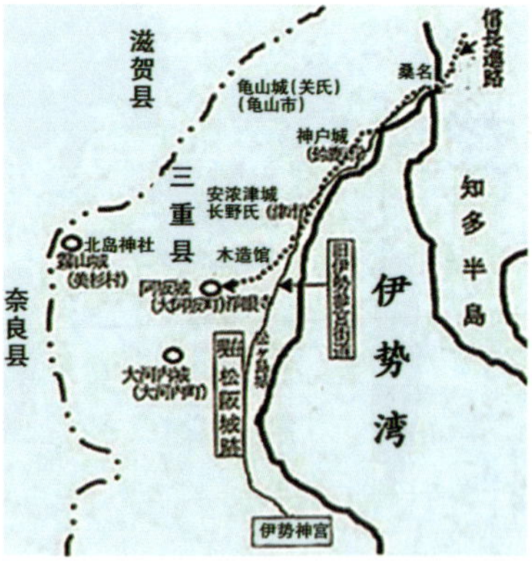

信长的伊势侵攻路线

面对信长的大军，北田家总兵力只有 16000 人，而且分布在七座主城中防守，分别为：奥山常陆介守今德城，藤方一族守小森上野城，大多和一族守八田城，大宫氏守阿坂城，本田一族守船江城，天花寺小次郎守曾原城。岩内一族守岩内城。

由于地处领地中间的木造具政背叛，使得北田的防御体系被切成上下两段。被隔离开的今德城和小森上野城，在泷川一益率领的关氏军团以及信长堂弟织田信昌率领的长野军团围攻之下，于八月二十三日迅速沦陷。此后信长向周边的岩内城与阿坂城发出劝降通告，但是岩内城的岩内氏乃是北田之同族，虽然自知实力不济，但是给信长的回答也是主家尚在，自己不能率先投降之类的场面话。不过由此，信长料定岩内氏必然不敢主动进攻，故而暂时将之放到一旁，而阿坂城主大宫入道含忍斋却是位生性直爽、眼中容忍不得半点沙子的刚烈之人，他直接拒绝了信长的通告，并宣称将抗战到底。

八月二十七日，信长以木下秀吉队为先锋，向阿坂城发起猛攻。当木下军靠近阿坂城下的水壕之际，大宫含忍斋之子大宫景连在城头发出连珠箭，将冲到城门下的敌兵陆续射倒，木下队其余的士兵尽皆胆寒，在冲到离城头有一箭之地的距离便逡巡不敢上前。这时木下秀吉就急了，他以他织田家中分贝第一的破锣嗓子大喊道："射箭的既非平教经又非源为朝（日本镰仓时代以前的神箭手），何须惧怕，前进前进！"说着便一马当先冲上前去。主将率先突出，相随的蜂须贺小六等人也只好赶紧跟上。大宫景连看到秀吉穿着大将的服色冲在最前方，欣喜若狂，瞄准秀吉的胸口就是一箭，但是由于用力过猛，不慎拉断了弓弦，而且箭也只射到了秀吉的左腿上。这个时候秀吉也不顾疼痛，一刀砍断箭杆继续冲锋，终于将城门打破。战局转变之际，城内陆续出现背叛者，大宫方的火药陆续被人用水淋湿，导致铁炮无法发射，最后城池陷落，大宫含忍斋、大宫景连父子被秀吉活捉，交给信长枭首示众。八田城大多和氏及曾原城受到阿坂城陷落的震慑，不久便向信长开城投降。

此外北田方由本田一族据守的船江城，既是坚城，又汇聚了本田一族以及小原、北村、西冈等地的豪族兵力。考虑到强攻该城可能会产生重大损伤，而且打下一堆小豪族对战局也无多大的实际影响，信长便放弃船江城，率领大军南下直扑北田家的本城大河内城。九鬼嘉隆的水军在此期间也积极协助，将大量织田军运至大河内附近的黑部登陆。八月二十八日，信长在大河内城外的桂濑山布下本阵，又派人放火烧光城下的民家，绕着城池竖起两三层的木栅，兼之九鬼水军列阵海上，将大河内城包围得水泄不通。

大河内城在北田家重臣鸟尾屋石见守满荣的安排下，早已储备好了长期抗战用的粮食及军需物资。八月二十九日，织田军以池田恒兴为先锋、丹羽长秀与稻叶一铁作为后方援军，从大河内的正门广坂口攻入，却遭到北田军日置大膳、家木主水、舟木光春、堀内光经等猛将的拼死抵抗，始终无法前进一步。

进入九月，信长以池田、丹羽、稻叶三将从侧门龙藏庵口对大河内发动夜袭，但是信长最先派出潜到城内做内应的朝日孙八郎却因响动过大而被北田方发觉，等到池田等人的部队靠近，守城军便对夜袭者投下松明火把，而后以弓箭、铁炮进行密集攒射，紧跟着日置大膳等武将开门杀出，将池田恒兴等人杀得狼狈逃回。激战之中，织田方的朝日孙八郎及北近江浅井长政派来的藤堂高则、多贺良政等援军武将尽皆战死。

十月，泷川一益率领北伊势军团向大河内城西角的真虫谷发起进攻，也被守城军击退。由于北田军的奋战，信长对大河内的包围持续了两个月之久，而且北田方的武士们也极为团结，当信长使出惯用的内应战术时，城内仅有一个名为野吕左近将监的武士被策反成功，但是不久就被北田家发现并杀死。

最后，织田信长还是使出了征服北伊势时用过的老招数——派使者进入城中要求缔结合议，附带的条件是让自己的次子茶筅丸成为现任国司北田具房的养子与继承人，以此为交换保全北田家原来的五郡领地，而作为具房幕后辅佐者，北田具教则须完全脱离家中事务，前往多气郡隐居。对北田家而言，大部分领地已经丧失，一旦大河内陷落，北田的家名恐怕也会断绝。信长的提议既能保全领地，又能延

北田具教画像

续家名，实在是无法拒绝的诱惑。在日本人的家族观中，由于经常会有多种原因而导致名门绝嗣，到后来血缘的延续便远不如家名的延续重要了。所以尽管北田具教第三子北田亲成与重臣藏田行俊极力反对，但是北田具教、具房父子以及家宰水谷刑部少辅还是赞成并接受了信长的提议。十月四日，大河内开城。但是十月二十七日，织田信长突然命令木下秀吉破除了大河内的防御工事，北田家今后便只有任信长所宰割。

不久织田茶筅丸被迎入城中，娶北田具教之女雪姬为妻，后于 1572 年元服，取名为北田具丰，1575 年取代北田具房，继承了北田家家督之位，通常他又被称作北田信雄或织田信雄。

随着信雄的成年，隐居的北田具教、具房父子也遭遇了真正的灭顶之灾。天正四年（1576）十一月二十五日，泷川雄利（泷川三郎兵卫受赐信雄的“雄”改名而成）受信长与信雄之命，带着大批家臣袭击了北田具教的隐居地多气郡三濑谷。

北田具教此时已出家，法号“不智斋”。除了作为一个公卿与大名之外，北田具教还是精通剑术的知名剑豪，早年曾拜剑圣塚原卜传为师，学习香取神道流剑术，并受传秘技“一之太刀”。后来又师从流浪诸国修行的剑圣上泉信纲修习新阴流剑术，并与大和国的柳生宗严、宝藏院胤荣等剑豪时常切磋，在习得各流派剑法之大成后，自创了名为“伊势新刀流”的剑术流派。当年的剑豪将军足利义辉也算是他的同门师兄弟。

北田具教的最后结局和足利义辉也极为相似：面对蜂拥而入的织田方刺客，北田具教摆出长年以来收藏的多把宝刀奋勇作战，一连斩杀 19 人，重伤百余人。然而等到他手上的刀杀得卷了刃，要去换刀时，却发现剩下

泷川一益画像

的刀全部被封死在刀鞘内无法抽出。

虽然北田具教鉴于足利义辉被害的教训，事先收藏了比义辉多几倍的宝刀。但是敌方带队的泷川雄利事前更是做了精心筹划，他才不愿像三好三人众与松永久秀那般拼上大量士兵的性命去碰剑豪的宝刀，而是直接花重金买通每天为北田具教擦拭刀剑的侍童佐佐木四郎左卫门，让他在前一天晚上把具教的宝刀全部封死。

北田具教空有一身剑术，无奈手中却无刀，也只能徒唤奈何。最后具教飞身一跃，跳上七尺余（两米半）的石墙，沿着墙头跑入屋角的箭楼之中。在箭楼内，北田具教由同朋众方阿弥担任介错，用一把断刀切腹自杀，终年 49 岁。与此同时，分居在大河内、波濑、岩内的北田具教二子长野具藤、三子北田亲成，同族坂内具义、坂内具信、大河内教通全部遭到织田军袭击，北田家亲族 37 人及同族郎党数百人尽被诛杀，仅有织田信雄的养父北田具房幸免于难，但在事后也被送到泷川一益的领地过起了软禁生活。统治南伊势 200 年的国司北田一族就此几乎完全被抹去，整个伊势名正言顺地成为织田家的直系领地。

在平定伊势的过程中，有三个人表现得极为抢眼，他们是泷川一益、九鬼嘉隆及泷川雄利。泷川一益本身是南近江甲贺的忍者出身，他的家乡与北伊势四十八家及关一党领地接壤并有一定的来往。本来信长可能只是希望由泷川一益牵头，向北伊势四十八家所在的五郡进行一定程度的扩张。哪知一益借此机会却展现出惊人的谋略与统率能力，在信长主力尚在进攻美浓的时候，他仅以少量兵力便在数月之间压服了北伊势五郡，直驱入神户氏所在的河曲郡。这给刚刚平定美浓的信长带来了意外的惊喜，所以随后信长便马不停蹄地对伊势展开了更深入的侵攻。完全平定伊势之后，由于以上功劳，泷川一益虽然既非信长嫡系的尾张出身，但却被封以原四十八家所在的北伊势五郡，并获得尾张蟹江城作为居城，成为织田家在西南路的司令官。由此也可以看出织田信长善于抓住机会和用人不拘一格的性情。另外率领水军出了大力的九鬼嘉隆，得到了被北田家夺去的志摩国作为封赏，而泷川雄利则成为织田信雄旗下的亲信重臣。

第 27 章　金崎大撤退

大河内开城之后，织田信长仅带着数名随从策马北上，从新征服的领地经南近江进入京都，向足利义昭报喜，显然其中炫耀的成分占了多数。同时信长又向天皇大献殷勤，派出村井贞胜为天皇修缮皇宫。

第二年即是 1570 年，由于战乱与灾害不断，正亲町天皇下令改年号为元龟元年。这一年正月二十三日，信长在针对足利义昭原有的《殿中御定》十六条基础上又增加了五条：

·将军发给诸国的书状，需先交由信长审阅，同时批上信长的意见。

·以前将军向诸国发布的命令，全部废除，待信长一一审议之后再重新发布。

·由于将军领地有限，故而不得对有功之人进行封赏，一切封赏之仪皆由信长定夺。

·天下政务应全部交由信长裁夺。

·现今天下太平之时，将军只需关心四时的宫中及武家之仪式。

以前的十六条只是限制了将军的日常行为，而这新增的五条则是更露骨地剥夺了足利义昭向天下发号施令的权力。此外以明智光秀为首的众多足利义昭家臣，也被信长拉拢为自己的直系家臣。

为了显示自己的权威，信长以足利义昭的名义要求周边诸大名上京参见，进献天皇皇宫的修理费用或是承担工程，以此试探周边还有谁敢公然与自己敌对。

命令发出后，飞驒的三木自纲、伊势的北田具房、三河远江的德川家康、河内的田山高政与三好义继、大和的松永久秀、丹后的一色义道陆续亲自上京参见信长，就连远在山阴道的太田垣辉信、备前的宇喜多直家以及九州的霸主大友宗麟也派出使者上京献纳。近畿左右，敢公然拒绝信长指示的，仅有越前朝仓义景一人而已。在拥立义昭上京时，义景也曾拒绝带兵前往佐和山城相会，本次又拒绝前往京都朝见，这就给织田信长制造了出兵越前的借口。

元亀元年（1570）四月二十日，织田信长会合了德川家康带来的三河、远江之兵，以总兵力 3 万人，从京都出发，由琵琶湖西岸开赴越前。当时摄津的池田胜正、大和松永久秀等近畿武士及公卿飞鸟井雅敦、日野辉资也在阵列之中。由于朝仓义景是京都公家文化的狂热爱好者，必要时刻这些公卿便可以充当对朝仓的劝降工作，像飞鸟井雅敦就是飞鸟井流脚法的传人，也是朝仓义景的蹴鞠同好。

此时原本威震畿内的朝仓家，却因同族内斗已经四分五裂。朝仓义景之下有着两支大的分家，一支是义景的堂兄弟、大野郡郡司家朝仓景镜，另一支是敦贺郡的朝仓宗滴—景纪—景恒一系。朝仓宗滴是义景的太叔祖父，也是茶器九十九发茄子的主人之一，一度执掌贞景—孝景—义景三代的朝仓家家政，向北压制加贺一向宗，向南进军近江、美浓，为朝仓家赢得赫赫威名，其所属的敦贺军团也是朝仓家的南面屏障和精锐部队。

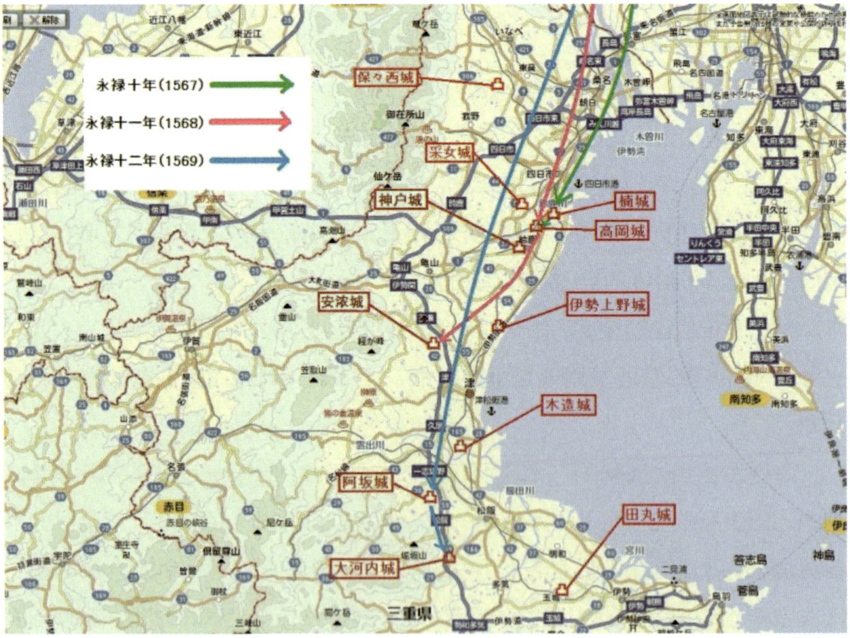

| 织田信长进攻越前路线

弘治元年（1555）朝仓宗滴去世之后，敦贺郡司便由他的养子，同时也是义景的叔父朝仓景纪继承，并继续在军事方面为朝仓家发挥重要作用。然而在永禄七年（1564）朝仓家出兵加贺之际，景纪的嫡子朝仓景垙却与大野家的朝仓景镜为了统兵大将之位发生冲突，最终朝仓景镜获得大将之位，朝仓景垙因此羞愤难忍，事后竟在军中切腹自杀。朝仓景纪在敦贺闻之此事以后，马上宣布下野隐居，拒不再为主家效劳，郡司之职继而由他的次子朝仓景恒承袭。因为这个事件，敦贺郡与一乘谷本家及其他分家的联系也逐渐开始疏远。

信长的大军由近江北上，首先进入的是若狭国。若狭的主人本是守护武田元明，但是武田家在 1568 年遭到朝仓义景侵攻，武田元明战败后被囚禁于越前一乘谷城。朝仓家从此成为若狭名义上的宗主，而实际上则是由一些原武田家臣将领国瓜分掉了。当信长进入若狭之后，原武田家臣尽皆笼城死守，信长也不攻城，又直接攻入越前的前沿敦贺。

在敦贺，朝仓义景及同族根本没有派出任何救援，朝仓景恒也懒得出兵迎战，只是勒军固守金崎城。四月二十五日，信长攻落敦贺要害手筒山城，四月二十五日进军至金崎城下，一番激战过后，朝仓景恒就开门降伏，让出城池退往永平寺遁世。由此大半敦贺郡也落到信长手中，朝仓家的防线收缩到北方的木芽岭一带。

正当织田军越过木芽岭向朝仓义景的本城一乘谷推进的时候，信长于四月二十七日收到了嫁到浅井长政处的妹妹阿市派人送来的一样礼物。这是一袋小豆，上下两头都用绳子紧紧捆住。乍一看有些让人不解，但是结合阿市的身份和自己的处境，信长便猛然震悟到：浅井长政发难了！

之前和浅井家结盟联姻之际，织田信长立下过誓言：“在同盟期间，织田家不会向朝仓进军；若是有特殊情况要攻打朝仓家，事先也会向浅井家通报。”但是这一次讨伐朝仓，信长却完全没有知会浅井长政。在他看来，织田家的势力已经大到可以无视先前对长政许下的誓言，而且这两年浅井家随自己一起西上京都、南下伊势，一起分享了胜利的果实，必然不会这么不识相地突然翻脸。不过出于对之前誓言的不安，他也不好邀长政一起出兵越前。

但是织田信长攻打朝仓之事最终还是传到了北近江，并在浅井家内掀起了巨大波澜。浅井长政本人由于眷念阿市以及和信长的盟约，迟迟无法做出反应。而其父浅井久政与号称浅井家“海赤雨三士”的海北纲亲、雨森弥兵卫、赤尾清纲三大重臣一起主张出兵抄断信长的退路。与朝仓家数代的盟约是浅井方无法舍弃的原因之一；信长事先不知会浅井便出兵越前，本身也是对新盟约的背叛；更重要的是，朝仓的存在，乃是浅井家维持独立的重要支撑，以及浅井与织田家进行对等交往的重要砝码。如果信长攻灭朝仓家，那么浅井的北近江就完全被信长的领地所包围住，到时目前的兄弟盟友关系定然无法维持，浅井长政只有降伏于织田家之下，这是血气方刚的长政最无法忍受的。环境的突变足以干扰人的惯性思维和理性判断，经过一番思想斗争之后，浅井长政最终决定采纳父亲与重臣的建议，从后方攻击信长。

阿市在得知此事之后，第一时间便向信长送出了那个豆袋。不久之后信长派驻在北近江的间谍也陆续传来了浅井军有所异动的消息，这使得信长对长政反叛的判断再无任何疑义。

四月二十八日夜，信长在阵中召开紧急军事会议，对众将讲明现在的处境，并宣布将连夜撤退。在明摆着即将陷入绝境的时候，木下秀吉却自告奋勇地站出来，表示愿意充当殿后的工作。原本信长是准备把殿后的任务交给摄津来的杂牌部队池田胜正的，但是考虑到本队兵力过于庞大，一旦殿后失利，被朝仓与浅井追上，则嫡系部队必会损失惨重，故此也只好同意留下秀吉率领所部作为殿后的主力，驻守金崎城。另外池田胜正与明智光秀两部则在秀吉的侧翼进行援

朽木家专为落难将军修建的馆舍与借景式庭园

护，同时德川家康也留下部分兵力进行协助。

当天晚上，信长沿路解散大军，仅带着亲信随从沿琵琶湖西岸向京都撤退。同行的松永久秀则先行一步，前往信长必经之路上的朽木谷，说服琵琶湖西岸的大豪族朽木元纲在沿途进行援护。

朽木家出自近江佐佐木源氏一族，本来是臣属在浅井家之下，但这个家族向来以京都主人的庇护者而出名。由于处在京都正北、琵琶湖西岸的深谷之中，朽木谷因此成为天然的避难所，每逢足利将军被赶出京都，都会逃到谷中避难，事后重返京都之际便会给朽木家种种赏赐。最后变成了只要京都的变乱越多，朽木家得到好处就越大的怪现象。

1528 年将军足利义晴被三好元长从京都赶出、1553 年足利义辉被三好长庆赶出京都，首先都是前往朽木谷避难。所以到后来尽管朽木家家格不高，却经常能担任只有幕府名门才能担当的将军之奉公众，世袭正五位下宫内大辅的官位，还可以娶京都的公卿女子为妻。朽木元纲之母就是公卿飞鸟井雅纲的女儿。

这种家门历史使得朽木家不同于一般的近江豪族，对于新兴的主家浅井也无甚节操可以奉守，成为极具专业性的乱世投机者。眼前横扫近畿的霸主织田信长即将避难通过，正是朽木家准备多年欲待捕捉住的机会。所以松永久秀一说明来意，朽木元纲便赶紧一边打扫馆舍，一边派出家臣清理道路，火速前去迎接信长一行。

经过朽木谷，织田信长于四月三十日安然返回京都。由于军队被解散各自撤退，最后在他身边的亲卫只剩下 10 人。不过不久又有 2 万人陆续逃回京都。而担任殿后的木下秀吉诸将，由于行动统一、进退有度，虽然遭到朝仓军的追击，仍然以最小的损失退出战场，安然返回京都。但是此战织田家总的战死人数，也达到 1300 人。事后，信长对木下秀吉、池田胜正、明智光秀以及朽木元纲等人尽皆赏以重金，并将朽木家提拔为自己的直属家臣。

与浅井、朝仓相呼应的是，本来已逃入山中的六角义贤父子也乘机重回南近江，大肆召集旧臣举事。为了北抗浅井，南平六角，信长随后将部将配置在南近江各地：森可成防守宇佐山城、柴田胜家守长光寺城、佐久间信盛守永原城、稻叶一铁守近江守山城，自己则带兵起程返回美浓。由于浅井长政派出重兵驻守美浓与近江的通路鲶江城，信长唯有在日野城蒲生家的协助下向南走千种街道，经伊势返回美浓。

五月十九日，信长在通过近江千草山时，遭到六角义贤买通的杀手狙击。此人名为杉谷善住坊，出自甲贺五十三家之一的忍者家族，不但忍术出神入化，而且也是善使铁炮的名人。然而当他瞄准信长扣动扳机时，抬枪的左手却鬼使神差地被蜜蜂蜇了一下。杉谷善住坊手一晃，本来要打向信长胸腹要害的子弹只打到了大腿上。一击不成，杉谷善住坊便丢枪远遁，过起了逃亡生活。三年之后，他还是被信长搜了出来，随后信长下令将其埋在大路旁的土中，只露出头部，并在旁边摆上一把竹锯，命令凡过路者都要拿起锯子在杉谷脖子上锯几下，经过好几天，杉谷才被锯断脑袋，凄楚哀号而死。

金崎大撤退之后，织田信长顺风满帆的日子一去不复返，与他对抗的战火迅速由越前与近江蔓延到畿内各地，从此时起日本便进入了更为动荡的“元龟争乱”时期。

ZHI TIAN XIN CHANG

卷之四

元龟争乱之卷

第 28 章 姊川合战

元龟元年（1570）春，在织田信长于越前遭遇失败，又在近江受到狙击的前后，京都的足利义昭感到摆脱信长控制的时机终于到来了。

足利义昭秘密给各地的诸侯写信，要求各家迅速上京勤王、讨伐信长。义昭所拉拢的势力，除了浅井长政与朝仓义景之外，还有石山本愿寺的法主显如上人、比睿山延历寺的僧兵，乃至远在阿波的三好三人众，凡是对信长有敌意者，全部收到了义昭的邀请。另外，领有甲斐、信浓与西上野的武田信玄，在今川义元战死于桶狭间之后公开撕毁和今川家的盟约，与东海道的新兴势力德川家康一起瓜分了原今川的骏河、远江之地，正虎视眈眈地等待机会杀上京都。他一收到义昭的来信，就开始了出兵准备。以上势力以足利义昭为核心，共同组成了一个针对织田信长的“信长包围网”。

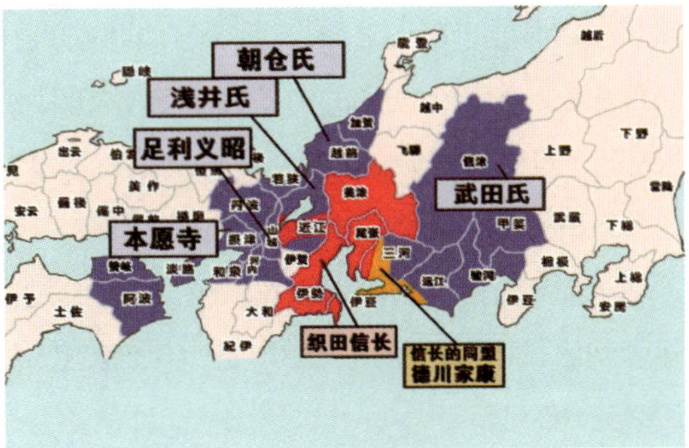

| 信长包围网 蓝字为信长一方 红字为反信长方

另一方面，织田信长在近江地区逐渐找回了主动。

六月初，在若狭，丹羽长秀与明智光秀一起，联合奉公众一色藤长从丹后带来的援军，迫使以武藤上野介友益为首的原若狭

瓶割山长光寺

武田家臣降伏，之后若狭一国被信长封给了丹羽长秀。

六月四日，六角义贤父子召集南近江的豪族，包围了柴田胜家与佐久间信盛所在的长光寺城。长光寺城处在一座高山之上，不久便被六角军切断了水源。眼看即将束手就擒之际，柴田胜家招来众将士，当着大家的面，把最后的几瓶水全部砍破，大喝道："与其渴死，不如战死，为保存武士之名，大家就不要想着今生还能喝到水了，跟着我下去一战吧！"说罢一鼓作气，扬刀冲下山去。经过一场"弃水"大战，六角军竟被柴田胜家击破，六角六家老之一的三云定持、本原伊贺守以下 780 余人当场战死，义贤父子仓皇逃窜，南近江地区又重归织田家旗下。此战之后，柴田胜家武名传动天下，被世人称为"鬼柴田"或"割瓶柴田"，长光寺城所在的那座山头也被命名为"瓶割山"。

六月十九日，为阻止浅井与朝仓南下，织田信长率领 25000 人自岐阜出发，会合南近江诸将之后，总兵力达到 28000 人，向浅井家的北近江主动进攻。进军途中浅井家助守长比、刈安两砦的守将堀秀村与桶口直房陆续向信长投降。

二十一日，织田军到达浅井家居城小谷城边的虎御前山，并在小谷城下放火。然而小谷城位于高山之巅，又集中了浅井家的主力部队，要强攻是极为困难的。而且从稻叶山到大河内的诸多战例已经表明，织田信长的特点是善于在平野上决战，一旦碰到坚城，往往会受挫。或许信长自己也意识到了这一点。另外，朝仓义景的援军迅速向小谷城靠近。在此情况下，信长于六月二十二日突然从小谷城下撤走，移阵到南边的龙之鼻，在后退过程中浅井长政一度派兵追击，但却遭到信长的殿后部队梁田广正、中条家忠、佐佐成政在中途八相山的伏击，最终无功而返。

六月二十六日，织田军包围了小谷城的支城横山城。该城控制着小谷城通往越前的要道，是浅井与朝仓的必救之处。信长的意图也很明显，必须把浅井军引出来决战，否则即使攻落小谷城，如果浅井的主力部队还在，那么对战争的推动作用也是有限的。在织田军包围横山城后不久，德川家康的6000援军前来会合，联军总兵力达到34000人。而朝仓义景也以同族的朝仓景健为大将，率领10000人到达浅井家的小谷城下。

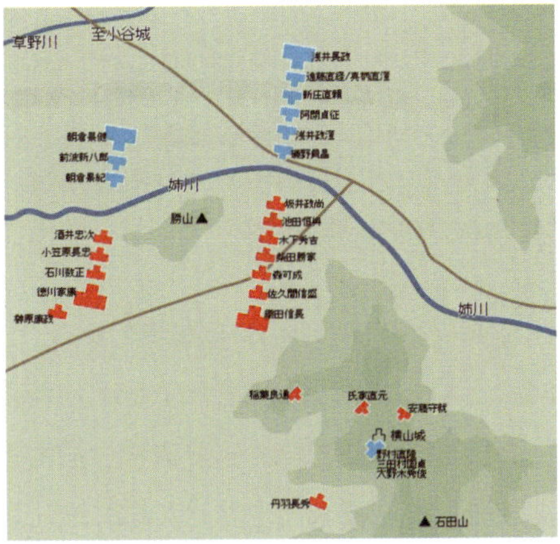

| 姉川合战布阵图

六月二十六日，浅井—朝仓联军自小谷城出动，进入大依山布阵。六月二十八日凌晨，两军从大依山下山，向横山城靠拢。此时信长注意到敌城中篝火燃烧了一夜，应该是准备出战了，于是从横山城下抽出主力，北上前去迎战。六月二十八日凌晨4时，织田—德川联军与浅井—朝仓联军在姉川南面的一条支流遭遇，织田—德川联军在支流的南岸的野村、三田村布阵，而浅井—朝仓联军则在支流与姉川之间背水列阵。另外丹羽长秀和美浓三人众稻叶一铁、氏家卜全、安藤守就继续包围横山城。

| 后人模拟的真柄直隆手持豪刀作战的情景

天明时分，10000名朝仓军渡河率先向对岸三田村的德川军发起攻击。德川方尽管只有6000人，但是在先锋酒井忠次与小笠原长忠的带领下拼死抵抗。

在朝仓军中，有一名豪杰名叫真柄十郎左卫门直隆，此人身高约190厘米，与其弟真柄直澄乃是越前数一数二的豪勇之士。合战时真柄兄弟两人都跨着巨型黑鹿毛马，如风车一样舞起越前刀匠千代鹤专

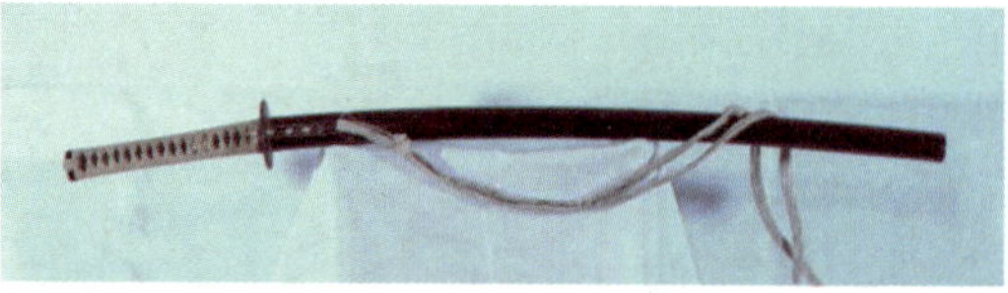

斩杀真柄直隆的“真柄切兼元”

门定做的五尺三寸（175 厘米）豪刀“太郎太刀”（又名千代鹤太郎），所到之处，德川方武士倒下一大片，剩下的都不敢上前。最后还是德川家的武将青木一重鼓起勇气，与自己的郎党，也是三个力大无双的三河武士勾坂式部、勾坂五郎次郎、勾坂六郎五郎围上前去，由勾坂三兄弟合力将真柄直隆缠住，青木一重拿着一把由美浓国刀匠关孙六兼元打造的长二尺三寸三分（70.6 厘米）的宝刀“青木兼元”趁隙斩取了真柄直隆的首级，不久直隆之弟直澄也被斩杀。这把按青木一重的姓命名的青木兼元此后也被人称作“真柄切兼元”，成为日本的重要宝物。而织田一德川联军夺得的真柄直隆的豪刀“太郎太刀”则被作为这一战的重要战利品，供奉到尾张热田神宫的宝物库中。真柄直隆的嫡子真柄隆基同样也是一个力士，手持着同样由千代鹤打造的长四尺三寸的“次郎太刀”（千代鹤次郎），在父叔战死之后冲入德川军中战死。几个知名勇士的战死令朝仓军为之泄气，德川方面受到的攻势也被暂时扼制住。

正当德川家康的三河武士拖住了朝仓军并逐渐开始扭转战局的时候，东线的织田军与浅井对战却陷入了危局。在这边，浅井长政的背水而战发挥了奇效：浅井家先锋、佐和山城城主矶野丹波守员昌率领精锐骑兵冲在最前方，一个照面便把信长的先锋坂井政尚突破，随后池田恒兴、柴田胜家、木下秀吉、森可成、佐久间信盛等部也陆续被突破。织田信长在本阵前方总共布下了 12 层队伍，半天之内被浅井军突破了 11 层。但反过来看，信长极有可能是想借厚重的阵势消磨浅井方的锐气。

战局的转机在不久之后到来，横山城下的美浓三人众陆续赶到，安藤守就与氏家卜全以 2000 人向浅井军的左翼、稻叶一铁以 1000 人向浅井军右翼同时进行夹击。而德川军方面在拖住朝仓之后，已经以猛将本多忠胜攻正面、神原康政攻侧面，一举将 10000 朝仓军打垮。稻叶一铁进攻浅井右翼的时候，获胜的德川军也会合过来，与稻叶一起向浅井横击过去。最后浅井方全军崩溃，先锋矶野员昌径直向前逃往佐和山守城，其余部队都退往小谷，唯有勇将远藤喜右卫门直经欲做拼死一搏，在乱军之中单骑直突入织田信长本阵。最终远藤直经在接近信长时被信长的近卫武士拦住，由竹中半兵卫重治之弟竹中久作将他杀死。战后，织田军一直追击到虎御前山与大依山一线，信长才下令停止深入，任由朝仓军逃往越前、浅井逃回小谷城。

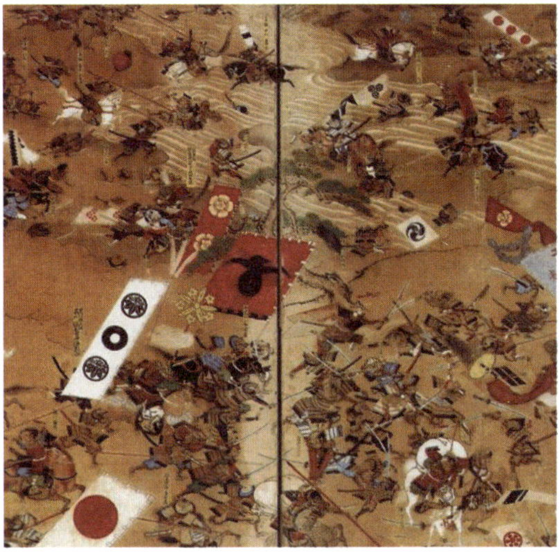
姉川合战屏风

这一战织田与德川联军战死 800 余人，朝仓—浅井联军战死人数则达到 1800 人，双方的负伤人数大概是战死数的三倍。不久南方的横山城向织田信长开城降伏，信长将木下秀吉任命为该城城主，负责继续监视浅井并攻略北近江。

七月六日，织田信长带着马回众 30 人轻装上京，向足利义昭报告姉川的战况，名义上是与将军一起分享胜利的喜悦，实际则是向义昭示威。以这一战为标志，金崎大撤退之后织田家的颓势戛然止住，紧接着便开始对反抗者进行镇压。

第 29 章　野田—福岛之阵

姉川合战期间，京都周边也发生了动荡。

在与三好有着极深渊源的摄津池田家中，家主池田胜正之弟池田知正联合重臣荒木村重、中川清秀一起将胜正流放，并接应三好三人众的岩成友通残党进入池田城。足利义昭派出和田惟政、细川藤孝与上野清信率领奉公众讨伐，最终却无法拿下坚城池田城。

七月二十一日，三好长逸率领三好一族再度于阿波举兵，并在二十七日从摄津中岛登陆，赞岐的十河存保、淡路安宅信康以及纪伊的杂贺党也陆续前去会合。此后三好军在摄津、河内展开全面进攻。

八月二十日，信长从岐阜出阵，经横山、长光寺前往京都，要求足利义昭一起出阵讨伐三好。尽管义昭与三好订下密约，此时却也无法公然拒绝信长。

九月初，信长带着足利义昭进入摄津中岛城，周围的三好义继、松永久通、伊丹亲兴、池田胜正乃至播磨三木城主别所长治都赶来会合，在中岛附近的织田军与幕府军迅速扩充至 6 万余人。三好三人众的总兵力不过 8000 人，后来又有纪伊的杂贺众首领铃木重秀带着 5000 名雇佣军加入。

不久信长向前移阵至四天王寺。驻守池田城的三好长逸之子三好兵库助望风逃遁，前沿的三好政康之弟三好政胜、三好家臣香西佳清以及前管领细川昭元陆续向信长投降。剩下的三好军汇集到野田—福岛一线守城，并在城外设下重重壕沟，加上该处河川纵横，给织田军的进军造成了极大的困难。野田—福岛与信长所在的天王寺之间，还有态度未明的石山本愿寺。

九月九日，织田军一边填平壕沟，一边向前推进，一直到达野田—福岛的对岸，建立了楼岸砦与川口砦牵制两城。九月八日，信长以三好义继与松永久秀绕到野田—福岛后方，攻落浦江城，对三好三人众形成包围之势。

九月十一日，对野田—福岛的攻城战开始，织田军一冲到城下，便遭到城内铃木重秀率领的杂贺众以数千挺铁炮射击，丢下大批尸体退了回去。杂贺众素以善用铁炮闻名。此时信长旗下的河内半国守护田山昭高也有 2 万名来自根来—杂贺的雇佣军，其中有 3000 挺铁炮。于是织田信长下令停止上前肉搏，只以铁炮进行对射，从而演变成了根来众与杂贺众互射铁炮的僵持战。一时间不见人马冲杀，只有数千挺

| 野田—福岛之阵

铁炮来回轰击，火药味与硝烟弥漫在整个战场上。

造成这种现象的原因是：种子岛铁炮传到纪伊之后，首先以根来众为中心形成了生产基地。但是与根来相邻的杂贺，既有着便利的水运，又与根来寺有着良好关系，迅速从根来的和尚手中学到了铁炮制造技术，并培养出了大量的优秀射手。凭着数量众多的铁炮与射手，杂贺与根来之人经常在周边各国充当佣兵作战。

纪伊根来寺的大塔

杂贺众中又以两支豪族最强，分别是占有纪川河口附近十乡的铃木氏与杂贺庄的土桥氏。铃木家的佣兵头领通常以“孙市”作为外号，本战中的铃木重秀又称“杂贺孙市”，受到三好三人众的雇佣而带兵进入了野田—福岛城助阵。而根来众是以真言宗的根来寺为中心，拥有万名以上僧兵的武装僧团，由于该寺及周边根来庄、杂贺庄的许多豪族都与盘踞河内200年的田山氏渊源深厚，故而跟在田山昭高旗下作战。

三面被围之下，城内的三好三人众一度向织田信长提出和议。但是在战局有利的情况下，信长给以断然拒绝。

这个时候有一个流浪公卿对战局的转变起了至关重要的作用。此人名为近卫前久，乃是公卿之首近卫家的家主，早在天文年间便已经担任过关白左大臣。永禄年间越后上杉谦信上京之际，近卫前久与谦信肝胆相照，互换血书结为了义兄弟,并跟随谦信前往关东,参加了上杉家的关东平定战,后于永禄五年(1562)回到京都，为上杉谦信的再度上京做准备。永禄八年（1565），三好三人众杀害将军足利义辉的时候，向近卫前久送上大量金银，托他向天皇求情，才免于罪责。所以在信长拥戴足利义昭上京之际，近卫前久害怕受到足利义昭问罪而逃出京都，先投靠丹波豪族赤井直正，后进入石山本愿寺受到法主显如上人的保护。此后近卫前久便充当了三好三人众与石山本愿寺之间的联络人。当三好

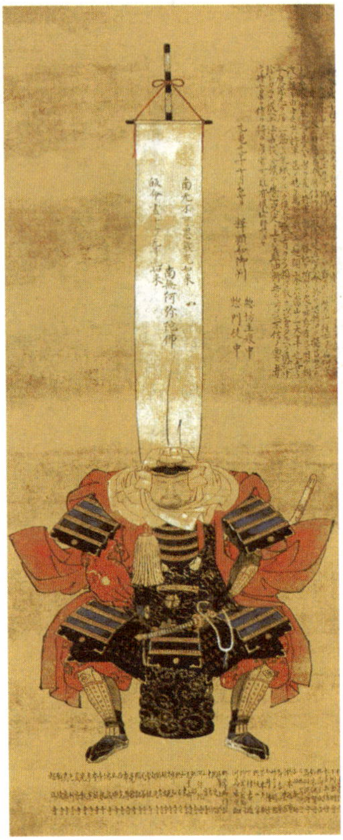

显如上人画像

军在野田—福岛陷入绝境的时候，前久开始催促显如上人出兵救援。

本愿寺方面对织田信长早以存下了敌意。在信长第一次上京时，曾派人向显如上人勒索 5000 贯作为军费。由于考虑到织田家势头正盛，所以显如一咬牙便如数上交。但此后信长仍然不停地没收本愿寺在畿内各个分寺的领地，同时又要求显如上人让出总寺所在的石山。之前因为顾忌到信长在畿内压倒性的势力，所以尽管显如上人收到足利义昭发来的号召起兵书信，但却一直犹豫不定。暗地里他一面对信长虚与委蛇，另一方面也偷偷在与三好三人众互致礼问。在信长向野田—福岛进军的时候，显如上人已经预感到危机的到来，并将周边的僧众与信徒全部收拢入城中，不过他尚没有明确表明将加入哪一方。

随着野田—福岛方面的战事日渐激烈，显如的危机感也越来越重，一旦三好军覆灭，野田、福岛两城被攻落，那么自己所在的石山也将被织田军包围。到时不退出城池，就得独力与织田家交战。更让他焦虑的是山下连日震耳欲聋的铁炮声，据说是杂贺众、根来众分成两派在互相对射。一旦守城方的杂贺众被压制，攻城的 2 万人今后将继续被拴在信长的战车上。而无论杂贺众还是根来众，全部是本愿寺真言宗的同门信徒。在近卫前久的催促之下，本愿寺显如上人终于下定了决心。

九月十二日半夜，石山本愿寺内的晨钟突然响起，上万名僧徒手持武器从山门蜂拥而出，通过 4 公里的平野向织田军的阵地冲去。

一看到显如上人的“卍”字旗印，田山昭高旗下的 2 万名杂贺、根来雇佣军就掉转枪口向织田方进行攻击。野田—福岛城的三好军也打开城门冲向楼岸、川口，并乘机打破了织田方的防洪堤。淀川的洪水在西风的带动下瞬间淹没了织田的营地，受洪水所扰，当天两军就此休战。到了晚上，显如上人又亲自穿上盔甲，率领僧众向信长的本阵发起夜袭，在织田方众将的死命阻挡之下才无功而还。

九月十四日，淹没织田军阵地的海水逐渐退去。十五日到十七日之间，双方仅发生了小规模的战斗，但是畿内各国的本愿寺分寺僧众在此期间，已经按照法主的指示开始攻击织田军。浅井长政得到消息之后也与朝仓再度组成联军，于九月十六日向琵琶湖的西岸进攻。

九月二十日，本愿寺显如上人以 6000 人从石山出阵，攻击前线楼岸—川口与信长天王寺本阵的中间地带森口，织田军的第一阵瞬间便被突破，部将佐佐成政身负重伤、野村越中守战死。不过随后本愿寺被守在森口河堤边的织田军第二阵前田又左卫门利家挡住，来回激战一番之后又退回了城中。

就在十九日，留守近江宇佐山城的森可成与信长之弟织田信治遭到浅井—朝仓联军攻击。浅井—朝仓联军在南下途中会合了比睿山的僧兵，总兵力达到 3 万人，而宇佐山城的守军仅 1000 人左右。森口合战的同一天，森可成与织田信治率军出城，和浅井—朝仓军发生激战，受到朝仓方的朝仓景镜、山崎吉家、阿波贺小三郎及浅井家的浅井玄蕃与浅井长政五队包围，最后全部战死。同时阵亡的织田家知名武士，还有尾藤源内、尾藤又八、有家清十、有家助十、青地骏河守茂纲等，宇佐山城也就此陷落。

浅井长政随后向京都进军，同时又给信长送去一封书信进行挑衅：“我已到达坂本，一两日内便可进入京都等待阁下。据说野田—福岛防守坚固，希望您能改变心意及早回京。”

与此同时，阿波的篠原长房作为三好三人众的援军，带着幼主三好长治与 2 万名阿波武士已于九月十九日到达淡路，正在淡路水军的护送下向摄津福岛进发。

在全面受敌的背景下，织田信长接受柴田胜家的建议，于九月二十三日拔营起寨，星夜撤往京都。而三好三人众得到篠原长房的助力之后，接下来一段时间横扫摄津、和泉、河内。

第30章 火烧比睿山

浅井—朝仓联军正在京都附近的醍醐、山科放火抢掠之际，不料织田信长猝不及防地带着主力连夜赶回京都，并于九月二十四日发起反击。

损失了1000多人之后，浅井—朝仓联军仓皇逃到比睿山上接受山门保护。信长一面重新分派诸将防守山下的香取、太村、中村、唐崎、志贺及宇佐山城，一面又命稻叶一铁与佐久间信盛前去比睿山山门，以放火烧山、杀光僧徒为要挟，劝说僧徒们将浅井—朝仓军赶出比睿山。

比睿山位于京都东北，号称是镇住京都鬼门的守护山。另外，山上的延历寺是由平安时代初期的僧侣最澄（767—822）在中国授传了天台宗奥义之后，回到日本所开创，是日本天台宗的总本山。延历寺的住持通常也被称作“天台座主”，平安时代以来常由天皇或将军的子弟担任。受种种特权保护，比睿山诸寺一直不纳税赋，还能享有全日本各地上缴的段钱作为供奉，长期维持着一个为数4000人的僧兵集团，成为京都旁边的国中之国。当时的天台座主正是正亲町天皇的兄弟曼殊院觉恕，基于对自己权威的自信，觉恕断然拒绝了信长的要挟。同一天晚上，织田方的山本对马守与高野莲养坊潜往比睿山中的谷地放火。

比睿山延历寺的根本中堂

十月二十日，织田信长以菅屋长赖为使者，前去朝仓义景阵中下战书，要求择日决战。信长判断，不久冬天即将到来，到时大雪若是封住通往越前的山路，朝仓军将陷入苦境。但出乎信长意料的是，朝仓义景却拒绝与信长决战。

此时三好军在加固野田、福岛两城后，突入河内、摄津攻城略地，织田方的田山昭高、三好义继、和田惟政等将都被迫回城固守。近江显证寺、伊势长岛愿证寺等石山本愿寺的分寺僧众尽皆起兵，逃亡的六角义贤也从甲贺再度举兵攻入南近江。信长旗下的丹羽长秀与木下秀吉作为两支机动兵团南北追讨，一时间焦头烂额。特别是伊势长岛的一向宗，先是于九月攻落织田家伊藤重晴所守的长岛城，继而又在十一月二十一日攻入东邻的尾张小木江城，守城的织田信长之弟织田彦七郎信治当场战死，桑名城的泷川一益出兵征讨也被打败。

十一月二十日，信长再次遣使邀朝仓决战，又被拒绝。在织田家腹背受敌的情况下，朝仓与浅井联军判断，将信长的主力拖得越久就越有利。

到了十一月二十二日，信长以和谈为名，安抚住了宿敌六角义贤，又在二十五日策反了比睿山后方把守坚田渡口的豪族猪饲野甚介、马场孙次郎和居初又次郎。坚田不仅是琵琶湖西岸的水运港口，也把持着通往越前的要道，此地一易主，比睿山上的浅井—朝仓联军的退路和粮草就都成了问题。随后信长迅速派出勇将坂井右近将监政尚与安藤右卫门、桑原平兵卫带领 1000 人乘船前往坚田收取人质并驻守。但是二十六日早上，朝仓军倾巢出动向坚田发起猛攻，在坂井政尚的奋战之下，朝仓家武将前波藤右卫门、堀平右卫门，及朝仓义景的佑笔中村木工助先后战死。不过朝仓军后续赶来的主力将坚田城团团包围，最后织田方的坂井政尚、浦野源八父子以及刚刚投降的马场孙次郎、居初又次郎以下 500 余人尽皆战死，坚田旋即又被朝仓军夺回。

在无处使力的情况下，信长不得不寻求与敌人缔结和约。十一月二十九日，织田信长派人强催足利义昭迁座于前线的三井寺，让义昭出面派使者前去劝朝仓义景接受和议。同时又通过公卿山科言继向正亲町天皇奏请，终于促使天皇在十二月九日向浅井长政、朝仓义景以及比睿山发出了“和睦无事”的纶旨。信长通过义昭的奉公众一色藤长向比睿山宣示：不会记恨前日之事。随着大雪纷扬而至，通往越前的山口眼看即将被封，于是朝仓义景拉着浅井长政答应了信长的和议。

十二月十三日，织田信长与朝仓义景在比睿山山脚的日吉大社共同递上和睦的誓书。当时信长还讨好似的对朝仓义景说道：“若非您的施舍，我是无法进入京都的。”十四日，信长率先经濑田、永原回师岐阜，15 日早上，浅井—朝仓军队也从比睿山上下山，各自返回领地。

元龟二年（1571）初，驻守横山城的木下秀吉为信长送上了一件新年贺礼。秀吉于正月初截断了姊川以南的水陆交通，又向小谷城放出流言，称佐和山城的矶野员昌已经与织田家内应，使得浅井方停止从琵琶湖向佐和山运输粮草。二月二十四日，在织田军的包围下独守孤城半年有余的矶野员昌开城投降，自此浅井家在横山城以南的地区全为织田家所有。

五月六日，浅井长政以 5000 人从小谷突出攻向横山城，却在木下秀吉的死守下无功而返。反过来，秀吉又劝诱浅井方的宫部继润等武将携城投向织田家，浅井长政从此日渐没落。

五月二十日，织田信长亲率两万人出兵伊势，讨伐长岛的一向宗。

长岛，又名七岛，实际上是尾张与美浓境内的木曾川、揖斐川、长良川等河流在南方伊势交汇的出海口所形成的河中三角洲，和石山本愿寺的周边地形极为相似。文龟元年（1501）本愿寺莲如上第六子莲淳在长岛的杉江创建愿证寺，后来以该寺为中心，发展出数十座一向宗的道场。在长岛周边，包括僧众、周边百姓及国人领主在内的一向宗信徒最盛时超过十万人。其规模甚至超过了摄津的本愿寺总山石山。

元龟元年（1570），在僧官下间赖旦的领导之下，与织田家对抗的长岛一向宗部队，除去数万信徒之外，还有斋藤龙兴、石桥义忠等流浪武士，另外有一批伊势湾的水军保护着长岛的海路。

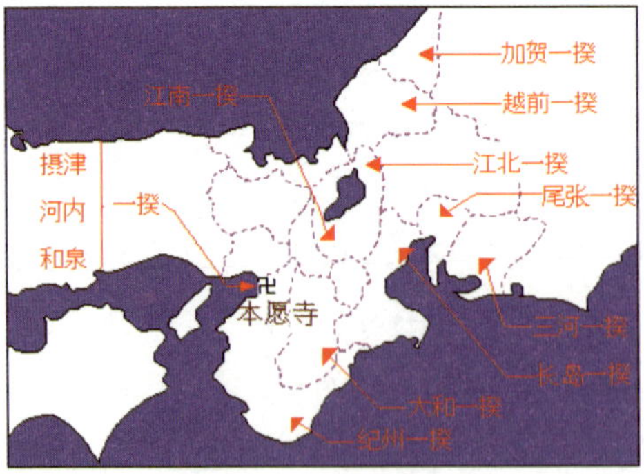

| 日本各地的一向宗暴动图

织田信长在长岛还没立下阵地，成千上万的僧徒便从北边的山间与西南的河堤后面涌出，配合杂贺众的铁炮攒射，织田军的阵型迅速被打乱。这场前所未有的未阵先溃，令信长不得不退往美浓。撤退过程中，

织田军的柴田胜家与氏家直元作为殿后部队，遭到一向宗僧徒们的彻底追击。鬼柴田负伤多处，最终逃出；而氏家直元沿着木曾川向北撤之际，在美浓的石津陷到河边泥沼之中，被僧众们冲上来乱刀砍死。此后信长下令周边各地守将严守国境，而长岛的一向宗信徒暂时也无法侵入到更远的地方。

经过短暂的休养，织田信长又于八月出阵，讨伐近江的一向宗。这一次却非常顺利，九月一日信长亲自攻落志村城，将誓死抵抗的僧徒们全部处死，把670 枚首级摆到小川城下。小川城的守城方受到震慑，迅速开城投降，两天后金森城也开城投降，近江的一向宗转眼间被荡平。对于狂热的僧徒，杀鸡儆猴策略迅速收到成效，但是众多寺院遍布各地，不可能一一照搬屠寺屠城的办法。或许正是在前后的斗争中，信长想到要对全国范围的寺院势力进行一个统一的震慑。

九月十一日，织田信长到达比睿山下的濑田。

当天晚上，信长突然向家臣们宣告："比睿山山门上下之僧众，身负镇守王城之重责，却怠于修行，不惧天道，终日喝酒吃肉，与人生子，恣行骄奢淫逸之事，早已天下尽知，人神共愤。今日上天便要借我等之手，将根本中堂一山王二十一社全部烧尽！"此言一出，诸将尽皆愕然。佐久间信盛与武井夕庵上前立刻劝阻。但是信长却对佐久间呵斥道："去年你拿着带有我印章的朱印状前去和谈，让他们归附我方不肯，让他们保持中立又不肯，却定要收容浅井、朝仓。此等罪人，十恶不赦！"佐久间信盛顿时惶恐无言。

九月十二日，天还未亮，织田军开始在山下的坂本市街上各寺庙放火。从睡梦中惊醒的僧俗人等仓皇逃往八王寺山。织田军步步紧逼，放火烧毁山下的日吉神社，并攻上山门，沿路的寺院全被点燃，僧人、女子、小孩尽皆被杀。逃下山的人也被包围在山脚的士兵乱枪刺死。混乱中，有不少出自公卿、武士名门的贵僧被陆续绑到信长面前，为自己的妻房子女乞命，信长完全视若不见，下令一个不剩地全部处死。到最后，从坂本到八王寺山，数百座僧堂、楼台全部被烧毁，三四千僧俗尸体散落在山野。

九月十五日，信长下令给还未烧尽的山上残坊又过了一次火，两次大火几乎将整座山头烧尽，就连远在京都的人们都能看到山上的火光。公卿山科言继与一些豪商的日记、耶稣会神父给总会的报告中都记录了此事。九月十八日，愤僨不平的公卿竹内季治对信长说道：“你的声威已经达到极致，今后必将像成熟的无花果一样落到地上。”信长怒发冲冠，立刻命人将他处死。

武士威逼比睿山并非没有前例。室町幕府的前代将军足利义教，以及去年的浅井长政，都曾恐吓性的在比睿山上放火烧过寺院。但只有这一次的织田信长做得最为彻底。直到信长死去多年之后，山上的僧坊才陆续重建起来。

织田信长对日本佛教势力前所未有的打击，使得不少佛教徒把他称作“第六天魔王”（佛教中将妨碍佛道修行的魔王波旬称为第六天魔王）。然而比睿山同时也是日本中世纪封建守旧势力的象征，它的被烧也令很多人将织田信长定义为一个前所未有的革新者和新时代的开辟者。

虽然山门已被烧毁，但是清理残迹，为织田家修复与朝廷的关系总是得有人去做。为此，织田信长将比睿山所在的南近江滋贺一郡赐给明智光秀，命他在比睿山下的坂本建城而居，并负责对京都的监视。

由于腹背受敌，织田信长的战略重心是集中兵力于近江，确保美浓、尾张到京都的通路。自野田—福岛一役之后，对京都以西的摄津、和内、和泉之敌则无法顾及。

在此情况下，元龟二年（1571）四月，大和的松永久秀与河内三好义继一起与三好三人众讲和，此后三好义继与三好三人众、篠原长房的阿波众重新联合到一起，围攻田山昭高所守的河内高屋城；松永久秀继续镇压筒井顺庆。

在摄津方面，幕府方的和田惟政遭到池田军的进攻。八月二十八日，和田惟政在对池田家臣荒木村重的摄津白井河原之战战死，家臣高山友照带着和田惟政之子惟长退守高规城。此后池田军陆续攻落和田家的茨木、宿久、里城，军锋直逼京都。幸有明智光秀与佐久间信盛带着部分奉公众与织田军进入高规城助防，才止住了败势。

第 31 章　武田袭来

元龟三年（1572）三月，织田信长先是出阵北近江，视察了江北的防务之后，留下明智光秀、中川重政、丹羽长秀三将，自己于三月十二日前往京都。

前一年他命村井贞胜等修筑的天皇皇宫已经完工，这一次信长着手在京都上京区的武者小路为自己修建府邸。此番同样是由村井贞胜与岛田秀满担任修筑奉行，但参与工程的只是畿内豪族们派出的民夫。美浓、尾张、近江三国之人由于要随时备战而被免除了劳役。

三月二十四日，在舞伎与歌童的音乐声中奠基仪式正式开始。工程期间，三好三人众中的岩成友通通过细川昭元的引荐，再次向信长投降。石山本愿寺方面一度送上了一只万里江山一轴中的白天目茶碗作为贺礼，然而织田信长却毫不领情，继续命令细川藤孝封死京都周边通往石山本愿寺的道路。

此时三好三人众、三好义继及松永久秀已全部汇集到河内田山昭高的高屋城下。

之前的高屋城主乃是在 1568 年和三好义继一起平分河内的田山高政。田山家重臣游佐信教于同一年放逐田山高政，改立高政之弟政赖为主。田山政赖受赐了足利义昭的“昭”字，改名为田山高昭，又娶了织田信长的侄女为妻，成为织田家的忠实部下。从元龟二年下半年到元龟三年之初的半年之内，三好军已多次围困高屋城。特别是这一次有三好义继与松永久秀的加入，使得田山家已成为河内国中独自作战的一个孤岛，不得不向京都的织田信长求援。

四月初，织田信长以佐久间信盛、柴田胜家、明智光秀、细川藤孝、三渊藤英、上野秀政、池田胜正、伊丹亲兴、和田惟长等将领共两万余人经大和出阵河内。

十二日，大和国奈良的东大寺敲起大钟，闻声而来的大和豪族齐聚于东大寺的南门。在寺方主持下，大和国诸家势力共同商议今后的立场。他们议定的最终结果是：织田军是“天下第一等目无佛法之人”，与之对抗定会招致毁灭，所以得与其同心合作。于是东大寺、兴福寺各自派出僧徒前去为织田军引路，筒井顺庆也带兵攻入松永久秀的领地。

十六日，两万织田军突然出现在河内，并包围了松永家占有的骑西城。高屋城下的三好义继与松永久秀犹如惊弓之鸟，各自逃回河内若江城与大和信贵山城守城。此后柴田胜家等将转攻大和，与筒井顺庆一起围困松永家的多闻山城，同时秉承信长之意，向奈良豪族与兴福寺、东大寺各送上白银以示感谢。

河内局势稳定之后，织田信长于五月十九日返回岐阜，继而又在七月出阵北近江。这一年正月，信长的嫡子奇妙丸（信忠）、次子茶筅丸（信雄）、三子三七丸（信孝）一起在岐阜城中举行了元服仪式。此番出阵近江也兼有完成织田信忠初阵的意图。

七月二十一日，织田信长父子到达小谷城外的虎御前山。木下秀吉、丹羽长秀、蜂屋赖隆等将各自带队冲到小谷城下放火，并截断了琵琶湖的交通。明智光秀与坚田豪族猪饲野甚介等军乘船至湖上，以火箭、铁炮封锁湖中竹生岛上的一向宗阵地。

七月二十七日，织田信长下令在虎御前山就地筑城，由此将完全断绝小谷城对外的通路。守城的浅井长政迫不得已，向朝仓义景送去一个假情报，告知他“长岛的一向宗已大举出动封锁了美浓尾张的通道，此时朝仓若出兵近江，可以轻易将信长一网打尽”。朝仓义景大喜之下，亲率 15000 人出马，于二十九日赶到小谷。到了前线，朝仓义景却发现北近江的局势并不是浅井家所说的那么简单，大为泄气之下，拉着部队退守到小谷城西的大岳山上。

在接下来的僵持之中，朝仓军陆续产生动摇。八月八日，朝仓家有力武将前波九郎兵卫吉继父子最先答应成为织田方内应，信长大喜之余，立刻派人送去华服、骏马与武具。第二天朝仓家的富田长繁、户田与次、毛屋武久陆续向信长投降，各自也得到了封赏。

不久，虎御前山城全部完工。此城既可北望小谷城与大岳山，向南与木下秀吉的横山城仅有三里之隔，中间有八相山宫部继润的宫部城作为中继，在拓宽三座城间的道路之后，便构成了一个前所未有的大规模防御阵地群，死死扼住了浅井家的咽喉。十一月三日，浅井—朝仓联军从山上冲下，准备截断虎御

| 武田信玄画像

前山城与宫部城之间的道路，却被木下秀吉军一举击破。

当织田信长将浅井一朝仓逐渐逼到绝境的时候，东面却突然传来战报——甲斐之虎武田信玄正式展开上京作战了。

此前武田信玄已多次收到足利义昭的上京邀请，但苦于背弃同盟后受到昔日盟友北条与今川的干扰，迟迟无法平定骏河。好不容易在元龟二年（1571）年底，武田家与北条重新达成和议，瓜分了骏河。但是在前进的路上，又有新兴的德川家挡道。

从元龟二年到元龟三年初，武田军从骏河与南信浓对德川家的三河、远江连续出击，步步推进。德川家康在连续被攻陷多个城池后，仅剩下半个三河和以滨松城为中心的远江西南一角。

元龟三年（1572）九月底，武田信玄以大将山县昌景为先锋，由骏河经远江北境攻入东三河。信玄自己带领 2 万人从南信浓攻入远江，又派另一名大将秋山信友攻入织田家的东美浓，展开全面的上京作战。

十一月下旬，武田军进军到德川家康的居城滨松城附近，包围了滨松的门户二俣城，德川家已经危在旦夕。但是织田信长却抽不出多余的兵力前去增援。因为十一月中在东美浓，武田家的秋山信友以 3000 人势如破竹地打败了远山一族与信长的援军织田信广、河尻秀隆 5000 人，明智城主远山民部少辅景玄及苗木城主远山勘太郎友胜尽皆战死，随后秋山信友包围了东美浓重镇岩村城。

岩村城城主原本是信长的姑父远山内匠介景任，但是景任已于前一年病死，而且没有留下亲生子嗣，于是便由他的夫人、信长的姑母光泽夫人做主，迎来信长的第五子坊丸（后名织田胜长）作为养嗣子，实则是由光泽夫人作为女城主守城。在遭到秋山信友的包围之后，由于援军已被击破，万般无奈之下，光泽夫人以保全远山一族为条件，答应与秋山信友成亲，并将岩村城与坊丸一起让渡给了武田军。事后，坊丸被当作人质送往武田家的根据地甲斐。

岩村城一陷落，就直接威胁到信长的大本营岐阜。所以十一月下旬，信长急速从虎御前山回师美浓防守。在摄津方面，信长又与三好三人众定下停战合约。对于德川家的求援，织田家只派出佐久间信盛、平手汎秀、水野信元率领 3000 名尾张兵前去助阵。

十二月十九日，武田信玄终于还是攻落了二俣城。但是接下来信玄却没有进攻家康的居城滨松城，而是于二十二日带着大军，大摇大摆地从滨松北部的三方原上穿过。

此时滨松城内有德川军 8000 人，织田军 3000 人。对于信玄旁若无人的态度，德川家康无法忍耐，而且就这么放武田军突入三河、尾张，他也无法向织田信长交代。几番权衡之后，德川家康率领全军出城追击。但是当他追到滨松城外的三方原时，却被武田军突然回头，打了一个措手不及。在战国最强军团武田骑兵怒涛般的冲击之下，德川—织田联军全面崩溃。

德川家康由部将夏目吉信作为替身战死，得以与少数亲信逃回城中。而织田的 3000 人也遭到毁灭性的打击，主将之一的平手汎秀战死，佐久间信盛带着残部仓皇逃回尾张。另外有四名信长的早年随从武士长谷川桥介、佐胁藤八良之、山口飞驒、加藤弥三郎，曾因触怒信长而被放逐，当时正投靠家康居于滨松。四人为了挽回名誉，也参加了这一战，最后一起战死在三方原上。他们的好友甲胄师玉越三十郎事后将凶信带回了尾张。

德川家康逃回滨松之后，下令在城中点起篝火，大开城门，反而使得武田信玄起了疑心，没有继续进攻滨松城。

第二年开年，武田军继续西进，于二月十五日攻落三河野田城。眼看离尾张就差一步的时候，武田军却突然向北撤退了。经过多方查探，织田信长与德川家康得到的消息是，武田信玄的肺病突然恶化，抑或是在野田城下受到狙击，终至不起。

同年四月十二日，武田信玄于返程的途中，在信浓的驹场走上了黄泉不归路，享年 53 岁。临死前，武田信玄对继承人武田胜赖与重臣们留下遗命：三年内不得公开自己的死讯。证实信玄病重的消息，德川家康向远江、三河的四处出击,却未遇到武田军的强力抵抗,故而对信玄病重或身亡的消息已经确信无疑。到这个时候，织田信长也跟着松了一口气。

三方原战败与桶狭间合战、金崎大撤退可以并称为织田信长的人生三大危机。随着“信长包围网”中最强大的武田家一时沉寂，织田信长也迎来了乌云散尽的光辉岁月。

第32章　幕府灭亡

元龟三年（1572）九月，织田信长在虎御前山与浅井、朝仓对阵之时，就风闻将军足利义昭向越后的上杉谦信与甲斐的武田信玄发出了上京的密信。信长当即发出了一封斥责足利义昭失政的十七条《异见书》，除去对日常琐事的责难之外，重点是以下几条：

·先前《殿中御掟》已经规定，将军发往各地的书状须先交由信长审阅兵盖章，然而足利义昭却违背此条擅自给各国去信。

·各国献上的金银，多被将军所隐匿。日常用度已足，不知要此何为。

·明智光秀在坂本征收的税金，全被将军押下，不知此是为何。

·去年夏天，幕府竟然卖出二条城内的大米换去金银，将军卖米，实乃古今未闻之事。

·将军收纳诸侯进献的武器钱粮，又四处招募浪人，已经使得京都众说纷纭。

·将贺茂神社的神领之地赏赐给屡降屡叛的岩成友通，实为不当。

·元龟之年号实属不吉。此前为向天皇申请改元已经开出了费用，但是将军却迟迟不奏，此事事关天下之运道，不可再犹豫。

以上诸条足以说明，织田信长对足利义昭与自己对抗的行为早已是洞若观火。随着足利义昭对外求援、对内备军的动作日趋明朗化，他才忍不住发出了这条《异见状》。另外双方都已经开始迷信“元龟”这个年号对织田家是不祥的，所以信长早就要求足利义昭奏请改元，而义昭却故意拖延，好让信长继续霉运缠身，这尤其让信长不满。

这封《异见书》由信长在京都的代理人村井贞胜、岛田秀满与朝山日乘上人带到足利义昭面前，同时他们又按信长之意向义昭索取人质和不与信长对抗的誓书。

在武田信玄的军事行动还未正式展开之前，足利义昭不敢与信长公然决裂，还是按要求送上了誓书与人质。三方原合战之后，又按照信长的要求，假惺惺地向武田信玄送去了一封令武田家与织田信长讲和的调解书。但是武田信玄既然已经知道义昭发出的公开御教书都有信长的授意在内，自然也就一笑置之。

当武田军在三方原取得对织田与德川联军重大胜利的消息传来，足利义昭大受鼓舞，他的行动也开始走向极端。

元亀四年（1573）二月，近江坚田的豪族山冈景友、矶贝新右卫门等受到足利义昭的指示，召集甲贺与伊贺忍者，并联合周边的一向宗信徒一起，在坚田的石山筑城，以封住琵琶湖西岸通道。织田信长闻报之后派出柴田胜家、明智光秀、丹羽长秀、蜂屋赖隆一起带兵镇压该地，平毁了城池。

随着足利义昭与信长的对抗公开化，在义昭旗下的幕府奉公众中首先产生了分裂。奉公众中的两大首席重臣，细川兵部大辅藤孝与上野中务大辅清信一度当面发生争执。以上野清信、三渊藤英（细川藤孝之兄）为首的奉公众主张与信长对抗以维护幕府之权威。而细川藤孝多年来随织田军征战畿内各地，早已见识到织田军与奉公众的实力对比悬殊，对足利义昭根本不抱胜望。另一方面，细川藤孝与明智光秀素为至交，明智光秀因为早早归附信长而获滋贺一郡作领地，让藤孝感到了诱惑。

细川藤孝画像

细川藤孝本是和泉半国守护细川元常之子，

细川元常在与三好长庆的对抗中没落而失去了领国。藤孝后来为足利义昭征战多年，仅获得京都旁边的一座小城胜龙寺作为封赏。而足利义昭为与信长对抗，却不惜承诺保全三好家为首的旧势力在摄津、河内、和泉之领地，令细川藤孝收复故国无望，进而对继续跟随义昭失去了兴趣。

当时足利义昭在畿内的势力已经颇为可观。

除去将军家直接领有的山城与丹波之外，河内半国的三好义继与大和的松永久秀都已接收义昭的御教书，表明将跟随义昭行动。同时受到御教书的还有领有河内另半国守护田山高昭旗下权臣游佐信教。在摄津方面，三守护池田知正、伊丹景亲与和田惟长尽管先前分成两派对战，但随着三好三人众受到足利义昭的招抚，也全都加入了义昭的阵营。另外，据守原田城的池田旧主池田胜正与坐镇中岛的细川藤贤也都是足利义昭的忠实部下。然而问题的关键在于，以上势力虽然有六国之众，以前也各是一方之雄，但却由于长期互相敌对而无法真正聚到一起。在织田信长数度出阵畿内的军威之下，他们也早已成了惊弓之鸟。

由于武田信玄进攻三河的动作尚未停止，织田信长一度试图与义昭讲和，并于二月二十二日派岛田秀满与松井友闲前去交涉。信长方面提出可以退一步，与义昭互换人质，双方停止对抗。但是信长的退让却更加激励了足利义昭的反抗决心。同一天晚上，义昭立刻派出使者，召摄津的池田知正与丹波的内藤忠俊一起上京助守二条城，并在未通报信长的情况下将池田知正提拔为幕府的御供众。

二月二十三日，细川藤孝正式向织田信长送出密信，通告足利义昭近日的非常举动，以及历年来与朝仓义景、浅井长政、武田信玄、本愿寺显如等共组包围网之事，以此表明自己的效忠之心。

三月七日，足利义昭向京都的村井贞胜发出通告：幕府与织田家正式断交。同时又传令周边诸国，令各地豪族们上京助阵，准备与西上的武田军一起，对织田家进行东西大合击。

但是，天下瞩目的武田军西上作战在几天后戛然而止。到了三月中旬，武田军仅留下少量人马防守三河，余众全部退往信浓。在最适合作战的季节和最适合作战的时机，却突然发生这样的变故，让全天下不可避免地猜测，武田家

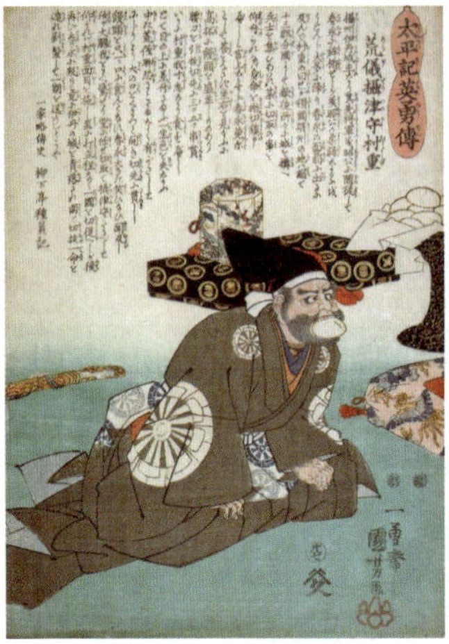
荒木村重吞馒头图

内发生了足以动摇其根本的变故。没过多久，赶到二条城驻守的诸侯们也各自逃回领国守城。在此背景下，织田信长于三月二十五日带着大队人马正式向京都进发。

三月二十九日，织田信长到达近江附近的逢坂。在这个名字极具象征意义的地点，信长遇到了从二条城中溜出来的细川藤孝。细川藤孝同时还带来一个人物，作为惊喜引荐给信长。此人名为荒木村重，乃是摄津三守护之一池田知正的家臣，先前正是他带领家臣拥立池田知正、放逐了旧主池田胜正。后来也是这个荒木村重带领池田军在白井河原击杀了和田惟政，并抢得茨木城作为自己的居城，隐隐已经把持了摄津最大势力池田家的家政。细川藤孝把荒木村重带给信长，也等于是把半个摄津送给了信长。

但是，荒木村重先放逐旧主池田胜正，后背着新主池田知正投靠织田家的行为，不免让人觉得此人不择手段往上爬的枭雄色彩十分浓重。所以在会面之时，为了考验他，织田信长神情肃然地拔出一把宝刀“乡义弘”，串起四五个馒头，刺到荒木村重面前命令道：“吃掉！”荒木村重也是一个好汉，稍微愣了一下，一咬牙，张开大嘴，就着刀尖将馒头一个一个地吃了下去。看着村重吃完，信长的神色才逐渐温和下来：“真是前所未有的豪勇之士！”随后便将这把“乡义弘”与拥有十三郡的大国摄津全部赐给了村重，准许村重作为织田家的代理，在摄津拥有全面的决断权。而细川藤孝也留在了信长身边，并得到一把名品胁差作为赏赐。

三月三十日，织田信长带领大军进入京都。在荒木村重的策动之下，助守二条城的池田军一哄而散。随后信长立阵于等持院，命令诸军包围二条城，并在京都周边的贺茂、嵯峨放火。这却吓慌了正亲町天皇，由于害怕刚落成的皇宫又要遭遇祝融之劫，四月五日，天皇先传旨给足利义昭，又派公卿二条晴良、三条西实枝、庭田重保作为敕使前去恳求信长停战。

四月七日，织田信广作为信长的代理人，协同佐久间信盛、细川藤孝一起进入二条城，与足利义昭达成了合议。

不过这一次的合议实际上只是双方不想拂天皇的面子而订立的。在信长于四月七日撤出京都返回岐阜之后，足利义昭派兵出京，封锁了琵琶湖之滨濑田的上京陆路。濑田的这点兵力对织田信长而言，只够付诸一笑，但是要在天皇脚下对将军与公卿施以斧锯，却是他所极力避免的，对于这些养尊处优之辈，威吓一下就足以让他们一辈子拜服了。

五月二十二日，织田信长来到琵琶湖东岸的佐和山城，以木匠冈部又右卫门为总指挥，建造数艘长 30 间、宽 7 间（一间合 1.8 米，即长 54 米，宽 13 余米）的大船。这种在日本前所未有的大船，分上下数层，矢仓箭楼一应俱全，能容兵上千人，配桨百支，能在湖上进退如飞。

到了七月一日，足利义昭再度举兵。有了之前的教训，这一回义昭更加小心。因为不信任由信长建造的二条城能防住织田家的进攻，义昭选择跑到京都之外宇治川边的槙岛城守城。二条城内仅有公卿日野辉资、高仓藤永相及幕臣伊势贞兴、三渊藤英留守。

七月五日，信长所督造的大船全部完工。第二天，近万名织田军以大船为核心的庞大船队，由近江佐和山出发，从湖上绕过濑田口，顺风在琵琶湖对岸的坂本口登陆。即使是在南北朝时期，南朝方武将北田显家以数万人过湖，用的也只是小舢板，京都周边之人何时曾见识过这种大船。织田军还未登陆，把守濑田口的幕府兵就全部逃散。第二天信长进入京都，二条城乖乖向他开城投降。

七月十八日，铺天盖地的织田军从四面八方攻入槙岛城，将足利义昭活捉。以此为标志，宣告统治日本两百多年的室町幕府正式灭亡。

京都等持院所藏足利义昭木像

在这极具纪念意义的战役中，织田信长命令美浓、近江、尾张及原幕府武士全部带着子弟参战。如稻叶一铁之子稻叶贞通、氏家直元之子氏家直通、不破光治之子不破直光、丸毛长照之子丸毛兼利、近江的后藤喜三郎高治、蒲生贤秀之子蒲生忠三郎赋秀、山冈景隆之子山冈景宗、京极高极之子京极高次，以及细川藤孝之子细川与一郎忠兴，等等。在众多青年武士的共同见证下，曾经号令全日本的堂堂足利将军成为织田家阶下之囚，新一代武士们对织田家的效忠之心从此更加坚定。

对于足利义昭的处置，却是让信长颇费脑筋。这位与自己恩怨纠缠多年的将军，毕竟给织田家带来了前所未有的飞跃机遇。无奈之下，信长摇了摇头："我就以恩报怨吧。"于是下令将足利义昭两岁的独子留为人质，让木下秀吉把义昭送往河内的若江城。

若江城主便是足利义昭的妹夫、行事轻率的三好义继。义继有势力，足利义昭有报复信长之心，故意把两个人聚到一起，信长显然是为了借义昭这点即将熄灭的微火，一次性点燃分散在畿内的所有炸药。

这一次足利义昭的若江之行，和当年由织田信长奉戴的上京之路截然相反，上一次义昭乘着舆车，有数万名武士相随。此番却是农民出身的木下秀吉骑在马上，驱赶着义昭与两三名亲信、女眷一起徒步上路。一行人中途遭到"暴动农民"的打劫，义昭随身所带的衣物及家传宝物被一哄抢走。另外，沿途的人们一路嘲笑他是"贫困公方""自取灭亡"，情状实是凄凉之极。

第 33 章　荡平畿内

放逐足利义昭之后，织田信长正式向天皇奏请，于七月二十八日改年号为"天正"，其出处为《老子》："清静者为天下正。"喻示天下战乱将归于平静。

此时在京都周边，尚有岩成主税助友通、番头大炊头、诹访飞驒守三将固守淀城与织田家对抗。原本足利义昭被流放，诸将也多跟着向织田家投降，但是岩成友通自知数度与信长为敌，已难容于织田家，故而挟持另外两将做最后的困兽之斗。

信长以细川藤孝进攻淀城,暗地里番头、诹访两人已约好充当织田方的内应。所以当细川军到达城下的时候，岩成友通一马当先杀出，番头大炊与诹访飞驒即刻关上城门。最终，岩成友通于乱军之中被细川藤孝家臣下津权内斩杀。

战后，细川藤孝被封以山城国桂川以西的长冈之地，此后又称长冈藤孝，成为织田家旗下的地方诸侯之一。

在这个月的十六日，三好三人众的大本营阿波发生了重大变故。阿波三好的幼主三好长治（长庆二弟三好义贤之子）受到家臣篠原自遁的挑唆，向家宰篠原长房发起了讨伐。

这个篠原长房也是该死，在主君三好义贤去世之后，自己把持阿波三好家政之余，竟然还强纳了义贤的侧室岗本夫人为妾。这个岗本夫人正是三好长治以及他的亲兄弟赞岐国主十河存保的生母。另外岗本夫人先前还曾与三好的主君细川持隆生下一个儿子名为细川真之。所以当三好长治讨伐篠原长房时，两个兄弟十河存保与细川真之也同时出兵，另外还有淡路的堂兄弟安宅信康协助。在近万大军的围攻之下，篠原长房最后在自己的居城上樱城切腹自杀。

三好长治素来对败坏畿内三好家家政的三人众无甚好感。篠原长房一死，等于是断了三好三人众的后援。岩成友通战死之后，三好三人众剩下的三好日向守长逸与三好下野守政康在摄津中岛被织田军击败，从此以后，不知所终。

在摄津，得到信长支持的荒木村重先放逐了家主池田知正，占据了池田城，又夺取了旧主池田胜正的原田城，池田两兄弟此后各自浪迹天涯。

第二年三月，荒木村重攻灭伊丹亲兴，取得伊丹城，并将该城改名为有冈，作为自己的居城。

其余的摄津豪族山口丸山城主山口五郎九卫门、冈场城主西尾备后守、三田城主有马出羽守陆续被村重所诛杀。而摄津三守护的最后一家高规城主和田惟长，则被家臣高山友照、高山重友把持了家政。高山氏与荒木村重旗下重臣中川清秀乃是同族的兄弟。故而高山父子在得到荒木村重的默许之下，将和田惟长放逐，自己篡位成为高规城主。

高山友照之子高山长房重友，在夺城之时被和田惟长砍成重伤，最后竟在

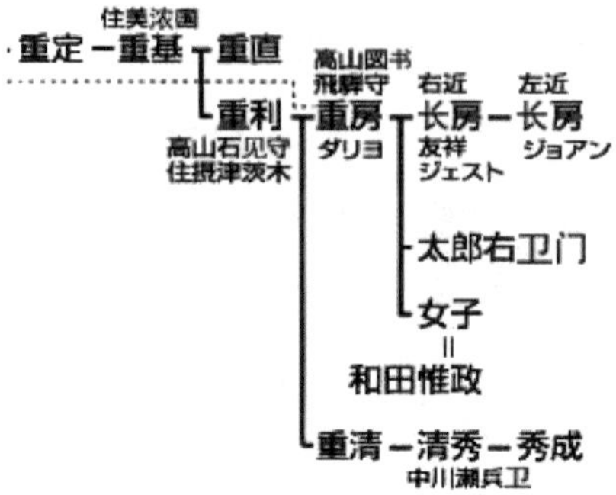

| 高山、和田与中川关系图

耶稣会神父与父亲高山友照悉心照料之下奇迹般的痊愈，此后便成为全日本最虔诚信仰天主教的诸侯之一。高山重友因为对天主教的信仰，也博得了织田信长的欢心。此后信长默许高山家成为荒木村重旗下的摄津国人势力。至此，原有的摄津三守护体系完全被破坏，荒木村重成为信长旗下割据摄津一国的国主。

在河内，执田山家之牛耳的游佐信教以足利义昭为后援，于1573年初袭杀了主公田山昭高。被放逐的昭高之兄田山高政旋即于纪伊举兵，也在高屋城下被游佐信教击破。盛怒之下，织田信长派佐久间信盛出阵河内，一举攻破高屋城，并将游佐信教处死。

到了第二年，受本愿寺保护的三好家长老三好康长又窃取了高屋城。后来织田信长亲自出阵，三好康长在被团团包围之后，以信长的佑笔松井友闲为中介，向信长献上由三好义贤传下来的至宝“三日月茶壶”，讨得信长的欢心而成功降伏，转身成为织田家臣。

| 三好义继像

领有另外半个河内国的若江城主三好义继，因为收容足利义昭，于天正元年（1573）十一月十六日受到佐久间信盛与明智光秀的攻击。这一回，足利义昭总算是聪明了一次。他明知信长将自己送往若江城没安什么好心，在十一月五日就告辞三好义继，逃往纪伊的山中。

三好义继既然没了足利义昭做护身符，只好拼死抵抗。然而他最信任的松永久秀援军迟迟不到，而城内的三个家老多罗尾右近、池田丹后与野间左吉却联手杀死家宰金山骏河守，大开城门引佐久间信盛入城。三好义继在天守阁下与织田军进行最后的殊死战斗之后，留下“对世间的忧虑到此为止”的遗言，杀死妻妾子女，然后切腹自杀，享年 23 岁。至此三好家的嫡流断绝，仅剩下阿波三好长治、赞岐十河存保和淡路安宅信康三脉。

一向与三好义继共同进退的松永久秀，在三方原之战后曾写信给甲斐的武田信玄，承诺在武田军上京时将献出大和与信贵山城。后来松永久秀故技重施，向岐阜的织田信长献上一把名刀“不动国行”示好，可谓极尽朝秦暮楚之事。

当织田军包围若江城的时候，他非但不出兵援救三好义继，反而趁火打劫攻掠若江周边之地，坐看旧主战死在乱军之中。事后信长却不领这个情，命令佐久间信盛等继续攻入大和，包围了松永久秀的多闻山城。此时松永久秀只好明确表示向织田家降伏，并让出多闻山城和一半的领地，自己退居到信贵山城。

可能是对这个乱世枭雄依然有着类似对岳父斋藤道三那样的好感，织田信长又原谅了松永久秀。不过这一次信长不再承诺让久秀保有大和一国，而是正式接纳久秀的死敌筒井顺庆成为织田家臣，让松永与筒井在大和互相牵制。而松永久秀的侄子、丹波豪族内藤忠俊（后名内藤如安）由于曾经上京援助义昭，被直接剥夺了在丹波的领地。

随着足利义昭的覆灭，幕府在近畿各国的支持者陆续遭到了清算。另一方面，借着这个机会，织田信长在各地树立忠于自己的势力，建立了新的支配体系。

第 34 章　一乘谷之火

天正元年（1573）八月八日，小谷城西面支城山本山城城主阿闭贞征受到木下秀吉的策反，携城投向织田家。织田信长收到消息在后，在当天晚上率领 3 万大军离开岐阜攻入北近江，并于八月十日封锁了小谷城通往越前的大路。

接到浅井长政的求援，朝仓义景在家内发出总动员，但是重臣朝仓景镜、鱼住景固等以“连年征战、人困马乏”为由，拒绝提供人马。最后朝仓义景本人亲率 2 万大军出阵。由于织田军封锁了北国街道，朝仓军只能再次进入去年的

小谷、大岳与月所等城地形图

阵地、小谷西侧田上山之上的大岳城。另外，朝仓义景还把部分主力分布在近江余吴、木之本等地。

田上山与小谷城所在的小谷山是并列的两座南北向山脉，各自以大岳城与小谷城为中心，向南沿山脊布下数座支城。织田信长已于八月九日攻取大岳与小谷正北面山田山上的月所城（月濑城），并将主力都集中在该山之上，既可同时监视小谷与大岳，又使得两城向南的各支城完全失去了作用。

八月十二日，北近江一带下起了暴风雨。借着这个机会，织田信长突然出动，包围了小谷城与大岳之间的最后一个中继点——山王丸。在风雨之中，守将浅见对马守自知无法等来援军，只好开城向信长投降。乘着大风大雨，织田信长又亲率 1000 名马回众向西疾进，一举攻破朝仓家由斋藤、小林、西方等军 500 人镇守的大岳城，被俘的朝仓军士兵全部被信长放回朝仓义景本阵。随后信长马不停蹄，下山突入木之本的丁野城，守城的越前平泉寺僧人玉泉坊只是稍作抵抗便向信长投降。

此时的小谷城也如当年那豆袋中的豆子一样，上面的大岳——山王丸，下面的虎御前山、横山两个出口全部被收紧，浅井长政父子已成了瓮中之鳖。

而织田信长判断朝仓军在大岳与丁野两个要害被占之后，既然无法与浅井会合，本阵士气也会受到极大的打击，最终只有撤回越前一途。故而信长一面传令诸将会合起来追击，一面于十三日夜率着 1000 名亲卫武士抢先向朝仓军本阵进发。

佐久间信盛、柴田胜家、泷川一益、蜂屋赖隆、木下秀吉、丹羽长秀、氏家直通、安藤守就、稻叶一铁、稻叶贞通、稻叶典通、蒲生贤秀、蒲生赋秀、永原筑前、进藤山城守、永田刑部少辅、多贺新左卫门、弓德左近、阿闭贞征、阿闭孙五郎、山冈景隆、山冈景宗、山冈景犹等将领得知信长已独自向朝仓本阵进发，急忙奋马追赶，终于在地藏山与信长会合。

当时织田信长因为急于进军，而对姗姗来迟的众将大加斥责，泷川、柴田、丹羽、蜂屋、木下、稻叶等将纷纷向主君道歉自责，唯有佐久间信盛却满含泪光地争辩道：“您所仰仗的重臣之中，有多少会像我们这样老成持重呢？”信长闻言也没有大骂，只是讽刺道：“身为男人有这么一点气量就自以为是，还好意思说。真是笑得肚子都疼了。”实际上从这个时候起，信长已经开始厌恶佐久间的倚老卖老。

当时织田军 3 万对朝仓军 2 万，而且这 2 万人中有不少是朝仓义景强征入伍、不久前还在与朝仓家敌对的越前一向宗僧徒与农民兵。加上朝仓景镜等众多将领没有出阵，军容、士气都不堪一击。故而正如信长所料，朝仓义景一看织田军逼近，就下令全军向越前撤退。

但是让所有人都意料不到的是，织田信长却把这场追击战当成了真正的决战来打，事前吩咐士兵们：“禁止拿着斩下的人头来请功，给我一直向前追击！”

到了越前的国境上，朝仓军分成两路走两个出口：上万的农民杂兵被丢到中野河内口的平原上去挡织田军的骑兵。朝仓义景本人则带着众多知名武士翻越刀根山向敦贺退却。

赶上来的织田信长看到中野河内口方向的人海，稍一犹豫，便指向刀根山：“敌人中的有名者，都在沿刀根山向疋田方向撤退，向疋田进军！”说罢信长便自己率先冲上山去。

看到织田军冲上山顶，朝仓家中的忠义之士都转身返回与织田军死战。从刀根山顶的大波湖畔到敦贺疋田城之间的 11 里路上，朝仓方留下了 3800 具尸体，知名武士战死的有：朝仓治部少辅、朝仓扫部助、三段崎六郎、朝仓权守、朝仓土佐守、河合安艺守、青木隼人佐、鸟居与七、洼田将监、托美越后、山崎新左卫门、土佐扫部、山崎七郎左卫门、山崎肥前守、山崎自林坊、细吕木治部少辅、伊藤九郎兵卫、中村五郎右卫门、中村三郎兵卫、兼松又四郎、中村新兵卫、长岛大乘坊、和田九郎右卫门、和田清左卫门、疋田六郎二郎、小泉四郎右卫门等，家中的栋梁支柱一扫而空。

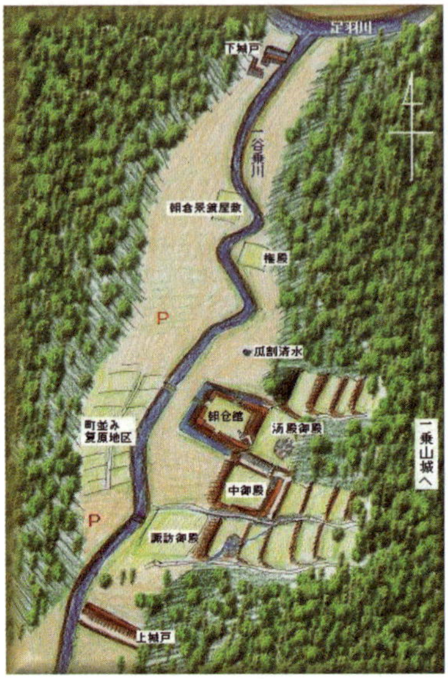

一乘谷城地形图

最可叹的是美浓的斋藤龙兴，也战死在这条路上，年仅25岁。自从永禄十一年（1568）被信长从稻叶山放逐以来，五年之中，从野田一福岛到长岛再到越前刀根坂，只要有信长敌人的地方，就有斋藤龙兴的身影。昔日的纨绔子弟在时代的旋涡中不由自主地变成了一个报仇狂人，最终也把自己引上了不归路。

斋藤龙兴部下有一个美浓武士印牧弥六左卫门，跟随龙兴流浪各地，在此战中被同为美浓出身的不破光治部下所捉，带到信长面前时，出身美浓的众将都被他的忠义所感动，纷纷为他求情，信长也说道：“只要今后发誓对我尽忠，可以留你一命。”而印牧却回答：“先前随侍朝仓义景，已有诸多遗恨，只求在战场上一死。如今若借对朝仓的不满而苟全性命，那么将来在织田殿旗下也会因为有不满而无法尽到忠节。在下立场之尴尬，实则只有一死方能了结。”最后信长允许他切腹自杀。

八月十四日至八月十六日，织田家主力相继进入敦贺，从敦贺到若狭，以及北近江残留的十余座朝仓方城池陆续投降。经过短暂的休整，八月十七日，织田信长越过木目岭继续向越前一乘谷的中心地带进攻。

另一方面，朝仓义景于八月十五日逃回一乘谷城，随后号召国内的大小豪族前来会合，但是几乎无人响应。最后包括义景近习小姓在内聚集起来的总兵力只有500人。在号令已经无法出城的情况下，朝仓家的同族之首、大野郡司朝仓景镜劝义景舍弃开阔的一乘谷，前往大野郡盆地固守。

朝仓义景在决定前往大野的同时，又向越前的第一寺平泉寺寻求支援。平泉寺乃是比睿山延历寺的分寺，但在越前却是数一数二的大庙，最盛时拥有四十八社、三十六堂600坊、僧兵8000人。该寺若是真要全力相助，朝仓家未始没有复兴的希望。但是平泉寺事前已经被木下秀吉买通，以保全寺领为条件，暗地里倒向了织田家，对于朝仓义景的请求自然是置之不理。

八月十八日，信长立阵于越前府中龙门寺。当天柴田胜家作为先锋突入一乘谷城下的街市四处放火，用三天三夜将这个昔日有常住人口一万人的繁华都市和朝仓家居城一乘谷一起化为了灰烬。数十名被朝仓征服的若狭武田家之旧臣，在烈火中与织田军浴血奋战，尽到了身为武士的最后之忠义。

朝仓义景画像

朝仓义景主从在朝仓景镜的再三催促下，避难至大野郡之后，被景镜安置在六松的贤松寺。但是到了八月二十日，朝仓景镜却举起叛旗，派兵将贤松寺内的朝仓义景住所包围。乘着数十名近习出门奋战争得的空隙，朝仓义景由亲信鸟居景近与高桥景业担任介错，切腹自杀。织田家的世仇、统治越前五代、历时一百年的名门朝仓家就此灭亡。

八月二十四日，朝仓景镜带着朝仓义景的人头、绑上朝仓义景的生母高德院夫人、爱妾小少将以及独子爱王丸前往龙门寺参见了信长。信长将朝仓义景的至亲交由丹羽长秀杀害，同时允许朝仓景镜所领保全。朝仓景镜为了回避信长所憎恨的朝仓之姓，当场改名为土桥信镜。在此前后，朝仓家的另一个同族朝仓景健也向信长投降并改名为安居景健。消灭朝仓家之后，织田信长既没有派亲信镇守越前，也没有把越前托付给原朝仓家中地位最高的这两位同族，而是任命声望与势力都十分平庸的前波播磨守吉继担任越前守护代，自己则在八月二十六日引军返回了北近江的虎御前山。

从大岳到一乘谷的追击战，堪称是织田信长在桶狭间合战以后的又一经典急袭战例。信长在人数与战前布局的所占优势并不大的前提下，利用暴风雨的天时做掩护，在一日一夜之中连续奔袭，促使敌人的战略意图发生颠覆性的转变，并且在第一时间抓住这个转变趋势，对对手进行毁灭性的打击。从八月十二日到八月二十日，仅用了八天就灭掉顽敌朝仓义景，捕捉机会、迅速行动、预测趋势、建立优势、临机应变一气呵成。正是这种超然于普通人、超然于时代的洞察力与破坏力，成就了织田信长破开旧时代旧势力、开创新时代的伟业。

第 35 章　长滨城主羽柴秀吉

八月二十六日，织田信长从越前回到北近江。此时织田军已经占领了小谷城周边的大小支城，只等待着向小谷城发起总攻的最后时刻。

建于小谷山山脊上的小谷城，主体部分由南至北有多个大小连环城郭。浅井长政自己居住的是本丸，在本丸南面有着重臣居住的屋敷和番所。本丸的北面后山，乃是先前用来安置近江守护京极一族的京极丸。京极丸再往北，便是浅井长政隐居的父亲浅井久政居住的小丸。小丸之上，是把守山顶的山王丸。

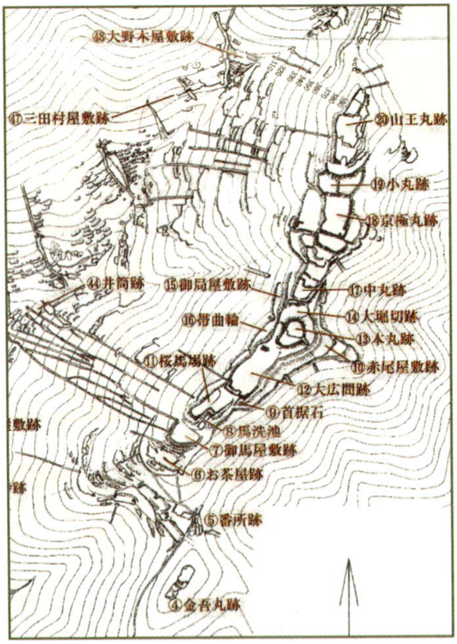

小谷城内构造图

本来从本丸到小丸之间，乃是浅井家的后方腹地，但是由于北面山王丸浅见对马守的倒戈，却成了战场的最前线。织田军进入山王丸之后，可以居高临下地将小谷城内构造和兵力布置一览无遗，实则这场战斗的胜败已经了无悬念。

八月二十七日夜，织田方的木下秀吉带队从小谷山侧面的清水谷爬入城内，攻落防御较薄弱的京极丸，将浅井久政所在的小丸与浅井长政的本丸分隔出来。紧接着不等浅井长政反应过来，木下秀吉便与山王丸的织田军两面夹击，对小丸发起了总攻。

浅井久政之画像

遭到敌军全面的包围之后，浅井久政自知无法免于一死，便对家臣井口越前守与赤尾清定说道："你们且在外面挡一挡，容我切腹。"言毕，浅井久政关上房门，与近臣浅井惟安、舞师森本鹤松大夫共同饮下一杯诀别之酒。随后浅井久政先由浅井惟安担任介错，自己切腹；继而浅井惟安切腹，森本鹤松大夫担任介错斩取了他的首级。森本鹤松大夫最后说道："身为一介舞乐师，与主君同座饮酒，实属惶恐！"于是他自行退出屋外切腹自杀。

日本武士切腹自杀时，在用刀横剖或以十字切剖开腹部后，为减轻切腹者的痛苦，通常会由家中的知名武士在开膛的那一瞬间斩下首级，这种工作便被称作"介错"。在城池即将被攻陷的迫不得已之时，如若身边没有重臣，通常也是由武家出身的近习小姓来完成介错。但是像浅井久政这般，身边最后由舞师介错，却是前所未闻之事。

八月二十八日，织田信长亲自指挥士兵由京极丸向本丸发起总攻。

历时三天的攻防战里，浅井长政的本丸被攻破，他又率着亲族与重臣退到南面的袖曲轮里继续抵抗。战斗间隙，织田信长屡次派出木下秀吉与不破光治作为使者前去劝降，并承诺只要长政降伏并让出小谷城，可以不计前嫌地饶他性命，并在大和封给他新的领地。不论信长之言是否出自真心，这番提议还是让长政看到信长对自己和周边的亲人存有几分情意。但是身为武人的风骨，和当初与信长敌对时便已下定的决心，令浅井长政已经无法回头。最后，浅井长政托木下秀吉请求信长允许阿市带着三个女儿回归织田家。而他的嫡子万福丸在总攻击开始前已被人送出城外。

九月一日，按照事前的约定，织田与浅井两军同时停战。在万众注视之下，阿市与三个女儿被信长的使者从浅井阵地带回。目送妻女平安离开之后，浅井长政进入赤尾美作守清纲的屋敷内切腹自杀，享年 29 岁。长政本来准备留在城内同死的三个女儿弥弥、阿初、小督都保住了性命，后来各自嫁给了战国乱世中显赫一时的人物，成为有名的贵夫人。

而浅井家最想保护下来的嫡子万福丸，却在不久之后被信长抓住。阿市为保住这个浅井家的独苗，曾愤然对信长诅咒道："杀死万福丸之人，今生将灾祸不断。"对于这个亲妹妹，信长还是十分疼爱和存有内疚的，为了不让她憎恨自己一生，于是便假手于木下秀吉，让秀吉把年仅十岁的万福丸拖到美浓国关原的田间刺死。

此外，织田信长命人把朝仓义景、浅井长政、浅井久政三个人的人头，挂到京都的狱门上宣示：这就是和织田家作对的下场。

在日本，一旦武士家族灭亡，其家臣就会效忠于新的主家或变成浪人四处谋生，到此时谁也不会像中国古代的义士那般冒着生命危险前去京都狱门盗得旧主的首级下葬。浅井长政父子与朝仓义景的首级，在京都遭受几个月的风吹雨打之后，又被织田信长收入武库，转作新的用途。而北近江武士的新主人，是攻略浅井时立下赫赫战功的木下秀吉。

攻落小谷城之后，织田信长颁下一纸朱印状，将浅井家的旧领北近江三郡十万石之地全数赏给木下秀吉。这个木下秀吉，在得到信长的许可之后，舍弃了农民之姓"木下"，而取织田家中重臣丹羽长秀的"羽"与柴田胜家的"柴"字为姓，从此改名为羽柴秀吉。此外，秀吉又将易守难攻的小谷城破弃，以示对织田家忠诚无二之心，转而利用小谷的建筑材料，在北近江琵琶湖的今滨之地建造新的居城。同时秀吉又从织田信长的名字中拜领来"长"字，将新建成的"今滨城"改名为"长滨城"，这便是长滨城主羽柴秀吉的诞生。

从稻叶山到小谷，在织田信长关键性的攻城战中，羽柴秀吉都有突出表现。如果说织田信长长于野战、奇袭和决战，而这位羽柴秀吉则长于攻城、守城和阵地战。此后在织田家向天下迈进的大道上，秀吉的长滨军团于许多关键时刻都发挥了重要作用。

ZHI TIAN XIN CHANG

卷之五
平安乐土之卷

第 36 章　天正之敌

天正二年（1574）元旦，周边的大小诸侯齐聚于岐阜城，向织田信长行贺年之礼。

盛大的招待酒宴过后，非织田家嫡系的外样武士陆续退场，信长只留下直属武士继续进行内宴。但是众人却发现，在许多前所未闻的珍奇菜肴中间，摆着三个白木台子，台上赫然放着三个用金漆涂过的骷髅头。看着大家惶惑不安的样子，织田信长开怀大笑道："这就是朝仓义景、浅井久政、浅井长政的首级。"众人闻言冷汗直流，几个月前还高高在上的一方豪杰，转眼间就变成骷髅头让信长任意糟蹋，这便是与信长作对的下场。

在日本人眼里，践踏敌人尸骨是极为暴虐无道的行为。战国时代的战争大多只能称作是武士家族之间的私斗，因为武士道的迂腐，使得战后对敌人的尸身处理缺乏相应的制度可循。而在中国，类似的事早在一千多年前就已成为定制：从东汉到魏晋南北朝时期，祸乱一方的乱臣贼子被诛伐之后，首级往往会被朝廷漆上朱漆，收藏到皇家武库之中，定期拿出来以警示后来者。较有名的是扰乱西汉的王莽、扰乱南朝梁的侯景，败死后，其首级均被朝廷涂上漆，纳入武库。织田信长的灵感，十有八九是来源于对中国历史的解读，但这种示范，却足以震骇住那些尚存有反复之心的人。

正月十九日，越前方面传来急报：越前爆发一向宗起义。不久，织田家派驻越前的守护代桂田长俊（前波吉继）战死。

前波播磨守吉继在成为越前之主后，从织田信长处拜领了一个“长”字，又按所居的地名，改名为桂田播磨守长俊，正式丢弃前波之姓所代表的朝仓旧臣身份，准备以织田下的国主身份统治越前。实际上这对他而言，从一开始就是一个错误。前波吉继只是朝仓义景的近臣出身，早年只知道飞鹰走狗、溜须拍马，哪懂得什么治国之道，上台之后不但不治理国内的疮痍，还加重税负以逞自己的搜刮之欲。民怨滔滔之下，石山本愿寺法主显如上人传令：加贺的一向宗总指挥七里赖周与越前大野信徒杉浦壹岐守共同掀起越前一向宗暴动。而桂田长俊的旧同僚富田长繁与安居景健（朝仓景健）也对桂田在数日之间便跃居到自己头上颐指气使十分不满，于是公然起兵与一向宗共同进退。正月二十日，一向宗的 3 万大军向一乘谷城发起进攻，桂田长俊与嫡子新七郎仓皇逃出城外，旋即被一向宗僧徒捉住处死。据说由于惨死的朝仓义景作祟，桂田长俊在改名后不久就双目失明。顶着这样一个前所未闻的瞎守护，越前想不动荡都不可能。

越前的局势，从很大程度上说，是织田信长刻意布置并纵容的结果。

尽管织田信长当初在短期内击灭朝仓义景，但是越前国内还分布着朝仓家的大小同族和重臣、势力庞大的平泉寺，以及困扰了朝仓家一百年的加贺越前一向宗。由于消灭浅井长政，完成近江攻略是信长的第一急务，故而信长根本没有时间一点一点地平定越前，或是安插亲信留驻兵力，以应对豪族和一向宗防不胜防的暴动。在这种情况下，信长出人意料地安排文官兼佞臣出身的前田吉继成为越前国主，难免说他不是为了刻意勾起朝仓一族与有力地方豪族的不满，让一向宗有机可乘，以退为进把越前所有不稳定势力全都激活起来，在大乱之后再实现真正的大治。所以得到越前一向宗起事的消息后，织田信长仅是派越前周边的羽柴秀吉、武藤舜秀、丹羽长秀等以若狭、北近江之兵加固敦贺防卫、封住往北的路口，根本不急于

越前国

出动大军进行彻底征讨，从而让越前的动荡继续发酵。

越前一向宗之事还未了，正月二十七日又传来警报，武田胜赖倾巢出动，与岩村城的秋山信友会合，一举攻入东美浓。

东美浓诸城以岩村为中心，散布于海拔 2191 米的惠那山脚下，和岐阜城所在的浓尾平野是截然不同的地形。由于核心的岩村城已被武田家攻落，一时间织田家其余诸支城毫无屏障可言。七日之间，岩村周边 18 座支城，又有 16 座被武田家攻落。

二月五日，武田军进攻远山民部所守的明智城，织田信长与嫡子信忠从岐阜城出兵赶去救援。当织田军先锋到达明智城外的鹤田山时，却遭到等待已久的武田家最强骑兵、全身装备红色铠甲的山县昌景赤备军团 6000 人突击，织田军全面溃败。此后信长不得不后退八里重新立阵。而明智城眼睁睁地看着援军被击溃，也只好开城向武田投降。最后在东美浓，织田方仅剩下一座由饭狭间右卫门尉防守的饭狭间城。

当时武田四名臣中的马场信房、内藤昌丰、山县昌景一起劝武田胜赖："天道恶盈，18 城已取得 17 座，现在仅剩一城，既然织田军已经赶到，应该舍弃该城就此回师。"然而胜赖身边的近臣迹部胜资、长坂光坚却讽刺道："丢下这么一座小城不攻，难道是要给少主的辉煌武功之路刻意留下瑕疵吗？"武田胜赖打定主意，又向饭狭间发起总攻。

在武田方的浪人组和胜赖亲卫队的多重突击之下，饭狭间城终告陷落。织田方的守将饭狭间右卫门尉在本丸的仓库内被活捉，城兵 350 人加上信长后派来的助手武士 14 人全部战死。

由于山地间的据点全部丢失，织田信长父子只好后退到西面的浓尾平原上，筑起高野与小里两座城池，以池田恒兴与河尻秀隆为留守，封住东美浓通往平原的出口。而武田胜赖在完全制压东美浓之后，受织田家新筑的两城所扼，找不到向西展开武田骑兵的机会，只好在四月七日撤军返回了甲斐。

东美浓诸城的丢失没有对织田家在战略上造成实质性的影响，却让织田信长见识到武田胜赖作战力求完美、不能收发有度的器量，以及急进好战的性格。此时距武田信玄去世仅有一年。

武田胜赖画像

武田胜赖在战略上的失策还在于，他不去攻击最近的敌人德川家康，却先跑到东美浓来向信长炫耀武威。或许是因为家康在三方原的惨败，让胜赖以为德川家只是无能之辈。

然而在武田军退出远江、三河的时候，德川军却四处出击：平岩亲吉攻取武田方远江天方城，石川数正、久能宗能攻取可久轮城，酒井忠次攻取三河凤来寺城。武田家在三河、远江的领地次第丧失，以山家三方众之奥平、菅沼为首的豪族纷纷投入德川家的怀抱。

同年五月二日，武田胜赖率领 25000 人从甲府出发，南下包围了德川方的远江高天神城。德川家康认为这是与武田决战的极好时机，力邀信长前来助战。

六月十四日，织田信长与嫡子信忠一起从岐阜出发，十七日进入三河吉田城。然而到了十九日，却在进军途中收到高天神城守将小笠原氏助向武田开城投降的消息。信长对错失了决战的机会大感懊悔之余，为了表示对家康的歉意，派人用兵粮袋装上满满两大袋黄金送往滨松城。但是信长也判断武田军连续东西奔袭之后，已无力进攻坚城二俣城与滨松，必会返回甲斐休整，故也在吉田打转马头返回了岐阜。

无论是一向宗还是余威尚存的武田，都已经无法动摇织田信长对京都与畿内的控制。作为对织田信长实力的承认，这一年三月十八日，天皇任命他为从三位的参议，这是数百年来武士之中只有足利将军才能就任的高位。另外，朝廷特许织田信长前往奈良东大寺切取蘭奢待。

所谓“蘭奢待”，又名“黄热香”，乃是一种千年不朽的沉香木。据说是 800 多年前由东南亚传到日本，后于天平胜宝五年（753），由圣武天皇作为卢舍那佛的供奉之物而进献给奈良东大寺。繁写“蘭奢待”三字之中，隐含着“东大寺”之名。

该香木长约 156 厘米，最大直径 43 厘米，重 11.6 公斤，有日本第一名香之誉。历来被天皇特许能够切取蘭奢待的人，都是全日本的最有实力者。溯其历史，只有室町幕府最鼎盛时的三个将军足利义满、足利义教、足利义政切取过此香，织田信长则是第四人。这也表明天皇朝廷已经认可信长取代了室町幕府。

蘭奢待

三月二十三日，塙直政与筒井顺庆作为信长的使者，向奈良东大寺提出申请，转达信长希望切取蘭奢待之意，东大寺方面则回答称需要天皇的敕许。

三月二十六日，天皇颁下了准许织田信长切香的许可，由公卿日野辉资、飞鸟井大纳言作为使者带到了奈良东大寺。

二十七日，织田信长与塙直政、菅屋长赖、佐久间信盛、柴田胜家、丹羽长秀、蜂屋赖隆、荒木村重、武井夕庵、松井友闲等进入奈良附近的多闻山城。第二天，织田信行的遗子津田信澄作为信长的代表，前往东大寺，将蘭奢待运回多闻山城。

东大寺正仓院 （现由日本政府宫内厅之下专门的正仓院事务所管理）

蘭奢待的收藏点东大寺正仓院，是东大寺的仓库，也是珍藏了奈良时代以来众多宝物的皇家仓库。当天津田信澄除了搬来蘭奢待以外，又从寺方要来了另一根沉香木“红沉”。在多闻山城的大厅，当着家中诸将的面，织田信长按古制从蘭奢待上切下长约一寸八分的一块正方形，拿在手上向重臣宣示，豪言道：“今日，将成为乱世里的传奇！”随后，信长又在“红沉”上切下许多小块，分赐给众将。当天晚上，素来不敬神佛的信长参拜了奈良的八幡宫与东大寺大佛殿。

在织田信长之后，也只有三百年后的明治天皇后来又切取过蘭奢待。

第 37 章　长岛悲歌

随着一向宗暴动蔓延到整个越前，石山本愿寺的显如上人再也无法掩饰自己的喜悦。他在天正二年（1574）四月二日正式破弃以前的和议，向织田信长宣战。

摄津石山本愿寺、伊势长岛愿证寺以及越前，三个一向宗暴动中心组成互相呼应的铁三角，给周边的织田家领地造成了巨大的压力。而长岛的一向宗势力，更是刺进美浓尾张腹地的一把尖刀，若是长岛的僧众顺着木曾川而上，不多时便可直插岐阜。故而征服长岛，是织田信长的当务之急。

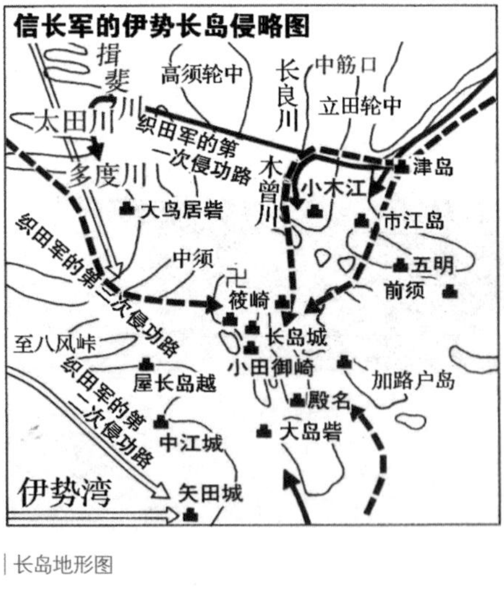

| 长岛地形图

早在消灭浅井与朝仓之后的 1573 年 9 月，信长便曾兵进北伊势，消灭了北伊势四十八家中信仰一向宗的几个家族，并修筑矢

田城，让泷川一益作为监视长岛的驻点。不过信长在 10 月 25 日返回美浓时，在多艺山中受到一向宗信徒的伏击。尽管信长最后安然到达岐阜，却损失了林秀贞之子、以“枪林”著称的青年勇将林通政。加上前几年战死的织田信兴、伊藤重晴、氏家直元，长岛一向宗长期以来让织田家损失惨重。

天正二年（1574）六月，织田信长发出征伐长岛一向宗的总动员，集结起的水军以伊势志摩的九鬼嘉隆、尾张佐治信方为首，陆路以织田信忠为首，泷川一益、柴田胜家、佐久间信盛、羽柴秀长（秀吉之弟）、森长可（森可成之子）、蜂屋赖隆等将参阵，总兵力 8 万人。而一向宗信徒，以长岛城为中心，分布在 14 座城砦里。

七月十三日，织田信长到达长岛东北的津岛。织田军兵分三路：佐久间信盛、柴田胜家、稻叶一铁、蜂屋赖隆占据长岛西岸的香取，威逼河对岸的松之木城；织田信忠率领织田一族的织田上野介信包、津田半左卫门秀成、津田又十郎长利、津田市介信成、津田孙十郎信次，以及梁田广正、森长可、池田恒兴等，由长岛以东的市江口向一之江砦、鲋浦砦、加路户城进攻，从正面对长岛城施压；织田信长自己由长岛东北的早尾口渡河进入五明岛，并以羽柴小一郎秀长、丹羽长秀、氏家直通、安藤守就、前田利家、津田信广等封锁东岸和北岸。

最开始，篠桥的一向宗试图进攻北岸的小木江，却被羽柴秀长与浅井新八两将击退；转而向东岸进攻又被丹羽长秀击退。

七月十四日，织田信忠连续攻取一之江砦、鲋浦砦、加路户城，进驻长岛东面的岛上。

七月十五日，九鬼水军、尾张水军与伊势的北田信雄军一起封锁了长岛南面的出海口，柴田胜家攻取西岸诸城。

2万多名信徒陆续退集到篠桥、大鸟居、屋长岛、中江、长岛五个城砦内。

此后织田信长以津田信广、津田信成、津田长利等包围篠桥，柴田胜家、稻叶一铁包围大鸟居，佐久间信盛带领近江众从陆路封锁屋长岛与中江，丹羽长秀、不破胜光直插入长岛与篠桥中间的押付城，将两岛分割开来，神户信孝与织田信雄以水军封锁长岛南方的大岛城。织田信长与信忠则进入西南的桑名城。

在织田军的铁炮轰击之下，大鸟居与篠桥的木墙、橹楼陆续被破坏，其间还伴随着不分昼夜的猛攻。无奈之下，两城陆续请求降服获得赦免，但是却被织田信长断然拒绝。多年来的损兵折将让信长无法就此轻易放过这些信徒。

八月二日夜里突然出现大风雨，绝望的守军乘机从大鸟居逃出，随即便遭到了织田军的追击，1000 多名男女当晚丧生在织田军的屠刀之下。

八月十二日，信长特许篠桥的守军退往长岛本城，但紧跟着又跟着围了上去。接下来又是长达半个多月的围城战。

从战斗开始的七月十三日到九月底，两个半月里，长岛、屋长岛、中江三城的僧徒百姓饿死了近一半。

九月二十九日，长岛城的守军向织田信长开城投降，这一次终于得到了信长的许可。不过当饥寒交迫的人们坐着小船从城砦中划出来的时候，却遭到织田军的铁炮攒射，逃到陆地上的也被蜂拥而来的织田军乱刀砍死，只有极少数人跳入河中逃得性命。

有七八百名被信长的背信弃义所激怒的百姓，转头向北，赤手空拳地突入织田家同族一门众的阵地，一面抢夺织田军的武器，一面用拳头进行搏斗，竟然一举把由篠桥过来的津田信广部突破。在混乱中织田信长的庶兄津田信广、弟弟津田秀成、叔父津田信次以及堂兄弟津田信成、津田信昌、津田仙千代全部战死（织田家的庶家，后来都逐渐改姓为津田）。加上前几年战死的织田信兴，织田信长在长岛一共失去了七位亲人：包括一个叔父、三个兄弟、三个堂兄弟。另外，信长的妹夫、尾张水军头领佐治信方在船头被长岛城内的铁炮狙杀，平手政秀最后一个儿子平手久秀也在乱军中阵亡。这群抱着必死之心进行最后死斗的农民兄弟，在打散津田队之后，竟然从织田军北面突出一个缺口，越过平野、游过大河、逃入北面的多艺山中，继而翻山越岭，成功回到了石山本愿寺。

目瞪口呆地望着这群勇士远遁，没过多久织田信长回过神来，再度下令对长岛城合围，并发起了最后的总攻。

在长岛城下的愿证寺拜殿周围，近 5 万名男女老少被织田军用木栅围住，随着信长的一声令下，便只见无数火把火箭飞入栅内，哀号着逃到栅边的人也被织田军用长枪刺死，5 万人就这样被活活虐杀。随后织田信长又用同样的手段将中江、屋长岛两砦的 2 万名僧徒百姓烧死。一度拥有 10 万信众的佛教圣地伊势长岛就此灰飞烟灭。而长岛一向宗的总指挥、本愿寺坊官下间赖旦、下间赖盛则被信长枭下首级，送到京都的狱门示众。战后，泷川一益被任命为新的长岛城主。

后世重建的长岛愿证寺

对于自私自利的豪族领主，织田信长常常以欺诈与恐吓就可以将他们消灭。但是把同样的手段用到乱世中一无所有的人民身上，则遭到了广大人民以死相拼的报复。作为一个封建统治者，织田信长从未发现也根本无法正视人民力量的伟大，他对长岛民众的虐杀，正是因为被百姓临死前迸发出来的超强求生力量所震骇，进而由这种恐惧而产生了报复性的癫狂。10 万条生命的消失，也给信长的人生打上了一个烙印，从此他无法再以常人的心态存在于这个世间，只能一边毁灭着旧秩序，一边毁灭着自己。随着信长的事业逐步走向辉煌，他的人性离魔鬼也越来越近了。

第 38 章 决战前夜

镇压长岛一向宗之后不久，便进入了天正三年（1575），按照往年的惯例，织田信长通常会在年初巡视近江、京都。这一年的三月三日，他住进了京都的相国寺。

在信长的眼里，或许京都只是天皇之都，而不是武士之都。所以自从平定足利义昭以后，为了表示自己并非天皇的臣子，织田信长停止了在京都的府邸建设工程，每次来回，只寄宿于有名的寺庙之中。

这一年信长在京都发布德政令，施恩于那些贫困潦倒的公卿们。所谓“德政令”，便是将公卿武士卖掉或抵押的土地无偿返还，对他们的债权债务进行减免的圆滑处理，这也是极为有力的树立私恩、收买人心之举措。信长的以上行为，使自室町幕府建立以来便在不断削弱的天皇皇权更加弱化，京都逐渐只成为一个徒具象征性的首都。而这种影响，一直延续到了三百年后的明治维新时代。

三月十六日，织田信长会见了一个他所意料不到的人物——战死在桶狭间的今川义元之嫡子今川氏真。

今川义元死后，今川家在氏真祖母寿桂尼的辅佐下一度重振声威。但是永禄十一年（1568）寿桂尼去世，悲剧就无可逆转了。由于今川氏真亲近群小、荒怠政务，终于止不住群臣离心、家内分裂，并于永禄十一年年底被武田信玄攻破了居城骏府城。氏真的正室是关东霸主北条氏康的女儿早川殿，故而在北条军的援助下，今川家一度恢复势力，并与武田又抗衡了两年。

元龟二年（1571）北条氏康去世，继任的北条氏政就改变战略，重新与武田家订立了同盟，抛弃了今川家。在武田的上京攻略中，今川氏真失去最后的领地，逃到远江受昔日臣子德川家康的保护。

这样一个政治上的无能人物，在文化上却有着罕见的天赋。今川氏真对于诸种风雅之道：和歌、连歌、蹴鞠、剑术样样精通。今川氏真的和歌师从于权大纳言冷泉为和，被后来的后水尾天皇（1596—1680）列入《古今和歌集》之外的“三十六歌仙”之一。他的剑术，师从于香取神道的剑圣冢原卜传。今川氏真的蹴鞠，则是拜公卿飞鸟井雅纲为师，得到了飞鸟井流脚法的真传。后世的松平定信在随笔《闲见集》中曾提道：“足利义政的茶道、大内义隆的学问、今川氏真的和歌，可以并称武家文化之三绝。”讽刺的是，这三个人，同样都是溺于娱乐而导致国运衰败的暗弱之主。

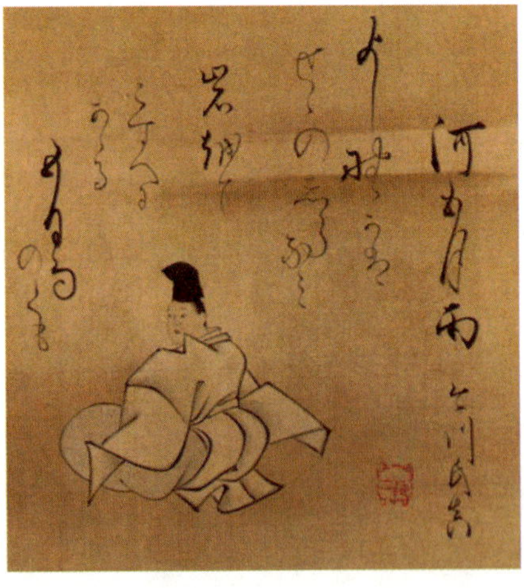

今川氏真画像

此次今川氏真上京，冠冕堂皇

的理由是作为家康的使者，希望信长出兵相助讨伐武田。背地里，氏真的私人目的却是因为蹴鞠师父飞鸟井雅纲前几年已经去世，他害怕自己所学的飞鸟井流脚法有所遗漏，故而特地上京，来向飞鸟井之新宗主飞鸟井雅教讨教。为了得到信长的许可，今川氏真还献上了名花瓶“百端帆”和两具香炉“千鸟”与“宗祇”，这全都是信长最为喜爱的茶道用具。

最后织田信长收下了最为贵重的百端帆与千鸟香炉，将外观与名气都次一等的宗祇还给今川氏真自用。

三月二十日，织田信长特地请来飞鸟井雅教、雅敦父子以及众多公卿，在相国寺内为今川氏真举办了一次专场蹴鞠大会，参会的公卿人数之多，足以让今川氏真喜出望外。就这样，在今川义元战死后的第十五年，今川氏真以自己的方式实现了今川家的上京之宏愿。

四月六日，织田信长从京都南下到河内住吉。美浓、近江、若狭、尾张、伊势、丹后、丹波、播磨的各地武士随后齐集该地，总人数超过 10 万人。

不久前，一些赞岐武士刚刚渡海过来，作为高屋城三好康长的后援，在堺町附近的新堀挖起壕沟，构筑阵地，这便是此番信长攻击的目标。信长的另一个目的，则是向石山本愿寺炫耀兵威。

四月十九日夜，织田军埋下稻草、填平壕沟，向三好方的城砦射出火箭，随后一正一奇两路大军分别突入城中，一举将新堀攻落。三好方包括大将十河因幡守与香西越后守在内的最后 170 名武士全部战死。得到败报之后，高屋城的三好康长立刻献上茶器向信长投降。这是有记载的三好家在畿内与织田信长的最后对抗。

四月二十八日，织田信长回到了岐阜，紧接着于五月十三日和嫡子织田信忠一起领兵南下尾张参拜了热田神宫， 十四日出阵三河，迎接他已筹谋多时的和武田家的决战。

四月十二日，是武田信玄去世的第三个年头。这一天，武田家内举行了盛大的佛事，周边诸国由此也觉察到武田家即将展开大规模的军事行动了。武田胜赖的首要目标，无疑是山家三方众之一、前一年八月从自己旗下投靠德川家的奥平美作守贞能、奥平九八郎贞昌父子，他们被德川家康任命为三河北部的

武田家的诹访法性军旗

长篠城主。

五月初，武田胜赖尽起甲斐、信浓、西上野之兵15000人，先由甲斐前往信浓诹访进行战前的祈愿。他本名诹访胜赖，是武田信玄的第四子、信浓诹访家的继承人。武田信玄的长子武田义信因反对信玄展开骏河侵攻而谋反，最后被信玄幽闭，在蛰居中死去。信玄临终前，立诹访胜赖的嫡子太郎信胜为武田家的继承人，并命令胜赖改回武田姓，在信胜成年之前代为处理家政。武田胜赖由此成为武田家实际上的主君。

位于诹访的第一神社诹访大社，也可以说是武田胜赖从小到大的守护神社。另外武田信玄被称作是诹访大明神的转生，并以诹访神号作为自己的军旗。

当武田胜赖一行参拜完神社下山之时，诹访神社的鸟居（社门）屋檐却突然崩塌了一角。继续前进途中，路上的一座板桥又无故塌陷，三四名杂兵落水淹死。以上征兆，使得战争未开始，武田军内就已埋下了不祥的预感。

武田军包围了长篠城之后，城内仅有500名守军，城主奥平贞昌派出家臣鸟居强右卫门向滨松城的德川家康求援。德川家康又向织田信长求救，由此引来了织田军的东进。

但是鸟居强右卫门回城报信时，却在五月十六日早上被武田军抓住。武田胜赖得知织田与德川联军即将到来，更加急于抢先攻下长篠，于是便劝诱鸟居强右卫门：“只要你告诉城内援军不会来，城池陷落后所有守军的性命便可以保全。”强右卫门答应了胜赖的要求。然而当他被架到长篠城对河的西岸之际，竭尽全力对着城头大声喊道：“援军不日即将到来，请诸君努力！”他的声音大大鼓舞了守城军的士气，但这位义士也当场被武田军乱枪刺死。

长篠城的死守，为织田—德川联军赢得了准备决战的最宝贵时间。

第39章 烽火长篠

五月十八日，织田军3万人与德川军8000人到达长篠西南面的设乐原布阵。

在设乐原，织田军挖下了深壕，在壕边竖起拒马栅，同时还调集了3000挺铁炮。佐佐成政、前田利家、野野村正成、福富秀胜、塙直政作为铁炮奉行指挥铁炮队。

武田家在甲斐和信浓有着面积广大、水草丰茂的牧场，以此为基础，组建了战国最强大的骑兵军团，其中最有名的就是山县昌景身着红盔红甲的“赤备”军团。对上杉的五次川中岛合战、与对北条的三增岭合战，以及三年前的三方原大战，早已让武田的骑兵名震天下。这一次织田信长的战前准备，便是专门针对武田骑兵。

听闻织田信长亲自到来之后，武田四名臣中的山县昌景、马场信房、内藤昌丰一起劝武田胜赖撤退。而武田胜赖却不顾兵力悬殊，执意要和织田—德川联军进行决战。为此，胜赖留下3000人继续围困长篠城，自己率领12000人西向前往设乐原。山县、马场等百名战将此时已经有了战死的觉悟，在决战的前夜聚集到一起，饮下了告别酒。

五月二十日，织田信长齐集织田、德川两家武将召开了军事会议。当时德川家首席重臣酒井忠次首先提议道：“武田军不到两万人，且仅留下数千围攻长篠，若是我方今夜以别动队，绕道东南方的鸢巢山，突向长篠城，击破武田军后方之后，胜赖的本军也会不战自破。”

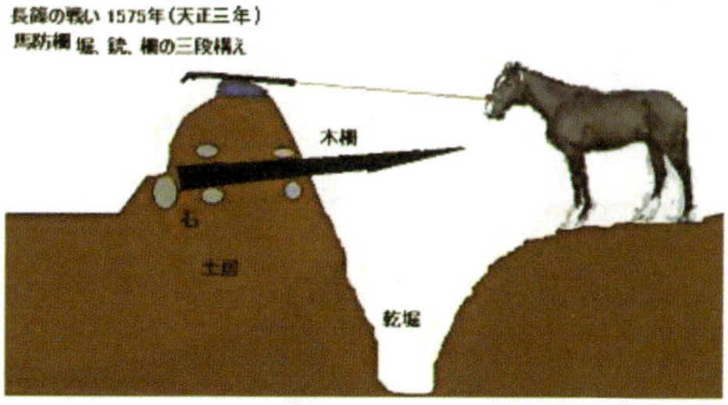

织田—德川联军的阵地横断面示意图

织田信长闻言重拍桌案，对酒井忠次横眉吼道：“现在是我和家康公一起议事，两位大将都还没有表述自己的意见，你却抢先拿这种没用的计策来邀功，成何体统！”酒井忠次顿时面红耳赤，退到一旁。但是等到军议散会之后，信长却又把酒井忠次独自召来，并安慰他：“你的计策确实最好，刚才我故意掩饰意图，是怕计划被军中的间谍提前泄露给敌人。”

当天晚上，酒井忠次带领德川军1000人以及织田信长派给的铁炮500挺，金森长近、佐藤六左卫门等为首的马回众2000人，合计3000人，从南面的深山迂回，直插到长篠城边鸢巢山的后方。

以鸢巢山砦为中心，武田用于包围监视长篠城的还有四座支砦：中山砦、久间山砦、姥怀砦、君伏砦。

五月二十一日拂晓，一阵铁炮声将长篠城下武田军从睡梦中惊醒，还未等他们反应过来，酒井忠次队便向鸢巢山砦发起了奇袭。长篠城的守军闻声也从城内杀出，鸢巢山五砦随后陆续被攻落。武田方攻城的主将武田兵库助信实（河洼信实）以及三枝守友、五味贞成、和田业繁、名和宗安、饭尾助友等武将全部战死。剩下的败兵向西逃窜，越过丰川准备前去与武田胜赖的本军会合，结果将武田军沿路的阵地全被冲乱。在酒井忠次与长篠城兵的穷追猛打之下，武田方守在丰川西岸有海村的高坂昌澄也在乱军之中战死，他是武田四名臣之一，此刻正镇守着北信浓海津城的高坂昌信之嫡子。酒井忠次继续向前追击，最后被武田方的小山田昌行扼制。

对于后方的防守，武田军事前并不是很在意。织田军迂回偷袭鸢巢山的战法，和第四次川中岛大战时，武田信玄以别动队前往妻女山驱赶上杉谦信本阵下山决战的“啄木鸟战法”极为相似。当时上杉谦信却看破了对手的计策，在武田军发动偷袭之前就抢先下山，直接攻击了武田信玄的本阵，信玄本人也差点命丧在上杉谦信的刀下。因而长篠这一战，武田军也对于敌方采用类似的“啄木鸟战法”或已有心理准备。在武田胜赖看来，只要抢先把织田—德川的联军主力突破，就能决定胜负了。

决战之前，马场信房又向武田胜赖劝谏：敌人兵力占有绝对优势，却筑起长围只守不攻，现在唯有撤兵回甲斐才是上策。然而武田胜赖的近臣长坂钓闲斋光坚却斥责道：“就是因为你们攻城不利，在长篠城下折损了近千人，若是

长篠合战对阵图

早早攻落此城，屋形大人便可以坚城为阵地，让我与山县、内藤为先锋，与敌军游斗。织田家五畿内之兵大半在于此地，时间一长，粮草接济不上，必会败走。现在形势至此，你们只有以一战挽回甲洲武士的名誉！”另一个近臣迹部胜资也应声附和，当下便把马场信房等重臣呛得无话可说。

五月二十一日，武田军正式列阵在防马栅前，此时织田一德川联军沿着防马栅分成了 23 段，武田军相应的也分成了四组：

马场美浓守信房与一条信龙、真田信纲、真田昌辉、土屋昌次五队成一组，向大宫前的佐久间信盛、羽柴秀吉、明智光秀队进攻。

内藤修理亮昌丰、武田逍遥轩信廉原隼人昌胤两人一队、和田左卫门尉五味高重两人一队、永根雅乐助松本兵部两人一队、安中左近，以上五队成一组从柳田攻击泷川一益、蒲生赋秀、丹羽长秀。

山县三郎兵卫昌景、武田左马助信丰、小幡信贞小幡信秀、甘利信康小笠原信岭松冈三河守成一队、小山田信茂迹部胜资成一队，五队合一组攻击正乐寺前的德川军大久保忠世、忠佐兄弟及松平周防守。武田胜赖与同族望月信永等旗本武士坐镇后方。

而织田一德川联军除了布置在防马栅后面的以上武将外，几个大将各自在后方的山头立下本阵：织田信长立阵于北侧川上山，织田信忠立阵于中间的新御堂山，德川家康立阵于南侧的弹正山。

第40章　决战风林火山

“其疾如风，其徐如林，侵略如火，不动如山”，武田家军旗上的“四如”真言取自《孙子兵法》，也正是武田军赤备铁骑以火焰般的英姿驰骋战场、进退如风的写照。

天正三年（1575）五月二十一日黎明，在织田—德川联军的铁炮轰鸣声中，武田骑兵开始了冲锋。

武田军的军制是家老或侍大将、足轻大将带领一组部队。一队通常为200—500名武士，其中有50—300名骑兵，其余为手持长枪、弓箭、铁炮的徒步武士，另外跟在每一队后面的农民杂兵，则是武士人数的2—3倍。对于防马栅，武田军无法先派步卒上前，只能是集中各队的骑马武士，先行扫荡栅后的铁炮队。

但是武田军的进攻，也并非如一般人想象的那般，直接对着防马栅进行自杀性的冲击，如若前方没有敌兵骚扰，他们当然会绕到防马栅的两侧直接突入栅后。所以织田与德川的战术，需要出动部分兵力，且战且退把武田骑兵引到防马栅正面的铁炮射程之内。担当这个任务的，是除了3000名铁炮手之外的几乎所有兵力。由此从一开始，便注定了这场战斗的惨烈。

武田方首先是马场美浓守信房以700人从防马栅最北侧的闲防山脚向前突击，准备抢先绕到侧面。织田方的佐久间信盛见状急忙率领所部5000余人冲出栅外，立军于一座名为“丸山”的小丘之上。马场信房随即便把700人分成350人的两组，从左右两个侧面向佐久间信盛所在的山头突击，一举把佐久间赶下山头。佐久间信盛一怒之下继续冲上前死斗，结果被马场信房的骑兵从上自下的突击冲成四五段，最后狼狈逃入栅内。

中段的泷川一益，也冲出防马栅诱敌，遭到内藤昌丰部从柳田方向的攻击，在损失了四五十人之后，泷川一益佯败逃入栅内，但是内藤昌丰根本不上前追击，一到铁炮的射程之内便向后退出战圈。与泷川一益相邻的德川方小栗大六郎、浅井六之介、麻生次郎左卫门等将见状又冲出栅外，拖住内藤昌丰部死斗。

织田信长从川上山顶看到佐久间与泷川溃不成军，迅速派出不破光治与山冈景隆作为监军上前，协助两军重组。

在战场最南侧的德川军防守段，大久保忠世与大久保忠佐两兄弟带着6000人一直前进到了离防马栅一町之地（1町≈110米）诱敌，而当时一般铁炮的射程只有90米左右。所以武田方的山县昌景毫不犹豫地将1500人摆成锋矢状，向大久保队进行猛突，把大久保的6000人打得四散奔逃之后，山县昌景又以敌方的溃军为掩护，一直向前突入了德川方的防马栅之中。但是在冲锋过程中，山县骑兵还是遭到了铁炮的快速射击。

这一战织田与德川两军的铁炮队应用了织田信长发明的新战法“三段击”，所谓三段击，便是一人射击的同时，另外两人装填火药，点燃火绳，射击完毕即换上第二把、第三把点燃的铁炮，大大提高了同一时间内的射击次数。尽管这个战法在西方与中国看来都很常见，但在当时的日本却是首创。由于遭受三段击的打击，山县昌景队在冲入防马栅的过程中，1500人迅速损失了600多人，剩下的800余人中也有200多人受了重伤。与此同时，在弹正山德川家康的指挥下，逃入栅内的大久保兄弟与其余德川军陆续又向山县昌景围了上去。

接下来，山县昌景又进行了13度冲锋，他旗下的战力也减员至300人，山县昌景本人的铠袖被打碎、胸前的胸板留下17处弹痕，由于铁片极厚，故而尚未受致命伤。但是眼看手下郎党皆已疲惫不堪，山县昌景还是决定撤退。当山县一马当先冲到防马栅出口处时，守在两边的铁炮手一看到对方是戴着红色角切折敷前立盔的大将，立刻抬枪射击，随着子弹从腰间胁下穿过，血浪溅出，武田家的赤备大将重重地倒在了马下。紧接

|山县三郎兵卫昌景画像

着德川家的杂兵们一拥而上，取下了山县昌景的首级。少时之后，山县昌景属下的猛士志村又右卫门赶来，持枪驱散了德川方士兵，却已无法找到主君的首级，只好满含着热泪，抢起被踩踏在地上的山县旗印，与剩下的战友一起退出栅外。

当德川军的大久保忠世举起山县昌景的首级，高叫道：“敌将山县三郎兵卫，讨取！”的时候，整个战场都沸腾了。大久保兄弟乘胜又冲出栅外。

首席猛将的战死，令武田方陷入惊怒之中，小山田信茂、迹部胜资、小幡信贞、望月信永、甘利信康等队陆续冲上前去死斗，大久保兄弟边战边退，把武田军各队一一引进了铁炮射程，当他们从防马栅侧面撤入栅中之际，防马栅后枪声大作，冲到栅前的武田骑兵在弹雨之中纷纷倒落马下。武田胜赖本阵的前备望月甚八郎信永，急于上前抢回山县的尸首，不顾一切地冲入了栅内，最后在离山县昌景的阵亡处不远的地方被铁炮打死。

此时在战场的中段，以内藤昌丰为首的五队已经与织田军激战六度，织田军屡战屡败，战场上只剩下铁炮断断续续的轰鸣声。内藤昌丰见状大声挑衅道：“从上方来的大军，难道除了铁炮之外，就不会用其他方式作战了吗？有本事的就离开那些破栅栏，见识一下天下闻名的武田军军锋！”

泷川一益与羽柴秀吉闻言之下再也按捺不住，率领7000人又冲出防马栅，早已准备多时的内藤昌丰军扇一指，身后的骑兵如浪涛般扑出，将立阵未稳的泷川与羽柴两军一举打散，跟着追入了防马栅内。溃逃之中，泷川一益的金三团子马印都被武田军抢去。但是织田信长在这一段布下了三层防马栅，第二层与第三层之间是一片泥田，当内藤昌丰与原昌胤、安中忠政下马越过泥田时，第三层防马栅后火蛇乱舞，三人陆续倒在了弹雨之中。

内藤修理亮昌丰画像

在战场的北段，马场信房也已突入第一层防马栅，继而又向第二层发起冲锋，此时织田信长急命明智光秀与森长可支援佐久间信盛，在第二层防马栅后方的织田军超过 1 万人。但是马场信房仍然以剩下的 600 余人发起十余次冲锋，终将第二层栅攻破，此时他身边只剩下 200 多人。当他们继续向前时，织田军已不敢近身交战，只是不停地射出铁炮，还未到第三层栅，马场信房队就只剩下 80 人，而且大多伤痕累累。在此情况下，马场队仍然向第三层栅进行必死的冲锋。但是在第二层与第三层栅之间，这支队伍遭到了从两边集结起来的明智光秀部的攻击。冲在最前方的是北信浓户石城主真田信纲与兄弟真田昌辉，这兄弟二人在与追上来的织田军武士搏斗时，被铁炮手瞅准空隙开枪打死，马场旗下另一名勇将土屋昌次不久之后也中弹身亡。但织田军摆在第三层栅前方的前田利家、野野村正成两支铁炮队也被马场信房冲散。

马场美浓守信房画像

马场美浓守信房，历仕武田家三代 40 年，参战 70 余度却不曾受一处伤，后世称之为“不死的鬼美浓”。本来因为山县昌景与内藤昌丰两位战友的战死，才激起他自杀式地向前突击，但是身旁众多部下战死在眼前，已让他意识到这一战极有可能变成一场令武田军全军覆没的悲剧。猛然之间马场信房冷静下来，带着剩下的 70 余人向后方退走，他要守护住武田胜赖安然撤退。

随着山县昌景、内藤昌丰两军的败没，中段与南段的织田军与德川军陆陆续续地向武田胜赖的本阵进行反击，冲在最前的是德川家康雪藏的两支精兵神原康政队与本多忠胜队。

由于受到全面战败情绪的影响，武田胜赖的本阵已经立不住阵脚，旗下的士兵纷纷逃散。混乱之中马场信房及时赶回，他一面催促武田胜赖逃走，一面接替胜赖指挥剩下的 400 名旗本武士进行掩护。目送胜赖远遁之后，马场信房带着残兵又返回战场。最后这位名将跃马驰到一座小丘顶端，看准敌军最为密集之处，高喊着自己的名字奋力冲下，走完了人生的最后一程。

长筱合战从早到晚激战持续的时间，长达八个小时之久。战后统计，织田与德川联军伤亡人数超过 6000 人，武田方的阵亡人数则达到 12000 人，堪称日本战国时代死伤人数最大的一场战斗。这场战争，是武田家统治体系崩溃的开始。为何这样说，首先要从武田信玄的领国支配及用人体系谈起。

武田信玄之前的武田家，仅领有甲斐一国，后来武田信玄穷其一生，用 20 多年的征战将领土扩张至拥有整个甲斐、信浓、骏河及飞驒、上野、远江、越中的一部。作为一个门第悠久、枝繁叶茂的古老武士家族，武田家有许多的异姓庶家及世代侍奉武田家的谱代重臣家族，先前阵亡的马场、山县、内藤皆是武田谱代重臣之首。

对于甲斐之外新征服的领国，武田家的统治政策是：派驻军政能力突出的谱代重臣或同族担任该国的方面军团长，统合当地国人豪族组成的“先方众”。马场信房是信浓牧岛城主，负责西北信浓与越中的军政；山县昌景是骏河江尻城主，负责骏河与远江两国；内藤昌丰是上野箕轮城主，负责武田家领有的西上野。另外大的方面军团长还有负责北信浓的高坂昌信与负责南信浓的秋山信友。这五大方面指挥官，相当于中国现代的军区司令或是省长。而所谓的“先方众”，则是由本地国人组成的先锋部队，表现突出的，会被武田家视作直系的谱代众臣看待，如信浓户石城的真田氏作为信州先方众，便被武田家给予等同于谱代重臣的待遇。

高坂弹正忠昌信画像

“甲斐国的武田主家 + 武田同族 + 谱代重臣”，“他国的方面军团长 + 先方众”，这种支配体系，使得武田军具有极强的凝聚力和战斗力。终武田信玄之世，武田家中几乎没有临阵倒戈者，且常常能以 1 万到 2 万的动员力，打败敌国 3 万到 4 万的大军。

在长筱合战中阵亡的山县昌景、马场信房、内藤昌丰，正是维系武田家军事和统治体系的灵魂人物。同时战死的以真田信纲、真田昌辉为首的众多他国先方众，也是武田旗下的豪族中最为忠实善战之人。这些核心家臣的战死，使得武田家的统治体系使去了中坚支柱，最终的结果就是领国越大、崩塌得越快。在战争造就的既成事实面前，武田胜赖的性格能力优劣显得就很是次要了。

武田四名臣中剩下最后一个高坂昌信，在接下来三年里，为了振兴武田家而耗尽心血，先是帮助胜赖与上杉谦信结盟，接着又为胜赖迎来相模北条氏政的妹妹做妻子。在主家初安之后，高坂昌信却因劳累过度，于天正六年（1578）五月七日去世。

相对于武田家的强大凝聚力和百战雄师，织田信长旗下的部队只能称得上是一群乌合之众。最多只是伊势的北田信雄与神户信孝、泷川一益，以及羽柴秀吉与当地的国人结成了稳定的上下关系，其他的摄津、和田、近江、山城、美浓、尾张众多豪族，都是不分上下的平行关系，区别只有实力大小而已。由此必然导致作战时的士气高低、进退调度速率都有所不同，较精锐的部队，只有织田信长那数千马回众。

织田军号称 3 万之众，但却屡屡被人数极少的武田军击溃。反是德川家康的旗下，由于建立了较强的谱代主从关系，加上三河武士的坚忍善战，表现出比织田军更强的战斗力。尽管如此，但是造成长篠之战结果的根本原因却不是人数多少和战力高低，而是设乐原正面的“防马栅 + 铁炮”战术。这两个战术单独来说在战国时代都不算新颖，不过利用河边的沼泽地形组合在一起，就成为克制骑兵最厉害的武器。加上织田军的 2 万多乌合之众不断上前诱敌，最终使得战国最强的武田骑兵几乎全军覆没。从这个角度上说，织田信长的战术嗅觉与创新能力，远远超过了他同时代的对手。

秋山伯耆守信友画像

长筱合战之后，织田信长回师美浓，不久又派织田信忠领兵包围了秋山信友驻守的东美浓岩村城。经过长达五个多月的守城战，秋山信友迟迟等不来甲斐的援军，最后只好提议开城投降，得到了织田信长的许可。但是，岩村城在十一月二十一日开城之后，织田信长却背弃承诺，将数度给他带来麻烦和羞辱的秋山信友处以磔刑（男性绑在キ字架上，女性绑在十字架上，进行串刺）。事前曾有织田同族之人为光泽夫人求情，而织田信长却无法原谅这个姑母既献出坊丸与岩村城，又委身下嫁秋山信友给织田家带来的打击与羞辱。最后光泽夫人和远山家族都遭到连坐，与秋山信友一起被处死。

第 41 章　越前平定

天正三年（1575）五月二十五日，织田信长自三河凯旋回到岐阜。一个月之后的六月二十六日，他又从岐阜出发前往京都。

这一次的上京，主要是为了向天皇报告战胜武田家之事。七月三日，在天皇宫中的清凉殿举行了一场蹴鞠大会，织田信长和部分重臣受邀列席。

蹴鞠之后，天皇赐给信长御酒，又要给他加升官位，但却被信长谢绝。天皇无奈之下，只好给信长的几个随从加官，以僧人之法体行事的松井友闲被封以宫内卿法印、武井夕庵被封以二位法印，另外明智光秀获赐“惟任”之姓氏与“日向守”的官职，梁田广正获赐“别喜”的姓氏与“右近将监”的官职，塙直政获得“原田”姓，丹羽长秀获得“惟住”之姓。惟任、别喜、原田、惟住都是日本古代名门之姓，但是这四个人之中，只有“惟任日向守”作为明智光秀的别名、“原田直政”作为塙直政的新名字，成为后世惯用的叫法。

在京都，织田信长还受到一些邻国领主的参见，其中较有名的是东播磨三木城主别所长治。播磨是摄津西邻的大国，其主人原是室町幕府“四职”之一的赤松氏，别所家是赤松家的同族、东播磨最大的领主。别所长治前来参见，可以说也拉开了织田家向西扩张的序幕。

不过这一年信长接下来的目标并非西国，而是越前的一向一揆。经过一年半的封闭发酵，越前原来的朝仓旗下豪族势力在内斗与一向宗的浪潮中逐渐湮没。

作乱的富田长繁联合一向宗谋杀桂田长俊之后，又把矛头对了另一个前朝仓重臣鱼住景固，这个鱼住景固也像桂田长俊一样得了眼疾成为瞎子，于桂田长俊死后四天被富田长繁召到府中城谋杀，不久富田又带着一向宗攻破了鱼住的居城鸟羽野城。

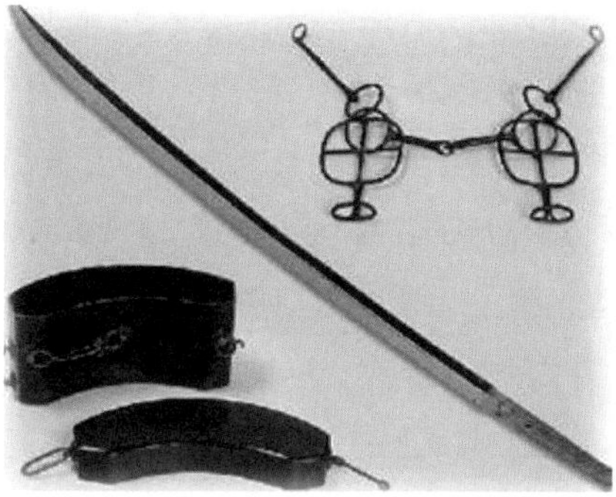

一向宗徒作战时用的刀剑、马嚼与饭盒

天正二年四月，一向宗攻落越前沟江城，城主沟江长逸一族全部自杀。

四月十四日，大野郡司土桥信镜（朝仓景镜）联合平泉寺一起向一向宗挑起决战。但是土桥旗下有部分兵士战前已与一向宗内通，决战时潜入平泉寺放火，最后土桥与平泉联军全面溃退，土桥信镜被包围后不堪囚辱而选择了自杀，平泉寺则在一向宗徒放起的大火中被烧为灰烬。

五月，一向宗攻击了越前织田城主朝仓景纲，一场奋战之后，朝仓景纲乘夜舍弃家臣和城池，与妻子一同逃往织田家辖下的敦贺。

除了富田长繁与安居景健之外，其余的朝仓旧家臣几乎全部被一向宗所消灭。

此后越前由一向宗的大坊官下间赖照与富田长繁共同统治。然而掌权后的富田长繁也像桂田长俊一样横征暴敛，同样为了争夺越前的统治权而开始与一向宗对抗。到天正三年（1575），更是演变成武力冲突。

最开始富田长繁心腹增井甚内之助所守的片山城与毛屋猪介所守的土佐城相继遭到一向宗的进攻。二月十八日，富田长繁联合石山本愿寺的对立宗派专修寺派武僧与本愿寺军交战。但在战斗空隙富田长繁却被家臣小林吉隆从背后用铁炮打死。此后，越前就成了一个真正的一向宗王国。不过在一向宗的压制下，越前的天台宗、真言宗、专修寺派的反抗斗争此起彼落，给织田军提供了进军的空隙。

天正三年八月十二日，织田信长动员起旗下各国 12 万军力向越前进军。五月十四日，信长率兵进入敦贺，相对应的越前一向宗大坊官下间赖照也向全越前的僧徒发起总动员令，但是由于其他宗派的反抗牵制了大量兵力，最后下间赖照仅集结起两万人。

八月十五日，织田军对越前杉津城发起总攻。守城的乃是大盐圆强寺僧徒与原朝仓家臣堀江景忠。面对织田的大军，堀江景忠与属下森田三左卫门、堺图书助临战倒戈，为织田军打开了城门。随后城内僧徒全部遭到杀害。

木芽岭上的木芽岭城，是敦贺通往越前府中盆地的要害，由一向宗石田西光寺与和田本觉寺的僧兵把守。面对织田军的浩大声势，这些佛祖的使者也无法战胜自己的恐惧之心，纷纷逃走，不久城池即被织田军攻落。

后方的虎杖城由本愿寺派驻的足羽郡司下间赖俊镇守，闻知木芽岭城陷落之后，织田军还未攻来，下间赖俊就率先弃城逃亡。

钵伏城的守将阿波贺三郎、阿波贺与三兄弟在被织田军包围之后，请求以自己切腹为条件，换取城兵的性命，得到了信长的许可。但是在这兄弟两人自杀之后，信长命令丹羽长秀部对钵伏城进行了屠城，专修寺的首领贤会和尚也死于此役之中。此后大坊官下间赖照与府中郡司七里赖周各自丢弃所守的火里城与今城，逃往越前的北邻加贺。

记载前田利家于第二年（1576）将1000多名新搜出的一向宗信徒处以磔刑和火刑的瓦当

织田信长在攻克若林长门守所守的河野城与三宅权之丞所守的龙门寺城之后，再次进驻越前龙门寺。在这里，信长下令各部将在全越前范围内搜索逃亡的一向宗僧众。当时，织田信长严令道：“搜遍深山密林，不论男女，一律斩首！”逃到海上的僧徒，也受到若狭与丹后豪族的水军截击。下间赖照眼看海路被封锁，转而去寻求高田专修寺派的庇护，结果专修寺派僧徒反将他杀死，送到信长处以换取寺庙的安全。从八月十五日到八月十八日，陆陆续续丧生在织田军刀下的僧徒与男女百姓据统计有12250人，另外有3万到4万人被作为奴隶卖到尾张与美浓，而且追击行动一直持续到了第二年。以安居景健为首，只要是与一向宗稍有来往的朝仓旧臣，全部遭到了织田军的讨伐。

平定越前的一向宗之后，织田军乘势攻入了加贺的能美、江沼两郡，在两郡内筑起桧屋城与大圣寺城，并以梁田广正、佐佐权左卫门及堀江景忠等人配置于两城，作为进攻加贺的基地。

战后织田信长将越前加贺八郡 75 万石的领地封给了柴田胜家，以其为越前守护，扩建北之庄城作为居城。另外，越前大野郡的 5 万石领地，有 3 万石被分给金森长近、2 万石分给原长赖，此二人作为柴田胜家的部下。另外越前府中两郡 10 万石被封给了前田利家、佐佐成政、不破光治，据说是以每人 33333 石进行平均分配，这三人作为柴田胜家的副将，负责对胜家进行辅佐与监视，此后便号称“府中三人众”。

随着以柴田胜家为大将，府中三人众为辅佐，金森长近、原长赖及加贺梁田广正、佐佐权左卫门为部下的越前新统治结构形成，标志着织田信长旗下北陆军团的诞生。

对于柴田胜家在越前的统治，织田信长临行前还定下九条法度进行限制：

·越前国中不得乱征不当的税赋，如因急用要进行临时征税，须先得到信长的许可。

·对待越前国内武士应真诚积极，对新领地的分配应严密谨慎。

·处理国内纠纷以公正为原则，不得偏颇，如有难断之事，可交由信长进行最后裁夺。

·被侵占的公卿领地，按照应仁之乱以前的状态重新归还，必要所需时可以盖上信长的朱印状。

·领内的所有关卡全面废止。

·（柴田胜家）既被封以大国，就需日理万端，不可疏忽大意，时刻保持武备，武器、军粮要保持五年十年的储备，不可接近宠童，不可耽于享乐、逸游、珍宝。

·不可进行放鹰，如是因为要探查地形便可例外，子女放鹰也全部禁止。

·知行极高的两三处土地可以直接领有。对忠勇功勋之士亦应赏以相应之领地。无功之人不得随便封赏，以免使忠勇之人失望，此外不便与人之地可作为信长的藏入地（收入直接入信长之库）。

·以上诸条作为越前之新规交付与你，今后我有何嘱托也需谨慎执行。但我若有无理、非法之处也不可巧言奉承，而须及时提出无妨，若是有理我也自当改正。不可表面崇敬，背地却视我为寇仇，以上若能遵守，便只望你武运长久了。分别之际，以此相励。

越前的分封，既是对长筱合战中诸将战功的恩赏，也可以说是织田信长在长篠之后，参照武田家“方面军团长＋先方众”的分国统治体系所进行的改革：建立以军团长为核心的方面军团，可以使地方军团的指挥调度更有组织化和简单化，从而增强作战能力。

但是在武田体制的基础上，织田信长又有改革与创新：武田家的先方众作为诸分国的本地豪族，有着极大的地域限制，一旦征服新的领国，就得花很多时间与精力去笼络人心、协调作战，将新领国的豪族整合成先方众，从而阻碍了扩张的效率。而织田信长则是派出已有的精兵强将作为军团长的副将与直属部下，协助军团长对领国进行统治，这样就可以在占领新领国的第一时间内迅速保持极强的凝聚力和战斗力，进而展开新的扩张战争。借助这个新模式，织田家的领地在接下来的年代里实现了几何级数的扩张。

第42章 平安乐土

平定越前之后，织田信长于十月二十一日以松井友闲、三好康长作为使者，前往石山本愿寺与显如上人进行和谈。在长岛与越前两个重要支点全部败落之后，显如上人已无心与织田家再战，随后他也以平井越后、八木骏河等三人为使，前往京都向信长回礼。

此时织田信长的威声早已传遍了全日本。

织田信长曾向日本最东北角陆奥国求取飞鹰、骏马，陆奥的众多领主各自派出使者，于十月十三日一起向信长献上鹰14只、鹞3只。十月十九日，陆奥最强豪族伊达辉宗派人向信长献上名马“会津黑”“白石鹿毛”以及“鹤取之鹰”两只。十月二十日，播磨赤松一族的赤松、别所、小寺三家实力诸侯一起上京参见了信长。十月二十三日，飞驒国主姊小路赖纲亲自上京，参见信长后，献上了一匹名贵的栗毛马。常陆的佐竹义重、陆奥三春的田村清显、下野的小山秀纲也先后向信长送上效忠状，承诺只要他出兵关东，自家便会起兵相随。

十一月四日，天皇下达诏书，任命织田信长为正三位的大纳言。十一月七日，信长参见天皇进行答谢，由大纳言三条西实枝代天皇进行回礼，并赐给信长御杯。这一天信长同时又兼任为从三位的右大将，他的嫡子织田信忠也被任命为从五位下的“秋田城介”。这个官位是专为日本的东北部大开发时代的秋田城主而设，实际上是征夷大将军在远方的先锋与代理人，由于背景与地理位置十分特殊，后世鲜有人能够担任。信长安排信忠出任这一官位，也暗示了他将跃马陆奥出羽，一统全日本的决心。

到了这一年的十一月二十八日，织田信长却将织田家的家督之位与尾张、美浓两国让给织田信忠。自己只带着历年收藏的茶具，退居到佐久间信盛的府中。第二年（1576）正月，信长命丹羽长秀在南近江目加田附近建造新的居城，并亲自于二月二十三日移座过去监工。在这里，织田信长继续执掌天下的军事与政治。

实际上织田家此后的体制是：织田信忠以织田家族总领的身份管理老根据地美浓与尾张两国。而织田信长则以织田政权主宰者的身份统领所有的领地。这种举措可以让织田信长脱离狭小的家族视角以更广阔的视野去处理天下事务，同时也给织田信忠提供了独当一面的锻炼机会。

安土城的位置

信长新建的居城，位于观音寺城北面的目加田山。织田信长取“平安乐土”之意，将目加田山改名为安土山，新建的城取名为“安土城”，喻示他将以此地为中心，一统天下、创造平安乐土。

安土城地形图

安土城的天主台模型

筑城的地点安土山，位于南近江突出在琵琶湖的一个半岛上。傲立山顶，既可远望京都，也可俯瞰近江到京都、美浓和北陆的要道。半岛只在一个角上与大陆相连，其余周边全是湖水，构成了天然的护城河，地形堪称是建造易守难攻居城的神妙之地。

当时丹羽长秀派人从周边的观音寺山、长命寺山、长光寺山专门请来了日本远古时代建造古坟的石工后裔、潜居在比睿山山脚的石工集团“穴太众”，运用“穴太堆积法”建造安土城的石垣。当时有一块大石名为“蛇石”，由羽柴秀吉、泷川一益、丹羽长秀联合派出了 1 万人作为帮手，才搬上山顶。在山顶建造的织田信长居所，不是像一般的城池那样称为本丸天守阁，而是被信长命名为“天主台”，他借此自喻为基督教的天主或是天下的主宰者。

建成的天主台，立于高 12 间的石垣之上，规制宏大，分为五重七层（一间为约 1.8 米）：

第一层外部是高二间的石垣，内部被用作仓库，是为第一重。

第二层在石垣之上，南北长 20 间，东西长 17 间，高 16 间，以大柱 204 根为支撑，作为信长的大殿，内外涂以黑漆，是为第二重。

第三层为十二角橹，内部绘以花鸟，称“花鸟之间”，有柱 146 根。

第四层，以木石混合构建，称“岩之间”，有柱 93 根，内壁绘有龙虎争斗图、凤凰图，等等。

第五层，是一个夹层偏厅，在第三层西边偏上，四层与五层合为第四重。

第六层与第七层是第四重之上的精致阁楼。

第六层是八角形，外壁由朱红色柱子做装饰，内部全部涂金粉，并画有波涛飞龙图、阿鼻地狱图、释迦说法图、降魔成道图。

第七层是三间长的四方形，外部装饰有金制栏杆，内部全涂金粉，画有黄帝、神农、周文王、太公望、周公旦、老子、孔子、孔门十哲。

天主台的装饰集中了全日本的巧匠之力：六层与七层的壁画，全部出自当时最有名的画家狩野永德之手，金具出自名工后藤平四郎之手，二层以下用的是京都体阿弥的金具。所有屋瓦则是在名叫一观的中国人士指导下于奈良烧制。当时耶稣会的传教士在写回国的信中赞叹：“这样豪华的城堡，即使在祖国（葡萄牙）也不曾见过。”

织田信长又命美浓的玄兴和尚作《安土山记》，诗曰：

六十扶桑第一山，老松积翠白运闲。

宫高大似阿房殿，城险固于函谷关。

若不唐虞治天下，必应梵释出人间。

蓬莱三万里仙境，留与宽仁永保颜。

安土城天主台第五层与第六层的内部效果图

在天主台以下，沿着向南通往山脚的大路，两旁修筑了柴田胜家、羽柴秀吉、前田利家等重臣们的府第，山的腹部修建了总见寺作为织田家家庙，其住持后来世世代代都由织田家的同族担任。

安土城的建设，从 1576 年动工，一直持续到 1579 年天主城建成织田信长入住，随后的四年里又继续不断扩建。与此同时，织田信长还命令尾张的中下层武士全部搬往安土城下，对于将妻子留在尾张，实质上并没有搬迁的武士，信长甚至不惜以派人放火烧毁他们在尾张的宅邸、加重徭役等方式相威胁。

为了繁荣安土的城下贸易，织田信长后于天正五年（1577）五月发布了 13 条法令，其基本内容是：鼓励工商业者在城下开展自由贸易，免去城下町的市场税、商业税、房屋税和土木工程的徭役负担，同时全面禁止“座”（行会）的特权。这便是有名的“乐市乐座”政策。

“乐”既是缓和之意。“座”最初是得到公家和寺社许可的同业特权团体，以其行业垄断权为核心，逐渐演变成区域性的行会。座的性质并非是现代的行会这般协调不正当竞争，维护行业稳定，而是向小手工业者和经营者征收费用，成为封建统治者聚敛财富的工具，从而大大限制了各地工商业经济的发展。

“乐市”就是减轻从业者的各种负担，“乐座”就是打压“座”的特权。战国时代中期的大名近江六角定赖以及美浓的斋藤道三都在领内采用过不同程度的“乐市乐座”政策。而织田信长从平定美浓、伊势起，就废除了新征服各国的领内之关卡，让工商业者可以自由往来，在征服越前之后，织田家已经在柴田胜家的北之庄城下采用了一定程度的“乐市乐座”政策。而在安土城城下町的建设中，则是织田信长第一次以明确的条文将“乐市乐座”政策进行推广，这使得全国各地的工商业者纷纷拥到安土城下定居，在极短的时间内便促进了人口的增长和商业的繁荣。

不过作为一个封建领主，织田信长的初衷不可能是为全日本人民服务，他的“乐市乐座”政策也有其自私性——这项政策只是在安土等少数城下开展，在京都、奈良等地则继续保有座甚至允许设立新座，为的就是让京都、奈良的人口与经济活力向安土、北之庄流动，从而限制公卿、寺社的收入。

第43章　第二次信长包围网

落魄江湖暗结愁，孤舟一夜思悠悠。

天公亦慰吾生否，月白芦花浅水秋。

这首诗据传为前征夷大将军足利义昭所作，似乎也正是他一生流亡宿命的写照。

自河内若江城逃出之后，足利义昭进入了纪伊由良的国兴寺潜伏。在这里，足利义昭继续写信给九州的岛津义久、越后的上杉谦信、六角义贤等大名，让他们助自己重返京都。然而这些大名不是距离太远就是被信长打得只剩一口气，故而应者寥寥。天正四年（1576），足利义昭移座备后的鞆城，受到西国霸主毛利氏的保护。

毛利氏发家前，只是安艺国的一家小豪族，战国时代初期一直在关西两大巨人周防大内家与出云尼子家之间摇摆投效。后来毛利家出了一个号称“濑户内海第一智将”的名将毛利元就（1497—1571）。在元就的领导之下，毛利家先是取得了安艺一国的控制权，接着又在弘治元年（1555）的严岛决战（战国三大奇袭战之一）中打败大内氏，于永禄九年（1566）攻灭尼子氏，逐步占领西日本的周防、长门、安艺、石见、出云、隐岐、备后、备中八国，并与九州之雄大友宗麟交战，一度取得北九州的丰前、筑前两国，成为号领关西十国的西日本霸主。

毛利元就画像

毛利元就与前将军足利义辉的关系也极为融洽，不仅就任了义辉幕下的相

毛利辉元画像

伴众，他的嫡孙成年时也得到足利义辉的赐字，取名为毛利辉元。毛利元就于永禄三年（1560）病重垂死之际，足利义辉派出名医曲直濑道三赶往西国，一举使他起死回生。但是足利义昭就任将军之后，组建第一次信长包围网时，曾写信邀请毛利元就加入，却遭到他的拒绝。毛利元就在世时一直冷静观察着织田家的成长，最后也认可信长的实力，并与织田家保持着良好的关系。

元亀二年（1571）六月十四日，毛利元就去世，由于他的长子毛利隆元早逝，继承人是嫡孙毛利辉元。毛利元就在世时还建立了一个“两川体制”：元就次子元春出继豪族吉川家称为吉川元春，第三子隆景出继小早川家称为小早川隆景。两人皆是文武兼备之将，在元就去世后成为毛利辉元的辅佐人。毛利辉元与两个叔父吉川元春、小早川隆景皆是血气方刚之人，既拥有关西十国之地，就无法像祖父元就那样默默地承认织田信长对京都的控制。在收到石山本愿寺与足利义昭的多次求助之后，三人一合计，将足利义昭迎到了备后的毛利领内。

备后的鞆，是室町幕府的开创者足利尊氏进出九州时的登陆之地，后来也成为西国探题足利直冬与名宰相细川赖之的驻节之地，与足利将军家有着极深的历史渊源。天正四年（1576）初，足利义昭在这里建立了一个流亡政府，后世称之为“鞆幕府”。

得知足利义昭另立山头之后，原幕府近臣伊势氏、高氏、上野氏、大馆氏、饭尾氏、松田氏等陆续从京都奔往备后重新侍奉义昭。财政方面，鞆幕府获得毛利家在备中提供的一块领地收取年贡，另外把持着日本对明朝贸易的对马岛主宗氏与萨摩岛津氏也给予足利义昭巨额的馈赠。

安身立命有了初步保障之后，足利义昭又继续起他推翻织田信长的大业。这一次他写信让越后之龙上杉谦信与武田胜赖讲和，鼓动上杉谦信展开上京作战。同时还拉拢因幡但马的山名祐丰、丹波的波多野秀治，以及一些畿内豪族对织田信长举起反旗，并促成了毛利家与石山本愿寺的结盟。在此背景下，形成了“第二次信长包围网”。

ZHI TIAN XIN CHANG

卷之六
石山战争之卷

第 44 章　石山鏖战

天正三年（1575），平定越前一向宗之后，织田信长即以明智光秀为总大将征讨京都西北的丹波国。

丹波本是足利将军的御料地，在足利义昭被留放之后，织田军在丹波遭到了几个大豪族的反抗，为首的便是赤井—黑井城的赤井氏。由于赤井家的前任家督赤井时家早死，继任的赤井忠家年幼，家中的主事者乃是赤井时家次弟、有“丹波赤鬼”之称的猛将赤井直正。

元亀元年（1570）织田信长带足利义昭上京之际，赤井直正带着赤井忠家拜见了信长，被信长允许保全丹波西北部的冰上、天田、何鹿三个郡之领地。但是在足利义昭发起第一次信长包围网的时候，赤井家却作为义昭的追随者与织田信长对抗，并于元亀二年（1571）年十一月遭到但马山名祐丰的攻击，结果赤井直正不仅把山名祐丰打得落花流水，还一举杀入但马，攻取了山名家的竹田城，并逼近山名居城此隅山城。

赤井家家庙——丹波兴禅寺

山名家向织田家求援，信长却因为在近江被浅井朝仓所阻而伸不出援手，只好放任赤井在丹波、但马坐大。到了天正三年底，信长才派出明智光秀正式征讨丹波。同时织田信长又发出朱印状，动员其余大部分的丹波豪族加入讨伐军，一起包围了赤井直正的黑井城。丹波的另一大豪族波多野氏最开始也在明智光秀旗下作战。然而天正四年（1576）初，波多野军受到足利义昭与毛利氏的策动,加上与赤井直正有着姻亲关系,终在正月十五日突然倒戈,和赤井直正里应外合一举将明智光秀击败。

同年二月，明智光秀再度攻入丹波，经过小规模的交战，立刻又撤回了坂本。因为这一年的春天，本愿寺显如上人响应足利义昭的号召，再次在石山举兵。这一次，显如上人动员了畿内的一向宗徒近 5 万人。

四月十四日，织田信长以原田直政、细川藤孝、明智光秀为大将，与摄津的荒木村重、大和的筒井顺庆、松永久秀等畿内军队一起围攻石山本愿寺。对于 5 万以上的信徒，最简单的便是兵粮战法。于是织田军在石山本愿寺周围筑起七座城砦进行围困：荒木村重防守石山北面的野田附近三城；细川藤孝与明智光秀防守石山东南面的森口砦和森河内砦，原田直政作为总大将带领其余诸军在石山东南的天王寺布阵。

不过包围了近十日之后，织田方发现本愿寺方还是能从楼岸附近的木津口连通海上从而获得补给。于是信长下令强攻木津口。

五月三日早上，织田军以三好康长的和泉众为先锋、原田直政率领大和、山城之兵一起向木津攻去。就在这时，石山本愿寺方在楼岸砦的 1 万余驻军突然全部冲出，借助杂贺众数千挺铁炮的助威之下，一举将织田军打散。织田军后退时又遭到本愿寺的伏兵夹击,混战之中原田直政被杂贺众首领铃木重秀（杂贺孙市）一枪击毙，他属下的塙喜三郎、塙小七郎、蓑浦无右卫门、丹羽小四郎也陆续战死。一向宗僧众随后又向织田军的本阵天王寺砦攻去。

原田直政的战死使得织田军主力全面溃散，当时守在天王寺砦的仅有明智光秀与佐久间信盛之子佐久间信荣率领的、以近江众为主的 7000 人，此处一旦被攻陷，织田方对石山本愿寺的包围将全面瓦解。

织田信长在京都收到败报之后，一面动员各领国的军力赶赴石山参战，一面于五月五日带着数百马回武士轻装进入河内若江城。织田军第一时间跟着集结过来的兵力只有 3000 人。不待后续部队到达，织田信长便急欲马上出战，随从的众将纷纷劝阻："且待三日五日，诸军集结完毕之后再出阵吧。"当时信长却回绝道："若是让天王寺就这样被攻落，必会成为世上的笑柄。"紧接着于五月七日，信长将 3000 人马分作三段，向天王寺赶去。

事前织田信长曾让野田方向的荒木村重南下，对本愿寺军进行两面夹击，但是荒木村重却很没诚意地回答："我的任务是牵制木津口。"实则荒木村重若要赶到天王寺，便要穿过大半个战场，中间受到楼岸砦与石山城寺方伏击的可能性极大。荒木村重为了保全自己的战力，不愿意冒这个险。

但是这一战并非单纯的解围战，而是被织田信长视作了决战。

织田信长以佐久间信盛、松永久秀、细川藤孝率领 1000 人作为先锋，泷川一益、蜂屋赖隆、羽柴秀吉、丹羽长秀、美浓三人众为第二阵，马回众为第三阵，信长自己则跟在第一阵的足轻队伍中抢先发起冲锋。在本愿寺方的枪林弹雨中，这 3000 人竟杀出一条血路，成功进入天王寺与明智光秀会合。任何人都来不及喘息，织田信长立刻又将城内的守军合计 1 万人分成两队，自己带领 5000 人向本愿寺在城外松虫冢布下的本阵发起突击，明智光秀等 5000 人则从后门进行夹击。

这种极为迅速的攻防转换，让一向宗那些缺乏军事训练的农民兵手足无措，瞬间便被打散。织田军乘胜一直追到石山本愿寺的山门口，最后一共斩取了本愿寺方 2700 余枚首级。混战之中信长遭到铃木重秀旗下的神枪手冈吉正狙击，大腿中弹受伤。

这一战的危急程度在元龟天正年间是不多见的，一不留神足以产生数万人大军的全面溃败和周边几个国的丧失。其导火索很大程度上得归结于—织田方的总大将原田直政与敌军仅打了一个照面便战死了。

原田直政是信长的亲信侧近出身，后被提拔为赤母衣众之一，他的妹妹作为信长的侧室生下了庶长子织田信正。原田直政也算是织田家内迅速飞黄腾达的一位大将，不久前被任命为大和一国之守护，同时拜领了原田姓与备中守的官职。可以看出，织田信长有意向把他培养成与丹羽长秀、明智光秀、羽柴秀吉等人比肩的方面大将。但是原田在这一战的表现却让信长大失所望，即使是直政已经战死，信长也无法原谅其过失。战后信长下令将原田一塙一族的同族

| 日本最大的海盗窝点——毛利与河野两家之间的濑户内海

与郎党全部逮捕流放，没收其领地并严禁织田旗下各家对之进行收留。原田直政的儿子塙安友在许多年后才又重新出仕当上一名低级武士，到了晚年转职成为一名儿科医生。

天王寺合战后，织田家在石山本愿寺周围建起十余座副城，旗下各大豪族轮换执勤，将石山围成铁桶一般。接下来信长以佐久间信盛为石山方面攻城总大将留驻天王寺，自己则于六月初回到安土城的工地上继续监工。

五月底的时候，曾经传来毛利家水军将从海上向石山本愿寺大举运送兵粮的消息。当时以淡路安宅信康为首的安宅、菅、野口等数支水军已经向信长臣服。这三家是数百年来控制四国到畿内海路的水上霸主。信长命令他们把守淡路周边的海路，封锁石山本愿寺的外援，以为可以高枕无忧。哪里知道，毛利家的水军在近十几年里已经成为濑户内海上最强的船队。小早川隆景从毛利家入继小早川氏之后，便掌握了小早川氏和安艺、备后的乃美、儿玉等众多水军。1555 年，毛利对大内的严岛合战获胜之后，更是确立了在濑户内海的霸权。濑户内海西部最为活跃的能岛、因岛、来岛三支水军，也与毛利家建立了良好的合作关系。

这一次前来给本愿寺送粮的毛利水军，以小早川隆景旗下的乃美宗胜（浦兵部宗胜）为总大将，纠合毛利水军、小早川水军以及因岛村上吉充、能岛村上元吉、来岛村上吉继三支村上水军，组成了拥有战船 700 艘的大型船队，其中有不少更是当时日本最大的战船安宅船。

| 安宅船

安宅船一般长 50 米、宽 10 米，船体有两到四层的楼阁，加上极厚的仓壁，用桨 50—200 支，堪称是移动的海上城堡。就当时的日本来说，

除了毛利—村上以及关东的北条氏因为财力雄厚而建造了多艘安宅船以来，在其他的水军中并不多见。织田信长旗下的伊势水军也仅有两到三艘，还有一艘由被九鬼嘉隆打败的小滨景隆带去了武田家。

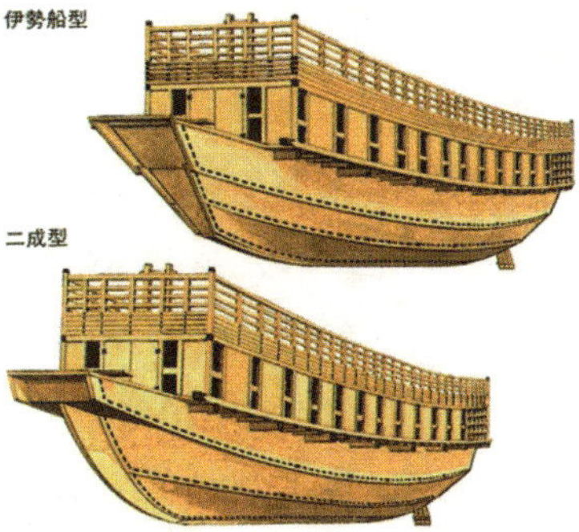

| 伊势船

六月二十三日，毛利水军到达淡路岛的北端，仅用一日便攻落了淡路营家水军的岩屋城。七月十二日，纪伊的杂贺众铁炮队由熊野水军护送出海，在和泉的贝冢海上与毛利船军会合，然后一起驶向摄津。另一方面，荒木村重闻讯后将淡路南端的野口等水军及志摩的九鬼嘉隆水军集结于木津川口外待命，总计只有战船 300 艘。织田方的大型军船，以比安宅船小很多的伊势船为主。

七月十三日早上，毛利与织田两家的水军在木津川口遭遇，当天爆发了大规模的海战。毛利水军在用安宅船不断撞翻织田水军的小船之余，还使用了“焙烙玉”和“焙烙火矢”进行火攻，给织田方造成了极大的伤害。

| 焙烙与大口径铁炮

“焙烙玉”便是将火药、铁弹放于类似于餐具“焙烙”的陶罐之中，从外部点燃后以手投或用网兜甩到织田方的战船上引爆，相当于土制的手榴弹。而“焙烙火矢”则是杂贺的铁炮手们看到“焙烙玉”的威力之后受到的启发，将许多铅弹与火药、易燃易碎物装到大口径的铁炮中，一发射出去，不仅能引起对方船上的火灾，而且还能瞬间产生极大的伤亡。

战至最后，织田方的船队全军覆没，水军将领真锅七五三兵卫、沼野传内、沼野伊贺、宫崎镰太夫、宫崎鹿目介相继战死。在水军的掩护下，毛利军还登陆攻取了摄津的尼崎城，然后大摇大摆地从木津川将兵粮运入石山本愿寺。不过由于陆路继续被织田军控制，毛利军最后留下部分船只与士兵驻守尼崎—岩屋一线保障海上交通线，就返回了西国。

木津川口海战的结果，不仅突破了织田军对石山本愿寺的包围，使得石山战争继续持久化，还动摇了处在最前线的荒木村重等豪族对织田家的信心。

第 45 章　龙战手取川

天正四年（1576）十一月，织田信长由安土上京，住于二条的妙觉寺。在这里，他下令将原二条城的石垣全部拆解，移到安土城的工地上。

十二日，信长在京都接受了西国大名备前浦上宗景、播磨国赤松广秀、别所长治的参见，这几家都承诺在信长攻打毛利时充当先锋。十一月二十一日，织田信长晋官至从两位内大臣。年底他又前往三河的吉良放鹰，最后回岐阜城度过了新年。

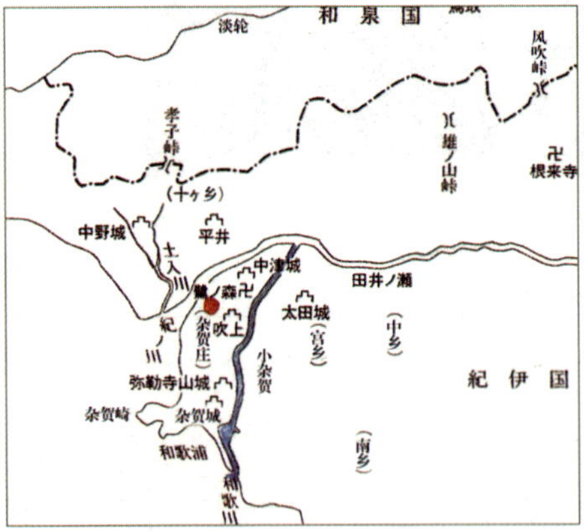

纪伊杂贺周边形势图

天正五年（1577）二月，在三好康长的策略下，给织田家带来巨大麻烦的根来—杂贺众出现了瓦解迹象。

纪伊的杂贺众，一共分为十之乡、杂贺庄、宫乡、中乡、南乡五部。十之乡的铃木氏与杂贺庄的土桥氏都是狂热的一向宗信徒，而南乡、宫乡、中乡合称为“三缄众”，由于其地域是熊野新宫的所在地，故而与同样是出自熊野的九鬼嘉隆渊源深厚。这三家与根来寺的杉之坊相邻，信仰的是根来寺的真言密宗（又称新义真言宗，同样由中国的密宗传来），与本愿寺的净土真宗虽然系出同源，但并非同道。根来寺旗下的杉之坊、岩室坊与泉识坊三个子坊都拥有强大的战力。

随着织田家长期的分化政策，原来的根来—杂贺雇佣兵集团再非铁板一块，以铃木氏、土桥氏、泉识坊为首的一系坚定支持本愿寺，而根来寺杉之坊坊主——杉之坊照算（号“自由斋”），则在权衡利弊之后与三缄众一起答应：担任织田家进攻纪伊的向导。

二月十三日，织田集结起十余万大军，先攻落和泉国香庄、贝冢的一向宗阵地，而后向南，从山道和海滨分两路攻入纪伊。海滨由泷川一益、明智光秀、蜂屋赖隆、细川藤孝、筒井顺庆带队，山路则以杉之坊照算、三缄众为向导，由佐久间信盛、羽柴秀吉、荒木村重、堀秀政、别所长治、别所重宗带队。

从山路进军的织田军由风吹岭向南，度过纪之川，迅速深入铃木家居城杂贺城外的小杂贺川东岸。不过铃木重秀已在小杂贺川西岸的丘陵中筑起许多城砦，事前也在河中布下了陷阱：退潮的时候，杂贺川的河底也露了出来，铃木重秀命人在河底埋上了无数系上了绳子的长颈瓶。织田军的先锋堀秀政队渡河时，杂贺众拉起绳子令踩到瓶子上的织田军士兵们陆续滑倒，后面跟上来的友军刹不住脚，前后相继都跌倒在河中挣扎，铃木重秀乘机下令旗下的铁炮队进行三段射击，极短时间内便给堀秀政部造成了巨大伤亡，这就是有名的“钓瓶击”战法。此后织田家的这一路军被迫隔着小杂贺川与铃木军相持。

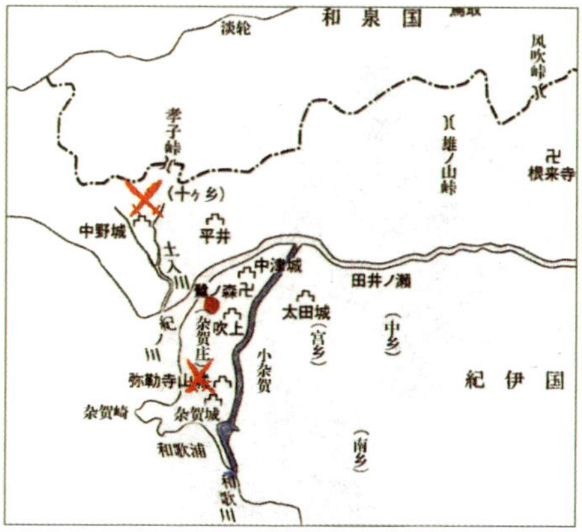

纪伊征伐的主要交战地点

在海滨方面，织田军在以细川藤孝、明智光秀为先锋的猛攻之下，一举突破杂贺众的淡轮要塞。二月二十八日，中野城开城降伏。三月一日，海滨方面军到达杂贺城下，而后将竹子捆成竹束，举在前方抵挡弹雨，向城头进行冲锋。

三月十五日，以土桥平次、铃木重秀、冈崎三郎大夫、松田源三大夫、宫本兵大夫、岛本左卫门大夫、栗村二郎大夫为首，杂贺七大豪族一起签署联合誓书，向织田信长投降。

但在织田信长撤军后不久，当年八月铃木重秀再度起兵，接下来铃木军长期与三缄众、杉之坊僧兵展开混战。

同一时期，一个新的劲敌出现在织田家的北方，那便是与"甲斐之虎"武田信玄齐名的"越后之龙"上杉谦信。

上杉谦信与前将军足利义辉关系密切，是越后的国主和室町幕府旗下的关东管领，曾在川中岛与武田信玄进行过震动天下的五度决战，也曾长驱关东，逼得霸者北条氏只能躲在小田原城内死守，乃是武田信玄一生都无法从正面战胜的军神人物。谦信为人不近女色，一生礼敬神佛，以"义"字自诩，同时也自比为北方的守护神"毘沙门天"，并以"毘"字作为自己的军旗。

上杉谦信一生的大半精力，都处在与北条、武田以及越中一向宗的战斗之中。在武田信玄撕毁甲相骏三国同盟之后，上杉家与北条家结成了"甲相同盟"，作为这个同盟的纽带，北条氏康送出自己的第六子北条氏秀前往越后，这个孩子被上杉谦信收为养子并取名为上杉景虎，从此上杉家在关东地区的战斗得以停息。

上杉谦信画像

足利义昭于天正四年（1576）发起第二次信长包围网之际，把上杉谦信视作能让自己回京的最大助力之一。在义昭的中介下，上杉家与武田胜赖达成了和解，又与本愿寺显如上人讲和，和越中的一向宗达成了谅解。随着向前障碍的一一排除，上杉谦信终于展开了上京作战。

天正四年（1576）九月，上杉军攻入越中，在消灭豪族椎名康胤之后完成了越中平定。十一月继续向西进军，攻入能登，不过当年却未能攻下能登田山氏的居城七尾城。

第二年（1577）闰七月，上杉谦信再度率领两万余人将七尾城包围，这一次田山家将周边军名共 15000 人全部收入城内固守，但在不久之后城中就发生了瘟疫，就连幼主田山春王丸也染病身亡。剩下的重臣们分成了两派，一派以游佐续光、温井景隆为首，主张向上杉家投降，另一个重臣长续连则派儿子长连龙为使者，前往安土城向信长求援。

此时织田家的北陆军团在柴田胜家的带领下消灭七里赖周，征服了加贺一国，与能登的田山氏已经接壤。一旦田山氏灭亡，织田家将面临与上杉家的全面战争。所以织田信长在收到长连龙求援之后，急忙调集军势出阵能登：先锋是柴田胜家的 18000 人，羽柴秀吉等部 3 万人也陆续赶赴战场。但是，在中途的军事会议上，羽柴秀吉与柴田胜家意见不合，一气之下带领本部返回长滨城。为此，秀吉遭到信长处以的禁闭处分。

九月十五日夜，七尾城内的游佐续光与温井景隆打开城门放上杉军入城，七尾城一夜之间即告陷落。长续连一族在落城后全部遭到诛杀。没过多久，上杉谦信得知织田军接近，迅速领军从七尾城杀出，急行军进入加贺国手取川北岸的要塞松任城。

九月二十三日，柴田胜家全军渡过手取川之后，才发现能登七尾城已经陷落、上杉军进入了松任。措手不及之下，柴田胜家命令全军撤退。

对于久经大战的上杉谦信而言，他根本不屑于按照兵法上说的“待敌军半渡而击”，而是坐等着柴田军全部渡河再进行一场宰杀。在柴田胜家下令全军渡河后撤的时候，上杉军也由松任城杀出，追上前对退向河中的织田军进行全面猎杀，加上手取川涨水导致过河不便，最后阵亡的织田军人数超过 2000 人，其中有 1000 多人是溺死，而上杉方的损失却小到几乎

手取川与松任城

可以忽略不计。

战后柴田胜家退入北之庄城，上杉谦信则度过手取川继续向前进击，一度占领了大半个加贺国。织田家的丹羽长秀、泷川一益等方面军团陆续赶来助阵，才暂时止住了败势。

当初武田信玄凭着数十年的决战经验,在三方原轻松击败织田与德川联军，未料到那一战却是他最后的经典之作。谁也没料到，手取川合战，也是上杉谦信谢幕前最后的表演。

天正五年（1577）十二月十八日，上杉谦信由加贺返回春日山城过年，在接下来的十二月二十三日还提前发布了来年将向京都进行全面远征的大动员令，时间预定为天正六年（1578）三月十五日。但是，到了距出征日只有六天的三月九日，上杉谦信却倒在了春日山城中，并于三月十三日终告不治，享年仅 49 岁，死因据称是中风。他留下的辞世句是：“四十九年一梦中，一期荣华一杯酒。”

由于上杉谦信没有亲生子嗣，在他去世之后，两个养子上杉景胜与上杉景虎为了争夺上杉家的家主之位，引发了一场“御馆之乱”的内斗，动乱之中再也无力提及上京之事。织田家在北陆的警报正式宣告解除。

像武田信玄与上杉谦信这样，能给织田家造成颠覆性危机的强敌，却都在即将点燃引线的那一霎那突然倒下，只能说天意弄人，织田信长运势太强，纵然对手拥有盖世武功与智谋，始终也逃不脱命运的捉弄。

第 46 章　松永久秀的末路

天正五年（1577）八月十七日，在手取川合战的前夕，松永久秀、久通父子突然从包围石山本愿寺的阵地上撤军，回到大和信贵山城守城。

松永久秀举起叛旗的原因，从表面上看，是因为他与石山本愿寺及上杉谦信相呼应，实则也是因为松永久秀在织田信长麾下多年来积累的诸多不满所致。

原田直政战死于石山合战之后，织田信长任命的新大和守护，并非松永久秀，而是久秀的死敌筒井顺庆。对此，松永久秀自然是无法服气，更令他气愤的是，筒井顺庆上任之后不久，即下令破弃松永家的重要据点多闻山城，摆明是要削弱久秀对领地的控制力。无法默默忍受的同时，作为一个乱世枭雄，松永久秀在他的一生中已经目睹和亲历过众多天翻地覆的变化，总还认为即使是信长的政权，也会如三好政权那般，几方合力之下便能使其颠覆。最终他押上了松永家的命运，来试图改变时代浪潮的奔涌路线。

以前织田信长将松永久秀介绍给德川家康时，曾对家康说道："你面前的这位老人，曾犯下三件惊天动地的罪行，一是杀害了自己的主君，二是杀害了将军，三是烧掉了大佛寺。"话虽如此，或许是因为总能从对方身上看到岳父斋藤道三的影子，织田信长对松永久秀还是十分眷顾的。即使是这一次松永久秀第二度向他举起反旗，信长还是先派出堺町奉行松井友闲进入信贵山城劝说："只要你能回心转意，信长公便会原谅你。"但是决心已定的松永久秀断然拒绝了松井友闲的劝解。这一年他已经 67 岁，再也不想看着别人的脸色过活了。

得到松井友闲的回报，织田信长决定再不留情。他一面下令将松永久秀留作人质的两个儿子处死，一面派出了以筒井顺庆、明智光秀、细川藤孝为首的讨伐军。

十月一日，织田军攻落信贵山城的支城片冈城，松永方有力武将海老名友清、森正友战死，此时的讨伐军人数为 5000 人。不久之后，由于上杉谦信在北陆的军事行动停止，织田信忠、佐久间信盛以及在长滨城关禁闭的羽柴秀吉陆续加入，最后共有 4 万大军集结在信贵山城下。

当时织田信长收集天下名品茶器已经成瘾，后世将他这一爱好命名为"名物狩"（狩，即收集、获取之意）。由于久闻松永久秀还藏有一个极品茶锅"平蜘蛛釜"，信长在总攻之前又派使者入城游说，只要久秀交出平蜘蛛釜，便可饶他性命。

然而松永久秀先前已经陆续献上"九十九发茄子""吉光骨食""不动国行"，可以说倾尽了自己的珍藏，

后世复原的平蜘蛛釜

但手里的领地却越来越少。商人出身的久秀对于这样前所未有的赔本生意早已后悔，而且就算是交出平蜘蛛釜保全了性命，但照信长的手段，今后也不会让他再拥有城池和领地，最终久秀奋斗一生仍将是一无所有。与其如此，久秀决定还不如守住最后的平蜘蛛釜，给信长的心中留下永恒的缺憾。

十月五日，织田军的 4 万大军开始攻城。然而作为筑城名人，松永久秀用半生时间营造的信贵山城，又岂是轻易就会被攻落的。利用坚城，松永方不仅防住了织田军的进攻，其间还由猛将饭田源基次带领 200 人开门冲出，一举杀伤织田方数百人。如果一心凭着信贵山城死守，可能这一战又将变成一场延续数年仍分不出结果的石山战争。然而松永久秀在赌上了全部的身家之后，也失去了平常心，急切希望出现能够扭转战局的奇迹。

十月七日，松永久秀以森好久为使者，突围前往石山本愿寺去寻求援军。第二天森好久便带回了 200 名加贺来的铁炮手，并告诉久秀说毛利家的大军两三天内就会杀到，让这个 60 多岁的老头子欣喜若狂。他把这 200 人配置在离信贵山城天守阁较近的三之丸（第三层）周围。

然而令久秀意想不到的是，这个森好久，其家族乃是世世代代侍奉筒井家的谱代重臣，当年筒井城陷落之后成为浪人，才转而出仕到松永久秀旗下。当松永久秀派他出去找援兵时，森好久跑到离城很远的地方，又折返回来，摸入筒井顺庆部将松仓重信的阵内，将信贵山城内的情况一五一十地汇报给了筒井家。筒井顺庆大喜之下，当场赐给森好久黄金 30 两，派他带领 200 名铁炮手入城为内应。

松永久秀碎釜自杀图

十月九日下午 6 时，织田军对信贵山城发起罕见的黄昏攻击，攻城战一直持续到第二天早上。经过一夜的激战之后，两军都倍感疲劳，此时筒井顺庆得到织田信忠的许可后立在阵头，带队又向城门发起了一次冲击，松永军只得振作精神继续抵抗。激战之际，天守阁附近的三之丸突然起火，紧跟着铁炮声大作，在 200 名内应的居高射击之下，守在城门口的松永军成片倒下，筒井队乘势突破了城门。

在天守阁看到城门失守后，松永久秀把炸药装入平蜘蛛釜内，点燃天守阁内的弹药库，在熊熊烈火之中与名茶器一起同归于尽。不过也有说法是松永久秀先打碎平蜘蛛釜，再点燃天守阁，在大火之中切腹自杀。在人生的终点，反复无常的枭雄也展现出了最后的矜持。

第 47 章　西国进击

在当时人们的眼中，拥有关西十国的毛利家，是一个可以与织田家比肩的所在。加上有足利义昭在手，毛利家更足以充当与织田信长对抗者的精神与实力之后盾。对于织田家来说，如不能对毛利家进行正面打击、扳回木津口海战的劣势，那么类似于松永久秀的背叛将会层出不穷。所以在消灭松永久秀之后，织田信长将对西国的征伐提上了日程。而首选的大将，非羽柴秀吉莫属。

由于消灭松永久秀的功劳，秀吉在手取川之战提前退兵的责罚得以被免除。天正五年（1577）十二月二十三日，秀吉被信长正式任命为征讨毛利的总大将。除了羽柴秀吉的智勇足以独立取得数个领国之外，以上任命的一个原因是，随着织田家领土的扩大，羽柴秀吉的北近江三郡已经由前线变成后方，继续把他放在那里，是对人力与军力资源的浪费。

黑田官兵卫孝高画像

羽柴秀吉进攻西国的基地乃是播磨的姬路城。这里本是播磨豪族小寺氏旗下家老黑田氏的居城。

黑田氏是近江京极氏的庶家后裔，流落到西国之后，以卖眼药起家，聚集起了巨大的财富，投机成为小寺家臣，后来又娶了主君的女儿升格成为城主，祖孙数代都是极善投机的人物。时任黑田家家主，名叫黑田官兵卫孝高。黑田孝高早已观察到织田信长独步畿内的趋势，此前就已说服主家小寺氏与周边的赤松、别所一起参见信长。黑田孝高自己又把嫡子松寿丸献给信长做人质。

一听说羽柴秀吉被委任征讨西国，黑田孝高立刻做出决断，将自己的居城姬路城让给秀吉作为进军西国的基地，自己与同族一起搬迁到父亲黑田职隆的隐居地国府山城。后来，他与竹中半兵卫重治作为羽柴秀吉的军师，一起并称为“天下两兵卫”。 在黑田官兵卫的协助下，羽柴秀吉迅速征服了播磨一国，又扶植被毛利家消灭的出云尼子氏残党尼子胜久、山中鹿之介在播磨上月城重建尼子家，作为自己的羽翼。

与秀吉的西国征伐同时，明智光秀对丹波的第二次征讨也开始了。由于有第一次黑井城之战的前车之鉴，这一次明智光秀并没有直接攻打赤井氏，而是采取步步为营的策略，先后攻落丹波多纪郡的忍井城、桑田郡的龟山城，并以龟山城作为自己经营丹波的居城。

别所长治画像

天正六年（1578）三月初，明智光秀得到细川藤孝、细川忠兴父子的协助，完成了对波多野家八上城与赤井家冰上城、黑井城的包围。

三月九日，赤井家的实际总大将赤井直正因为瘿而去世（瘿，即长在脖子上的巨大脓包，中国古话有云：“十瘿九死”），在后世的演义中，通常说他是在城破时被胁坂安治斩杀，事实并非如此。随着赤井直正的去世，丹波豪族对明智光秀的抵抗也越来越弱。

羽柴秀吉成为征讨毛利的总大将与明智光秀完成对丹波的包围，这两件大事在织田家内导致了一个不和谐的事故。天正六年（1578）三月，东播磨的三木城主别所长治向信长举起了反旗。别所家作为东播磨实力第一的诸侯和名门赤松家的同族，出于自身旧势力的惯性，无法容忍一介草民出身的羽柴秀吉爬到自己头上。另一方面，别所长治的妻子乃是八上城主波多野秀治的妹妹，看到妻兄被包围，他也不能无动于衷。别所长治这一年仅 20 岁，还只是一个血气方刚的青年。

与别所长治相呼应的，是毛利家的出击。天正六年（1578）三月，毛利辉元以 35000 人从安艺吉田郡山城出阵、小早川隆景以 28000 人从备后三原城出阵，吉川元春以 23000 人从日野山城出阵，加上毛利旗下的备前豪族宇喜多直家也出动了 1 万人，将近 10 万人的兵力，首要目的不是救援别所的三木城，而是攻打毛利家的世仇——羽柴秀吉配置在播磨上月城的尼子氏。

永禄九年（1566），尼子氏被毛利元就消灭之后，以山中鹿之介幸盛为首的尼子遗臣奔走于各地，试图实现主家的再兴。山中鹿之介幸盛为“尼子十勇士”之首，是有着“出云之鹿”勇名的猛将。据说他曾对着日月祈愿：“如能实现主家的复兴，我愿受尽七难八苦。”在山中鹿之介等人的苦苦努力下，过去的十年里，尼子家先后曾出现三次复兴机会：第一次是 1568—1571 年，乘着毛利氏在九州与大友大战，山中鹿之介从隐岐渡海进入故乡出云，最终却被吉川元春打败，被俘后逃脱前往京都。第二次是 1572—1576 年，以鹿之介为首的尼子遗臣团一度得到信长的声援，占得因幡若樱鬼城与私都城，

山中鹿之介对月祈愿像

但是1576年中，织田信长为缓解来自毛利家的压力，宣布放弃支持尼子遗臣团，随后山中鹿之介等人弃城逃亡丹波，一些重要战友则向毛利投降。第三次便是这一回，既然羽柴秀吉担任了西国方面的大将，也就意味着与毛利的势不两立，故而织田家不再掩饰对尼子的支持，大方地将播磨西北部的上月城送给尼子氏作为复国基地。

不过由于十年来尼子遗臣团给毛利家造成的诸多麻烦，严重影响了毛利对关西十国的统合进程，所以毛利家逐渐形成了一个惯性：只要有尼子遗臣团盘踞的地方，便会施以全力的猛攻和镇压。结果山中鹿之介的存在，反而引起了反效果：因幡、西播磨等原本不属于毛利家的土地，全都落到了毛利家手中，横道兵库助、牛尾大炊助等原不曾向毛利投降的勇士，在数次对抗受挫之后转身当上了毛利家臣。毛利家的声威进一步传遍西国各地，尼子家复兴的希望越来越渺茫。

天正六年（1578）四月十八日，毛利辉元以本军35000人驻阵于备中高松城，其前锋吉川元春、小早川隆景、宇喜多忠家三军61000人将上月城团团包围。当时上月城内的尼子方守军，仅有3000人。

毛利家的战略方向，乃是先击灭上月，再横扫播磨，继而东进三木城。而织田方则相应地派出羽柴秀吉与荒木村重、佐久间信盛救援上月城，随后泷川一益、明智光秀、丹羽长秀、织田信忠等大将陆续出阵播磨，到达三木城下，总兵力达到42000人。织田信长本来也要亲自出阵，结果因为遇到罕见的大雨而作罢。这场大雨引发的大水，据说将村井贞胜在京都四条新造的大桥都冲毁了。

当时在播磨出现的奇妙形势是：毛利军61000人包围着上月城的3000人，织田军的42000人包围着别所家三木城的7500人。这两座城分别卡住双方主力前进的道路上，所以围城的部队都被钉在了城下。唯一能自由进退的是羽柴秀吉部17000人，但是面对着毛利的6万大军，秀吉根本不敢主动进攻，只能驻扎在山月城外的高仓山上警戒。

到了六月中旬，秀吉前往京都请求织田信长亲自出阵。但由于三木的别所长治如鲠在喉，在攻落三木之前，织田方根本不可能在播磨西部从容展开大军。故而信长不但不再准备亲自出马，而且还命令秀吉放弃上月城，前去加入围攻三木的队伍。尼子家的主从，在织田信长的大局观面前，只不过是一颗可有可无的棋子。了解到信长的心意已不可挽回，秀吉又赶回播磨，并劝上月城的尼子主从放弃城池与自己一起后退,而尼子方却选择了守城,准备战斗到最后一刻。

最终羽柴秀吉于六月二十五日撤退，但在熊见川边上遭到毛利军的追击，造成了一定的损失。由于织田方的数万大军守在三木城下，毛利方此后也未继续向东挺进。

七月一日，上月城的尼子胜久以一族自杀换取城兵性命为条件，向毛利开城投降。随后尼子一族全部自杀，山中鹿之介在被解送往安艺国的半路上也被杀害。

与上月城陷落相反，织田军对三木城的围困走向持久化。三木城内不仅守军更多，而且有毛利水军从海上运送兵粮作为补给，结果变成一场耗时长久的围城战。而织田家对西国的征伐也开始停滞，直到毛利家的海上优势被打破才逐渐有了新的转机。

第48章　再战木津川口

羽柴秀吉就任征讨西国的总大将，也让另一个人不满，他便是摄津国主荒木村重。荒木的摄津与播磨相邻，先前曾数度作为织田家的代表出征播磨与备前，并负责对播磨众豪族的接待，与别所、黑田都有着长期的交往。在荒木村重看来,织田家在播磨的统领,若非原来的守护赤松氏,至少也应该是他荒木氏。而羽柴秀吉进入播磨，既封住了他向西扩张的可能，也打破了他在织田信长旗下继续攀升的美梦。

此外，荒木村重还与织田信长产生了一些小芥蒂：由于对石山本愿寺的围困走向长久化，荒木旗下的国人们把战争当成了生活的一部分，以中川清秀为首的一些荒木家臣甚至干起了向石山走私军粮的勾当。另外，据《当代记》所载，村重与信长的侧近长谷川秀一也有一些私人恩怨。由于这两个原因，世上传闻荒木村重想要谋反的谣言一时间此起彼伏。

天正六年(1578)十月中，荒木村重为取得信长的谅解一度动身前往安土城，但在路过高规城时，城主高山右近（高山重友）却劝他说：“信长对部下一直持怀疑态度，你若前去，必死无疑。”荒木村重闻言便想到了原田直政等人的遭遇。这一年年初，领有北近江高岛郡的矶野员昌也是因为犯下一点小过错，害怕受到信长的处罚而出奔成为浪人。随后信长不分缘由地把高岛赏给了侄子津田信澄，这说明信长对有过之人即便不当场责罚，但事后还是有所记恨的。所以荒木村重最后又转头回到了有冈城。

十月二十一日，织田信长得到荒木村重有谋反企图的报告，派明智光秀作为使者前去有冈城问询。当时荒木村重的嫡子村次已经娶了明智光秀的女儿伦子为妻，两人结成儿女亲家，信长派光秀作为使者，也是对荒木有所宽恕之意，毕竟荒木村重能以一己之力平定整个摄津国，也足以称得上能力过人，而且数年来对织田家也是贡献颇多。但是对于明智光秀的问话，荒木却不予回答。羽柴秀吉旗下的黑田官兵卫孝高，作为荒木村重多年的好友，也自告奋勇地进入有冈城游说，但不知何故却被荒木悄无声息地关到了有冈城的土牢里。

到了这个时候，织田信长已经确认荒木村重谋反的事实，同时还以为黑田官兵卫也上了荒木的贼船，一怒之下命令将黑田官兵卫的人质松寿丸处死，但这个孩子被竹中半兵卫暗地里保护了下来，送到自己的居城美浓菩提山城。此后荒木村重公然在茨木、高规城周围筑起城砦，表明了反抗信长的决心。他所以为恃的，也是毛利家的海上补给。

日本战国时代的大炮

为了一雪木津川口海战之耻，织田信长早就有了准备。战败后他就开始让九鬼嘉隆在伊势浦建造起一种比毛利家的安宅船更大的大型安宅船，同时在船体包上厚厚的铁板以防备焙烙玉与焙烙火矢，每艘船上还装备了大炮三门以及数量众多的用于发射焙烙火矢的大铁炮。这样的船一共建造了六艘，历经两年才完工，被命名为“铁甲船”。另外，泷川一益也做了一只大型但轻巧的补给船。

天正六年（1578）六月，九鬼嘉隆率六艘铁甲船与一些小船组成的船队从鸟羽出港，六月二十六日在淡轮冲击破前来拦截的杂贺水军，于七月十七日进入堺町港，第二天便被派在木津川口对本愿寺进行封锁。十月六日，毛利与村上水军600艘船再次到达木津川口外的海上。第二次木津川口海战爆发。

这一次，九鬼嘉隆吸取教训，铁甲船根本不向毛利方的安宅船靠近，只是从远处发射大炮，而毛利方的焙烙玉与焙烙火矢无法达到这样的射程。靠近铁甲船的小船则被铁甲船凭着强硬的外壳撞沉。经过一天的鏖战，毛利方的600艘战船全军覆灭。

铁甲船的使用，可以说是织田家在研究毛利水军战法之后的创新。从根本上看，则是因为不断开拓创新者，最终往往能打败因循守旧者，逐渐占据时代的主流。不过由于铁甲船的数量有限，而且运转投入较大，无法进行长距离的奔袭作战，此后只用于封锁石山本愿寺附近的海面，而毛利家得以继续控制着淡路岛以西的海面，以及对三木城进行补给的通道。

第二次木津川口海战的结果，使得本愿寺的兵粮与武器补给被截断，本愿寺方的士气也日渐低落，延续了近十年的石山战争开始走向终结。

十一月九日，织田信长出阵摄津，次日泷川一益、明智光秀、丹羽长秀、美浓三人众陆续到达，一起包围了有冈城的支城茨木城，随后织田信忠、信雄、信包、信孝的伊势众以及前田利家、佐佐成政、金森长近的越前众也赶到。信长命部下在高规城附近建造天神山砦，自己在安满的山脚建砦作为本阵。

铁甲船海战效果图

由于高规城主高山右近是天主教教徒，信长为了试探天主教教义是否真的会让人变得真诚善良，便将耶稣会的传教士召入阵中，对他说道：

“对右近去晓之以忠节吧，若是成功，今后允许你们在任何一个地方建设教堂，否则我就让你们宗门断绝。”传教士与佐久间信盛、羽柴秀吉、松井友闲等人一起进入高规城，竟然真的劝服了高山右近开城投降。事后织田信长不仅将芥川一郡赏给高山氏，而且还脱下自己身着的小袖与名马一起送给右近作嘉赏。

有高山右近作为先例，十一月二十四日半夜，茨木城守将中川濑兵卫清秀向织田方开城投降，随后他也被保全了领地并获得了信长的赏赐。极为讽刺的是，荒木村重最开始并无与织田家对抗的决心，正是中川清秀与本愿寺的兵粮交易，以及高山右近最后时刻的怂恿，促成村重下定决心举起反旗。而织田军一来，这两个始作俑者却立刻投向了织田家，堪称无节操武士中的典范。

随着荒木两大重臣的投降，跟着向信长投诚的摄津大小豪族层出不穷，织田军对荒木的包围圈不断缩小。但荒木村重仍然在有冈城进行了顽强的抵抗。十二月八日织田信长向有冈城发起总攻时，被荒木方击退，信长的侧近万见重元也在混战中战死。

到了第二年（1579）九月二日，荒木村重带着五六名亲信从有冈城中逃出，潜往儿子荒木村次所守的尼崎城，继而又逃入花隈城，由该地渡海逃往毛利家。尽管被主将所抛弃，有冈城的城兵仍然又坚守了两个月。十月十五日，泷川一益说服城中武将中西新八郎等作为内应，这才里应外合将有冈城攻陷。

事后织田信长对荒木家进行了惨无人道的报复：十二月十三日，荒木家的女眷122人被牵到尼崎附近的七松屠杀。据时人的日记记载，女眷们的惨号响彻天地，见者无不落泪。十二月十六日，荒木村重的同族及重臣36人被送到京都，绑在大车上游街示众，后被牵到六条河原斩首。此后两年里，凡是藏匿过荒木家臣的人，一经信长发现，全部遭到处死，由此还牵连高野山金刚峰寺的数百名僧人被虐杀。

投降的高山右近、中川濑兵卫受到重赏，背叛者荒木村重被严惩，织田信长同时以天使和魔鬼两副面孔向世人宣示着自己的权威。

第49章 包围网的坏灭

包围荒木村重的期间，明智光秀的丹波攻略取得巨大进展。

天正七年（1579）三月，明智光秀在波多野的八上城与赤井的冰上城之间筑起一座金山城，将两城分割开来。五月五日，冰上城的城兵在极度饥饿的情况下，受到明智光秀策反，背着主君打开了城门。落城之后，赤井忠家逃往堂兄弟赤井直义所在的黑井城。六月一日，八上城的波多野氏在明智光秀的猛攻下开城降伏，波多野秀治、波多野秀尚兄弟二人被解送安土，在安土城的净严院慈恩寺被处以磔刑。八月九日，明智光秀攻落黑井城，赤井直义、赤井忠家两兄弟逃走，他们的叔父赤井幸家战死，丹波一国就此被完全平定。

在西国，羽柴秀吉继续围困三木城的同时，领有备前一国及备中、美作一部分的大名宇喜多直家竟然通过秀吉向织田信长臣服。

这个宇喜多直家与毛利元就、尼子经久并称西国三大谋将，是一个心狠手辣、为攫取他人土地不择手段的枭雄人物。直家本是先前已向织田信长臣服的浦上宗景旗下第一重臣，却于天正二年（1574）勾结毛利氏与主君浦上宗景对抗，并于第二年将宗景放逐到播磨，自己取代浦上家掌握了备前的宗主权。后来作为毛利家的重要盟友，宇喜多家向西攻击备中三村氏，向北讨灭美作后藤氏，在织田家西向作战暂停的短短几年里，一跃成为西国仅次于毛利家的第二大诸侯。在看到别所长治、荒木村重已经朝不保夕之后，宇喜多直家于天正七年（1579）九月通过羽柴秀吉向信长请降。信长最初并不答应，在秀吉的反复恳求之下，才于当年十月接纳了宇喜多的投诚，备前与美作就

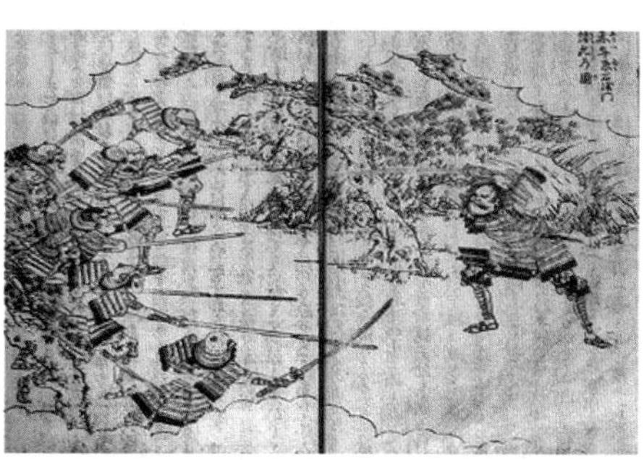

后世所作的赤井恶右卫门直正死战图。实则其原型是直正之弟赤井直家

宇喜多直家塑像

此被收入织田家的版图。

同年的九月初，毛利家曾与别所家共同出兵，展开将兵粮运入三木城的平田—大村合战，最终别所家的淡河定范等武将战死，兵粮输送计划失败。宇喜多直家的投降，更是截断了毛利家本领与播磨的交通。但是别所长治还是多次拒绝织田家的降伏劝告。

到了天正八年（1580）一月，三木城的粮食全部吃完，挖尽树皮草根之后，出现了人吃人的局面，史称“三木干杀”。这个月的十四日，别所长治以一族切腹为条件请求换取城兵的性命，得到信长的许可。

正月十七日，别所长治叫来妻子兄弟与家老重臣，一起饮下了诀别之酒。十七日申时，长治将年仅三岁的幼子抱到膝上，流着泪刺死，接着又刺死妻子，把她和儿子并排放到一起。接下来长治进入切腹的大厅，对众多家臣说道：“此度的守城，尽管兵粮牛马全部吃尽，而敌方的虎口犹紧，历时之长，实乃前代未闻，在此感谢大家的协助，希望最后能以我一族的自杀换得诸位的解脱。”说罢，以家臣三宅肥前入道为介错，别所长治切腹自杀。长治之弟别所友之、叔父别所吉亲等同族以及三宅肥前入道等近臣陆续也跟着切腹。长达22个月、跨越了三个年头的播磨三木城守城战就此告终。

由于有三木城与有冈城的悲惨先例，加上第二次木津川口海战后粮食与武器补给被截断，石山本愿寺方面也开始陷入恐慌。

天正七年（1579）十二月起，本愿寺的显如上人开始寻求长久的和平之道。考虑到信长在有利形势下可能不会直接答应讲和，本愿寺方面暗地里寻求京都的天皇作为和谈的中介。

天正八年（1580）三月一日，朝廷正式以公卿劝修寺晴丰、庭田重保为使者，前往石山确认本愿寺的和谈意向。得到寺方的确认之后，正亲町天皇向织田信长下达了议和的敕令。

从元亀元年（1570）九月的野田福岛举兵算起，到此时已有 11 年的时间。在这 11 年里，石山的本愿寺犹如一把插在织田领地腰部的利剑，再怎么包围都无法攻陷，逐渐成为信长敌人心中的圣地。因为这片圣地的存在，他们的信心就不会被磨灭。如果石山的战争延续下去，必然会大大延迟织田信长统一天下的进程。基于这一层考虑，织田信长也没有拒绝和议，但是他首先还是派出使者前往石山，去传达自己的底线——若要和谈，本愿寺必须让出石山之地、退往别处。信长的使者，便是那曾经在本愿寺寄食的豪血公卿近卫前久。

当年在本愿寺点燃战火之后不久，近卫前久就从战场石山开溜，寄居到丹波赤井直正的黑井城。后来织田信长将足利义昭赶下台之际，连带也开始抵制义昭在朝廷内的喉舌——关白二条晴良，在此背景下，脱离了第一次信长包围网的近卫前久，得到信长的许可，返回了京都。不久，信长与近卫前久发现彼此之间有着共同的爱好——鹰狩（放鹰），此后两人便经常结伴出去飞鹰遛马。信长还破例给近卫前久增加了 1500 石的领地。为了回报信长，近卫前久一马当先地奔走于九州的大友、伊东、相良、岛津等大名之间，以使者的身份向这些地方大名宣示织田家的权威。天正七年（1579），织田信长还把羽柴秀吉在京都修建的府邸没收，送给近卫前久当家宅，同时向前久承诺，天下平定之日，定会封给前久一个国作为他的领地。因此，近卫前久义不容辞地成为信长与本愿寺之间沟通的最佳联络人。

在本愿寺方面，除了法主显如上人之外，抵抗派首席、与铃木重秀并称“本愿寺左右大将”的下间赖廉以下，主要重臣们也都厌倦了越来越看不到希望的战争。同年的闰三月十七日，作为显如上人的代表，本愿寺总山三大坊官：下间刑部卿家之下间赖廉、下间宫内卿家之下间赖龙、下间少进家之下间仲孝一起在和谈的誓书上按上血印，并向织田家承诺，将于七月二十日从石山御坊退去。四月九日，显如上人把本愿寺的法主之位让给了嫡子教如上人，自己先行避居到纪伊国杂贺庄的鹭森别院。

但是要舍弃石山的御坊，便是让那些数万名带着妻子儿女寄居石山、靠着各地送来兵粮过活的门徒失去了生活来源，于是这群人怂恿新法主本愿寺教如继续与信长抗战。双方的谈判交接一度因此陷入僵持。身在鹭森的显如上人听闻之后，向石山派出使者，以断绝父子关系相威胁，要求教如放弃城池，另外又在七月二日派出使者三人前去向信长解释。此后又是近卫前久单枪匹马进入石山谈判，经过他的游说，本愿寺教如最终在八月二日让出了石山御坊。

在天皇敕使、织田家奉行众的注视下，数万的僧俗信徒将资财用具搬上了自杂贺、淡路的海船，挥别这座有 100 年历史的山门，踏上了未知的旅程。在僧众们退出之后，不知是哪一方在寺里放起了大火，三天三夜的大火，将石山御坊的所有建筑全部化为灰烬。对于这座史无前例的坚城，后世的说法是：它的存在，将织田信长一统天下的脚步推迟了十年以上。

第 50 章　霸者之无情

本愿寺从石山退城仅过了十天，八月十二日，织田信长发布了一个《折槛状》，历数石山战争总大将佐久间信盛、佐久间信荣父子的罪过。较突出的罪行是以下几点：

· 和羽柴秀吉、明智光秀、柴田胜家在各地攻城取国相比，佐久间父子率领三河、尾张、近江、大和、河内、和泉、纪伊根来共七国之兵，在天王寺督战五年却未能撼动本愿寺一步，既未努力奋战，也不曾尽心发挥谋略。武者之道本是胜败之机一战可定，这也是信长之本意，未料佐久间父子却万般拖延，使之演变成持久战。

· 对于前后配给佐久间信盛的一些新家臣，信盛却找借口将之放逐，把领地收归自己直辖，这种不顾道义的中饱私囊真是骇人听闻。

· 当年追击朝仓家之时，佐久间信盛不肯尽力，却自吹自擂，几乎延误了战机。三方原合战时也不努力作战，最后平手汎秀奋战而死，佐久间信盛却厚颜无耻地逃回。

《折槛状》基于这三个方面一共细数了佐久间 18 条罪状，在第十九条里宣布：将佐久间信盛与其嫡子信荣一起剥夺领地，放逐到纪伊的高野山。

这份《折槛状》实际上也是织田信长对石山战争的一个战后总结。他把持久战的原因都归结到佐久间信盛的无能上。无能、品德败坏、旧过三大问题，只有第一条是最根本的。手取川之前，羽柴秀吉也曾犯下过临阵撤兵的大错，不过随着西国征伐的成功，这点过错已经不值一提，甚至是近卫前久这样的旧敌，也能获得信长的原谅和重用。非常时期，织田信长也曾容忍过松永久秀、荒木村重这样品德败坏之人。只有佐久间信盛的无能，是他早已无法忍受的，但是先前各地的反抗势力风起云涌，信长根本不可能更换已经在石山下摆了数年的佐久间信盛，毕竟在动乱中临阵更换大将，必会动摇军心，给战争带来灾难性的后果。

如果是一个平庸的人遇到一个平庸的主君，或许可以凭着资历年望逐渐位列重臣，子孙继续享受荣华富贵。但是，织田信长本身却是个敢于打破旧的身份等级、任人唯才的君主。本愿寺的投降与羽柴秀吉、明智光秀的开疆拓土，让信长统一日本的步伐开始加快，也使得他的心情变得更加急切，原来的任人唯才就直接演变成强者留下、庸者淘汰的理念。在这个理念的作用之下，旧有君臣之间最起码的容忍、谅解之道就被他抛弃了。

五天之后的八月十七日，织田信长又下令将林秀贞、安藤守就、丹羽氏胜三人流放。他们的问题大致如下：

林秀贞，与佐久间信盛一样也是无能之罪，近十几年毫无建树。以前谋划拥立织田信行之事也一直被信长所记恨而成为放逐秀贞的直接理由。不过当年与林秀贞一起参与拥立信行的柴田胜家，却因为平定越前、攻取加贺而继续受到重用，成为织田家第一重臣。另外林秀贞之子、勇将林通政战死于长岛，也使得林秀贞失去了进一步的利用价值。

安藤守就，在武田胜赖进攻东美浓时曾与武田家内通。氏家直元战死，安藤守就被留放之后，原来的美浓三人众便只剩下一个

丹羽氏胜居城岩崎城

能征善战的稻叶一铁。

丹羽氏胜，与丹羽长秀并非同族，而是原守山城主织田信次的家臣。信长之弟织田秀孝在守山城下被误杀之后，信次逃往甲斐，丹羽氏胜曾与角田新五等一起守城与信长对抗，后被宽恕并成为信长的直臣。天正八年（1580）四月，信长前往伊庭山放鹰时，丹羽氏胜部下负责铲平山间的大石，结果在织田信长骑马通过时，一块大石竟然从山上滚到信长通路的前方，信长盛怒之下当场就手刃了丹羽氏胜的一名家臣。这一回又以 25 年前的守山城信次事件与内通武田嫌疑为理由，将丹羽氏胜流放。

当织田信长把几十年前的老账全都翻出来的时候，也就说明他失去了一个君主应有的宽容度量与平常心。这种心态似有似无地在织田家内外埋下了种种隐患。先前黑田官兵卫被荒木村重拘禁之时，信长不由分说地下令将官兵卫留在织田家的人质松寿丸处死，幸得竹中半兵卫舍命相救才把这个孩子保护了下来。一年之后官兵卫被人们从有冈城土牢里救出的时候，已经浑身是伤，长满了脓疮，养好伤之后脚部还留下终身残疾，只能以马或乘舆代步。若是松寿丸真的被处死，不知信长最后该如何面对尽忠尽节的黑田官兵卫。事后，织田信长给黑田官兵卫加增了播磨山崎 1 万石的领地作为补偿。

若说对于黑田官兵卫尚可以补救，信长对另一个人犯下的过错就无法挽回了。

天正七年（1579）六月，明智光秀围困丹波八上城之时，有羽柴秀吉攻略美浓时以身犯险、进入鹈沼城当人质、换取织田信长原谅大泽政秀的案例在前，为了让守城方早日投降，明智光秀虽然没有秀吉那样有气魄自己进城当人质，但却把自己的母亲（一说是抚养光秀长大，恩同亲生母亲的叔母）送入城中当人质。以此承诺，只要守城方投降，便保全波多野秀治、秀尚兄弟及城兵的性命。

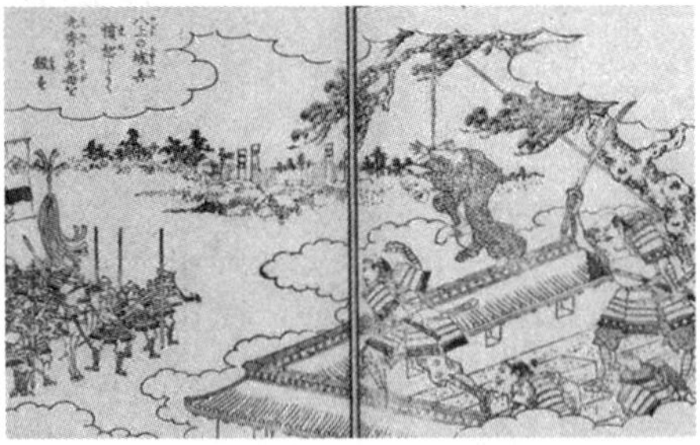

| 八上城明智之母被杀图

六月二日，光秀带着降伏的波多野兄弟来到安土城请命，织田信长却断然下令，将波多野秀治与秀尚处死。还在八上城的守军闻报之后，也当着明智光秀的面，将他做人质的母亲处死。事后光秀虽然把城池攻破，但是死去的母亲却再也无法活过来了。

明智光秀身为美浓名门出身的武士，在乱世之中为了成为一国之主，不惜临时冒险赌上至亲性命和自己的信誉，结果织田信长的独断妄为，不仅让光秀失去了母亲，连带着还扫翻了光秀赖以处世的信誉和身为人子应守的孝悌。光秀虽然事后获得了丹波一国，但余生难免会活在众人的鄙视之中，在丹波国也信用扫地。这种一失足成千古恨的后悔和痛苦，此后长期吞噬着光秀的心灵，足以让他被动地变成另一个魔鬼。

尽管对于敌人和部下，织田信长常常冷酷无情、不留余地，但是对于自己的儿子，却依然保存着普通父亲应有的溺爱。

嫡子织田信忠不仅被委以美浓尾张之重，而且也参与了长篠、岩村、石山、信贵山、三木等大战进行历练，官位也跟着织田信长一升再升，早已不再是五位的秋田城介，而是连年越级提升，成为从三位的左近卫中将。信长中年以后的一大爱好便是收集天下名品茶器，堺町的奉行松井友闲与众多豪商就是专为他购买茶器的中介。类似于足利将军收藏的名茶具被称为“东山名物”，信长的收藏品也被称为“安土名物”，往往是家臣们可望而不可即的宝物。羽柴秀吉平定了播磨一国，也才求得一只茶锅“乙御前釜”，而信长却在天正五年（1577）底一口气送给信忠 11 件名物，他想让这个儿子继承衣钵的心情不言而喻。

织田信忠画像

为了扫清将来信忠全面接班后争天下的潜在对手，织田信长做出了一件让人不可思议的事。

天正七年（1579），信长命令德川家康处死自己的嫡子德川信康以及正室筑山夫人。德川信康和织田信忠年岁相近，但是在长筱之战中却表现得更为出色。虽然信康同时也是信长的女婿，但在今日联姻明朝便可刀兵相向的战国时代，织田信长更把这个女婿看作是将来与自己儿子争锋的潜在对手。信长自己本身就是以女婿之身，灭掉岳父子孙才取得了美浓。但是步入中年之后，信长却不像斋藤道三那样，有可以容纳一个优秀而强大的女婿存在的气量。

这一年六月，先是嫁到德川家的女儿五德姬与德川信康夫妻俩拌嘴，五德姬一状告到了信长这里。以此为契机，织田信长借题发挥，声称德川信康与其生母、今川氏出身的筑山殿一起内通武田家，以此要求德川家康杀死自己的儿子与妻子。

随着织田家天下霸主的地位逐渐确立，德川家康与织田信长已经再不可能是先前那样平起平坐的关系，而是半附属在了织田家之下。一旦得罪着这个盟主，德川难免遭到灭顶之灾。故而德川家康在内心痛苦挣扎之后，于六月二十九日将筑山殿处死，又在三个月后的九月十五日让德川信康切腹自杀。

当信长自己破坏了为人应有的人情，又强迫部下们破坏赖以立身传续的亲情，按常人的标准来衡量，织田信长就足以称得上是魔鬼式的暴君了。即使后世之人以这是为一统日本不择手段扫除障碍作为解释，来为信长辩解，却无法掩盖以上这些行为在人性方面的泯灭。

第 51 章　威临天下

进入天正九年（1581），织田家向全日本进军、一统天下的格局已经初具雏形。

以织田信长所在的安土—京都一线为核心，丹羽长秀的北近江佐和山、若狭成为右翼护盾、明智光秀的南近江坂本、丹波成为左翼护盾，这两个军团同时充当随时赶赴其他战场的预备队；丹波平定之后，明智光秀的助手细川藤孝北上攻入丹后，成为丹后 11 万石的国主。

向北陆进攻的柴田胜家与向西国进军的羽柴秀吉为两翼。这一年年初，柴田胜家已经制压加贺与能登，开始向上杉家的越中进军。柴田胜家的部将前田利家，在 1581 年十月被任命为能登国主，另一员猛将佐佐成政则成为越中国主。同时羽柴秀吉已占领但马、攻入因幡。

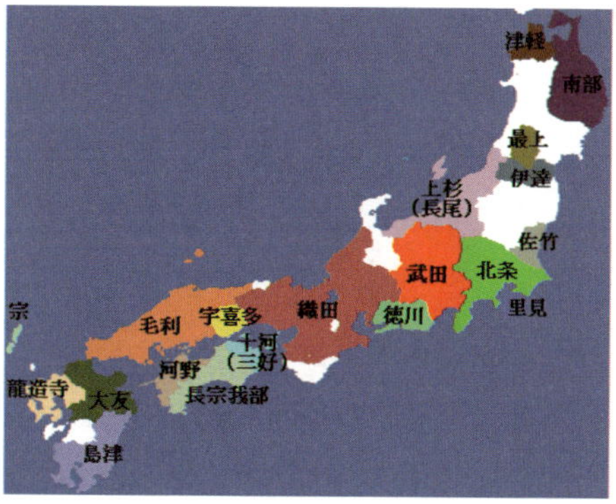

天正九年的日本割据形势图

织田信忠的美浓尾张，织田信雄、信孝的伊势原本是两大后方，以前一直作为镇压畿内的机动力量。在石山本愿寺平定之后，作用也开始发生了变化。织田信忠的美浓、尾张兵团开始参与德川家康方面对武田的战事，泷川一益作为信忠的部属之一负责与关东北条氏政的联络，织田家的东向进军即将展开。而织田信孝、织田信雄的伊势军团则正在对畿内地区的小豪族进行最后整合，攻下荒木村重最后据点花隈城的池田恒兴，获得了荒木的摄津旧领，不久之后他将协助织田信孝、信雄渡海展开四国方面的攻略。

天正九年（1581）二月二十八日，为了鼓舞众将们的士气，同时也是向天皇与京都的百姓一展自己的威仪，织田信长在京都大内东面的马场举办了一场史无前例的阅兵式。

当时在马场一侧建起八尺高台，台前围以木栅，四柱包上毛毡，上方建成天皇的临时行宫，周遭饰以金银，极尽豪华之至。天皇与主要公卿全都云集于此。织田军的队列则从他们面前一列一列地通过。

第一队是丹羽长秀与摄津众、若狭众及西冈的革岛氏。

第二队是蜂屋赖隆与河内众、和泉、根来众；蜂屋赖隆是近江肥田城主，在佐久间信盛父子被流放之后，兼领和泉国主。

第三队是明智光秀与大和、上山城众（京都北方武士）。

第四队是村井做右卫门贞成（京都所司代村井贞胜嫡子）与根来、上山城众。

前三队都是统领近江军的亲信国主，加上京都的村井氏，堪称安土城周边的嫡系部队。

第五队是左中将织田信忠的八十骑亲卫及美浓、尾张众，北田中将信雄（织田信雄）的三十骑亲卫与伊势众。

其后是织田信包十骑，织田信孝十骑，津田信澄十骑，津田信澄这个嫡亲的侄子也得到了信长的厚待。

再往后是织田长益、织田又十郎、织田勘七郎、织田中根、织田竹千代、织田周防、织田孙十郎等还未阵亡的织田同族。

第六队是公家众。又分为公卿与公卿化的武家两类。

公卿组是近卫前久、正亲町中纳言、乌丸中纳言、日野中纳言、高仓中纳言。

公卿化的武家组是前管领细川昭元、细川藤贤、原幕臣伊势兵库头、一色左京权大夫以及前信浓国主小笠原长时。

近卫前久带着一干公卿参与阅兵式，表面上说是因为热爱马术，实际上则是向信长展示他对织田政权的忠心。而随着室町幕府的没落，细川、伊势、一色、小笠原等家族只成为武士名门的一种象征和各种仪式的代表。另外信浓小笠原氏的祖先小笠原长清也是武士弓马礼法的主要制定者，信长当然不可能让阅兵式失去小笠原这样一个无可替代的装饰品。

公家众之后是信长的马回、小姓十五骑。

再往后是柴田胜家率领的柴田胜丰、柴田三左卫门、不破光治、前田利家、金森长近、原长赖等。

柴田队之后是弓箭手 100 人，以平井久左卫门、中野又兵卫为手分成两队，手持弓箭，腰挎箭壶徒步通过。

弓队之后是信长的马厩主管青地与右卫门指挥的名马队。在打着大旗的马倌后面，是清一色的各种名马。

第一队是鬼芦毛，第二堆是小鹿毛，第三队是大芦毛，第四队是远江鹿毛，第五队第六队是河原毛。这些名马通常都按毛色命名，乃是以陆奥、出羽为中心的伊达、津轻、最上、安东等远国大名历年来献给信长的，在此次阅兵中全部披上了从中国传来的名贵马具，由头戴立乌帽子、身着黄衣白裤、赤脚草鞋的马童骑乘着。

山内一丰骑马画像

关于这场阅兵式，还有一则逸事：由于事前得知信长将摆出一大堆名马展示，织田家的大小武士也都准备骑出自己最好的马上场。有一个小武士山内一丰在市中看到一匹名为“镜栗毛”的骏马，却苦与俸禄低微无钱购买，他的妻子千代听说之后，便拿出自己的嫁妆钱交给夫君买马。后来山内一丰在阅兵式中骑着骏马出场，其英姿被武士们所称道，也得到了织田信长的注意。此事足以让一个小武士声名大噪，而千代也得到了贤内助的美名。

名马队之后是第七组。以武井夕庵、楠长谱、楠长云、松井友闲等人在前，以上都是信长文职奉行人以及相伴的茶友。

武井等人之后是四个举着曲禄（一种座椅）的助手，曲禄上以金粉做底绘有白云海浪，外部包有天鹅绒。这只椅子是耶稣会的日本巡察使于二月二十三日赠给信长的，在这里被信长作为自己的宝座向天下人展示。不过传教士在赠送椅子的同时，还送给信长一个黑奴，信长将他命名为“弥助”，收为自己的家臣。但是为怕不知就里的观众们产生恐慌，信长并没有把黑人带到阅兵场上。

最后织田信长骑着御马“大黑”，由前后左右数十名举着长刀、路仗的侧近与杂役簇拥着缓步向前。侧近武士全都穿着金色底纹、绘有猛虎的直垂，手绳、腰带等以红缨为装饰。杂役们则统一身着红色小袖与白色肩衣、下套黑色皮裤。织田信长本人头戴中国样式的立花唐冠，身披着据说是中国的帝王才能穿的金纱制成之礼服，内着的小袖也是由蜀江锦（四川锦）织成，袖口镶有金边，袖身织有红梅白檀。虽然织田信长也非常喜爱西洋的衣饰，但他穿着西洋铠甲、头戴南蛮斗笠的样子通常只出现在部下面前或战场上。西洋服饰虽然新奇实用，也能对敌人起到一点威慑作用，但在普通日本人看来则是非常古怪的，自然也不适合在大阅兵的时候向天皇、公卿进行展示。而日本自圣德太子的大化革新以来，其官位与官员服色都是参照中国唐朝制度进行修改定制，织田信长以中国式的唐冠、唐服出场，也符合场面的正式性。

这一次的大阅兵，虽然是织田信长向全日本和天皇展示自己威仪的一种示威。但是自将军足利义满将南北朝合一之后，历代的天皇就已经被动放弃了对天下事务的直接干涉，只是安然地在京都享受将军与各地大名的供奉，故而身处战国之世，却往往能得到善终。因此信长虽有心示威，但是只要他不公然摆明要夺去天皇之位，正亲町天皇也懒得和信长争斗。所以在阅兵之时，天皇还派出 12 人的敕使向信长传达嘉许之意：“此番阅兵精彩之至，天子十分欢喜。”

但是，织田信长却真的对天皇存下了废立之心，毕竟将号称天照大神之子的天皇予废予立，更可以显示信长他是全日本的主宰者。阅兵之后的三月一日，正亲町天皇向信长的宿所本能寺派出使者，宣布任命信长为从一位左大臣的敕书，但是信长却回答道：“只要天皇肯让位给皇子诚仁亲王，我便接受左大臣的任官。”本来是去讨好式的授官，结果却换来一个逼宫式的回答，尴尬之下，正亲町天皇再也不提任命左大臣之事，也不回复信长的要求。不过为了转移话题、缓解尴尬，他又派出使者邀请信长到宫中再进行一次阅马，让宫中的女御们都开开眼界。随后的三月五日，织田信长带着 500 匹名马进入皇宫大内，在御前的妃子、宫女面前又进行了一番展示。此后信长废立天皇的动议也不了了之。

阅兵式之后的三月六日，趁着织田家北陆军团的主要将领全在京都期间，越中的反信长势力向上杉家求援。此时上杉家的御馆之乱已经以上杉景胜获胜、上杉景虎败死告终，于是上杉景胜以河田丰前守长亲为大将攻入越中。闻报之下，柴田胜家与佐佐成政急速返回北国。三月二十四日，佐佐成政在小出城下将上杉军击退，不久之后的五月，河田长亲病死，整个越中随即也被织田家收入囊中。

另一方面，羽柴秀吉在西国向毛利节节逼近。攻灭但马的山名尧熙之后，羽柴军包围了因幡山名家的居城鸟取城。最开始鸟取城主山名丰国向秀吉投降，不久便被重臣中村春续、森下道誉放逐，这两人引入了毛利家的重臣吉川经家担当城主。六月二十五日，羽柴秀吉再度将鸟取城包围，并采取在三木城下取得成功的断粮战术，史称“鸟取渴杀”。经过四个月的围城战，同年十月二十五日，吉川经家以自己切腹为条件换取城兵的性命，得到秀吉的许可，鸟取城就此开城降伏，因幡一国彻底被织田家平定。

ZHI TIAN XIN CHANG

卷之七

下天如梦之卷

第52章　武田征伐

在织田家逐步如日中天的同时，长筱合战后的武田家却走向了日暮途穷。

武田四名臣的最后一人高坂昌信，在临死之前，为武田胜赖迎来关东北条氏政的妹妹作为正室，强化了自武田信玄以来的甲相同盟。然而对于这最后的有利形势，武田胜赖却没有好好珍惜。

在上杉家的“御馆之乱”中，按道义来说，武田家作为北条的盟友，应该支持自己的内弟上杉景虎（北条氏秀）。但是武田胜赖却收了上杉景胜方的2万两黄金，又得到景胜承诺：在获胜后赠以上野的沼田之地，于是破弃了与北条的同盟，同时把自己的妹妹菊姬嫁给上杉景胜，结成了新的“甲越同盟”。

武田家的背叛，改变了御馆之乱中的实力对比，最后出身北条家的上杉景虎败亡，上杉景胜如愿成为越后上杉家的家主。但这也使得统领关东八国的北条氏政恼羞成怒，此后北条氏政数度往安土城派出使者，不惜以向信长臣服为条件，邀请织田家夹击武田。武田胜赖舍弃根基雄厚的北条，而与内乱迭起的上杉结盟，把武田家推向了危险的边缘。

在南线，武田胜赖与德川家康展开长期的拉锯战，结果却陆续失去了在远江的大片领地，连辛苦夺来的前沿阵地高天神城也于天正九年（1581）在德川家康与织田信忠的合击下陷落。

为了应付频繁的战争，武田胜赖多次在领内征收过度赋税，并废弃旧居城踯躅崎馆，驱使旗下的领主们出资出力建造一座新居城——新府城。这种衰落

穴山信君画像

之际的高压运转，使得原本已经失去了支撑的武田家统治体系更加迅速地走向了崩溃。

山县昌景战死之后，新任江尻城主、武田家在骏河方面的总大将乃是武田一族的重镇穴山信君。这个穴山信君，身兼武田信玄的外甥与女婿双重身份，他的儿子穴山信治身上也有四分之三武田家嫡流的血统，故而信君对武田信玄侧室所生的武田胜赖继承宗家一直抱有不平，策划着将自己的儿子立为武田家之嫡流。

而武田胜赖则逐渐对穴山氏开始疏远，本来胜赖的女儿已与穴山信治定下婚约。但在天正八年（1580），武田胜赖破弃了与穴山的婚约，把女儿许给了堂兄弟武田左马助信丰的儿子，这让武田与穴山两家之间的对立再不可能挽回。而在长篠合战前后，穴山信君就已经开始与德川家康互通消息，只等有利的时机起事。

不过真正把武田家引入灾难旋涡的，却是武田胜赖的另一个妹夫、南信浓木曾谷之主木曾义昌。

秋山信友在岩村城遭受织田军攻击时，木曾义昌基于军费不足而拒绝派出援军，事后受到追责，为此木曾义昌与武田胜赖之间就产生了隔阂。天正十年（1582）初，武田胜赖为了筑新府城，又陡然加大了木曾谷的赋役，这使得夹在织田与德川之间苦撑的木曾义昌更加难以生存。

二月一日，木曾义昌与织田信忠的使者苗木久兵卫取得联络，暗地里倒向了织田家，并向信忠送去了自己的弟弟上松义丰作为人质。木曾义昌对武田家谋反的同时，他的妻子真理姬在第一时间把消息通报给了胜赖。

当时武田家的政策是把旗下大小豪族的家室全部集中在甲府城下，名义上是赐予宅邸，实则是收做人质，从而实现对各个领国的强力控制。尽管木曾的一族大多都留在了甲斐，武田胜赖却未料木曾义昌还是敢倒戈相向，大怒之下将义昌的生母、侧室、幼子全部处死，一面又迅速派从兄弟武田信丰作为先锋，以 5000 人向木曾谷出征，自己则亲率 15000 人作为后继。

织田信长得报之后，也于二月三日向家臣及盟友们发布了进攻武田的总动员令。早已蓄势待发的德川家康从骏河、北条氏政从关东，共同向武田领发起了进攻。织田家方面，信长以河尻秀隆、森长可、团忠正、远山友忠为先锋，于二月六日先行进入南信浓为木曾义昌助阵。织田信忠率领美浓尾张之兵与泷川一益的北伊势军 5 万人作为主力，于二月十二日出阵。另外，金森长近作为偏师攻入武田家在飞驒的领地。

木曾义昌塑像

武田家危机四伏之际，最重要的盟友上杉景胜却自身难保。上杉家在越中方面，遭受着柴田胜家的进攻，同时越后东南部的重要家臣新发田重家也受到织田家的策动，向景胜举起了反旗。在此情况下，上杉家根本无力对武田进行任何声援。

二月六日，织田军的先锋刚进入信浓，岩村东面的泷泽领家臣下条九兵卫便响应织田氏，将主公下条信氏放逐。信浓伊纳郡的松尾城主小笠原信岭也向织田投降。

二月十六日，两万武田军进至鸟居岭，此时泷川一益、河尻秀隆及织田一门众等军已与木曾义昌会合，将武田胜赖的主力拖在鸟居岭，织田信忠则亲率 3 万人南下进攻信浓饭田城。

针对织田家与德川、北条倾力出动的消息，武田胜赖急忙召开军议讨论应变之策，然而在其他分国领有城池的家老与侍大将们都急于回去据守领地，一些直属胜赖的侍大将则要求与织田军一决胜负。连续多天讨论不出结果。其间武田军前方的安倍加贺守部遭到泷川一益与河尻秀隆的夜袭，战报被主张与织田家决战的长坂长闲拦了下来。随着时间迁延，重臣们也无法再坐等讨论的结果了。最先是江尻城主穴山信君带领其部不辞而别先行赶回了骏河，继而武田逍遥轩、一条信龙与各地的侍大将们也都纷纷赶回自己的领地守城。最后在鸟居岭的武田胜赖身边仅剩下 3000 人，不得不转头退回了甲斐。这种由拖延导致的军心涣散，使得武田家随后再也集结不起像样的抵抗兵力，可以说是最致命的。

二月十八日，织田信忠向饭田城发起进攻，城主保科正直逃往深志城。得到饭田弃城的消息后，大岛城主武田逍遥轩也失去战意，弃城逃回甲斐。二月二十日，德川家康包围了骏河田中城，城主依田信蕃开城退出。北条氏政则于二月下旬攻入武田领的骏河东部，同时其弟北条氏邦也从上野对武田方真田昌幸的领地施压。

二月二十八日，织田军遇到了自进入信浓以来最强力的抵抗。以河尻秀隆为先锋的 3 万大军在高远城下受到武田方的拦截，守将是武田信玄第五子，后来过继到仁科家的仁科五郎盛信。

仁科盛信画像

战前织田信忠曾派本地的僧侣为使者，带着黄金与书信一起去游说仁科盛信开城，然而仁科盛信不仅拒绝开城，还把当使者的僧侣割去耳朵鼻子赶了出来。

三月一日，仁科盛信身着仁科家代代相传的桐叶云小实铠，头戴龙头盔，持一把三尺七寸长的大刀、带着 1400 人从城中突入织田军中，正当织田家众将围着他酣战之际，守城的副将小山田备中守昌行又发起突袭，杀了织田方一个措手不及。从辰时到午时，仁科盛信部在斩取织田方近 300 人后才退入了城中。

当天晚上，织田军发动夜战，一举将城墙打破。三月二日拂晓，织田信忠穿戴好武具，亲自带队冲上城头。在他的呵斥激励下，小姓佐佐清藏、尾原次右卫门率先突入城内。敌军拥入城内之后，仁科盛信与小山田昌行又一起进行了来回四度突击，城中的女房、侍童也纷纷拿刀加入战团，其中诹访胜右卫门之妻持着长刀一连砍倒织田方七八人，一个十五六岁的侍童也弯弓搭箭，一连放倒数人，最后尽皆力战而死。

最后，小山田昌行战死在乱军之中，仁科盛信退入矢仓内切腹自杀，享年仅 26 岁。继仁科盛信之后，他的其余副将也相继在城中战死。战斗结束后，织田信忠将仁科盛信与小山田昌行的首级向织田信长献上，而盛信的遗体则被葬在高远城后方的山上，由于他是武田信玄第五子，该山也被命名为“五郎山”。

三月三日，织田信忠进入诹访，烧毁了武田家代代最为尊崇的诹访大社。另一方面，木曾义昌及织田一门众组成的北路军，也开始越过鸟居岭，向武田的本据地甲斐进军。其间马场信房之子、马场美浓守昌房以深志城向织田长益队降伏。在骏河，穴山信君于三月一日正式倒戈，并带领德川军北上向甲斐展开进攻。

三月五日，织田信长亲率明智光秀的丹波军团及丹羽长秀的若狭军团，加上畿内的蒲生赋秀、中川清秀、高山右近、堀秀政等军，作为织田信忠的后续部队由安土出发，缓慢向东进军。

三月七日，织田信忠的军队占领了武田家的旧居城踯躅崎馆（甲府），那些既不想跟着武田胜赖逃亡新府城，又没有在战斗第一线向织田军投降的武田家同族、亲类众、重臣全部被从私宅中搜出处斩，其中有名的包括武田信玄的两个弟弟武田信廉、一条信龙以及诹访一族的诹访赖丰等。

由于武田胜赖的新府城的防御工事尚未完成，三月三日，他决定带着嫡子武田信胜与一族逃亡。当时甲斐岩殿城的小山田信茂与上野岩柜城的真田昌幸都曾邀请胜赖一行到自己的城中避难。小山田氏是三代侍奉武田家的谱代重臣，同时也是长期与武田家联姻的甲斐豪族。就实力而言，在甲斐国内，除了武田氏本家，就属小山田的郡内领与穴山的河内领地盘最大、实力最强，小山田信茂之母乃是武田家的女儿，信茂本身也是成名已久的名将。而真田氏则是与武田家关系较为疏远的信州先方众，自昌幸之父真田幸隆起才成为武田家臣。真田昌幸本身也只是武田家的侍童出身，他原本已由真田家过继到武藤家，取名为武藤喜兵卫，但是由于两个兄长真田信纲与真田昌辉都在长筱阵亡，因为本家绝嗣才归宗继承了真田家，而且成为武将后也无多大名气。两相权衡之下，武田胜赖选择了实力最强、关系最亲近的小山田氏，对真田那边则回复称山高雪深、路远难行，予以推辞。

然而当武田胜赖一行到达岩殿城外的竹子岭时，小山田信茂不仅不让武田胜赖入城，还指挥手下向他发起了进攻，正式宣告自己背叛武田家。

在后有追兵、逃难无门的情况下，武田胜赖将家宝御旗与盾无铠藏入中途盐山的寺院，自己带着亲随转身逃入了天目山。这座天目山，乃是武田家第十三代家主武田信满于应永二十四年（1417）的自杀之地，165 年之后，第二十代的武田胜赖也把它选作了自己的葬身之所。

当时武田胜赖抱着必死的信念，带领土屋昌恒、小宫山友晴及 200 名旗本武士，冲入田间奋勇拦截，竟然一举将泷川部的 3000 多人挡住，为自己赢得了宝贵的切腹时间。在这最后一战中，武田家土屋昌恒还得到了一个“单手千人斩”的勇名，可见当时战斗情况之激烈。

最终武田方势穷力竭，200 人逐渐减少到 43 人。武田胜赖仰天长叹一声，与夫人北条氏、儿子武田信胜一起登上天目山，在山顶上切腹自杀，武田胜赖享年 37 岁。长坂钓闲斋、土屋昌恒、秋山光继等武士陆续为胜赖殉死，胜赖的辅佐人安倍加贺守胜宝则带着最后的怨念，冲入织田军中力战身亡。

武田胜赖天目山战死图

这一天，是自清和源氏新罗三郎义光起、传承了 20 代、450 年的名门甲斐武田氏嫡流断绝之日。五天之后，武田家的主要分家、小诸城主武田信丰也遭到织田军的进攻和家臣下曾根昌恒的背叛，最后在小诸城的二之丸中放起大火与嫡子、生母、亲信一起切腹自杀，享年 34 岁。武田信玄的次子海野信亲，由于自幼失明而遁入空门，世人皆称之为龙芳和尚，但也未能免予织田军的追击，他在送出养子武田信道逃亡后最终也切腹自杀。后来唯有这个信道的余裔，还传到了后世。

三月二十四日，织田信长的大队到达诹访，同天关东的北条氏政派来使者，向他献上名酒、白鸟、名马作为战胜的祝礼。随后几天，上野的小幡信贞、北信浓的真田昌幸等武田家臣纷纷向织田家降伏。从三月二十三日到三月二十九日，织田信长对参战诸将进行了论功行赏：

·泷川一益，获得上野一国与北信浓的小县、佐久两郡；

·河尻秀隆，获得除穴山信君河内领之外的甲斐一国，及南信浓诹访郡（代替穴山的河内领）。

·德川家康，获得骏河一国。

·木曾义昌，本领木曾谷保全的基础上又获得信浓筑摩、安昙两郡。

·穴山信君，本领甲斐河内与骏河江尻保全，其嫡子穴山信治被允许继承武田家之名迹，成为武田氏新宗主。

·森长可，获得北信浓高井、水内、更科、埴科四郡。

·毛利长秀，获得南信浓伊那郡。

·森兰丸长定，获得美浓兼山城（森长可旧居城）。

·团忠正，获得美浓岩村城（河尻秀隆旧居城）。

其间还有一则逸话：先

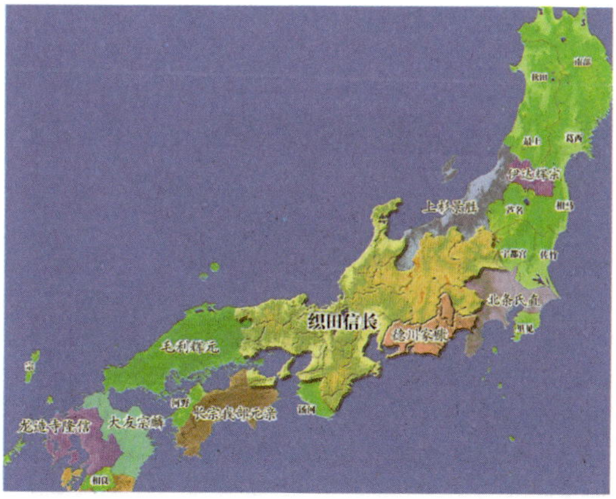

| 武田征伐后的织田家形势图

前羽柴秀吉、柴田胜家开疆拓土之后，都曾获得过信长的“安土名物”茶器作为奖励。泷川一益在得到封地之后，也向信长请求以安土名物之“珠光小茄子”作为奖赏，好让自己“深研茶道之奥义”。这个珠光小茄子，乃是由茶道祖师村田珠光传下来的不多之名物，故而织田信长舍不得转授他人。作为补偿，信长便任命泷川一益为“关东管领”，“关东管领”在足利幕府时代，乃是关东八州相模、武藏、上野、下野、常陆、上总、下总、安房的主人，同时负责东北之陆奥、出羽的事务。在织田政权下，则是赋予了泷川一益插手关东事务，调动关东八州及甲斐、信浓的权力，论及动员力，甚至要在北陆的柴田胜家与西国的羽柴秀吉之上。

亲手将武田胜赖送上绝路的小山田信茂，也送上自己的长子为人质去参见织田信长。然而织田信长却毫不留情地说道：“竟然会以这样卑劣的手段背叛武田胜赖，小山田信茂真是古往今来从未见过的不忠者。”随后命令依田信藩将小山田信茂与背叛武田信丰的下曾根昌根一起，押到甲斐的善光寺处死。

赏功罚恶之后，织田信忠部继续对武田军的残党进行搜剿，其中一些人逃离了甲斐的惠林寺。这座古刹是由室町幕府开基时的国师梦窗疏石所建，后世代代住持也多受“国师”之称号，天正年间的住持快川绍喜和尚既是国师，也是给武田信玄剃度的师傅。由于数百年来惠林寺一直受到武田氏的尊崇，加上快川和尚的超然地位，使他既觉得自己有保护武田一党的义务，又认为织田的军队不会轻易动这座名刹。

后世重建的惠林寺门。门上以快川和尚的遗句作为对联

在索要逃亡人员的交涉遭到拒绝之后，织田信忠毫不犹豫地下令烧毁寺庙。或许信忠认为，唯有像父亲信长那样，毫不犹豫地将旧势力付之一炬，他才有资格被认可是信长的继承人。故而在这一点上，织田信忠做得一点都不比信长逊色。先前

他所烧毁的诹访大社，便是拥有近千年历史，在全日本规格最高的神社之一。相比起来，眼前这座从室町幕府时代才开基的惠林寺，完全不值一提。于是，自快川绍喜和尚以下，近 180 名僧人与少数的武田残党，转眼间便葬身在了熊熊烈火之中。临死前，快川和尚留下了“安禅不必须山水，灭却心头火自凉”的名句。

与此同时，织田信长于四月二日从诹访出发，四月三日进入甲斐，兴致勃勃地游览了甲府旧城、新府城。四月十日，信长从甲府出发南下，游览日本第一名胜富士山以及东海道的骏河、远江、三河。四月十三日，在江尻城受到穴山信君的款待，四月十六日进入滨松城与德川家康相聚，21 日凯旋回到安土城。

在上述过程中，还发生了一件不愉快的事。途中的一次庆功宴上，众将都喝得有点得意忘形之时，明智光秀说道：“此番的战果如此，我等舍生忘死的奋战也有了价值。”然而这句话却激怒了信长。“你到底在这一战中做过些什么？”信长怒喝着，一把夺过小姓森兰丸手持的铁扇拍在光秀头上，紧接着又对他进行了歇斯底里的殴打。

征讨武田的这一战，信长安土城的主力与左右两翼的明智光秀、丹羽长秀军团作为后续部队，并没有参加实际的战斗。主持正面作战的乃是织田信忠与泷川一益。信长的这番安排，既是为了磨炼织田信忠，又是要让信忠获得这唾手可及的战果，进一步加强他作为织田家继承人的人望。所以明智光秀酒后这般揽功自诩的狂言，无疑触动了织田信长的逆鳞，最终演变成一场无法挽回的尴尬。

第 53 章　天下统一的黎明

天正十年（1582）四月二十五日，天皇向安土城派出使者，让织田信长在三个顶级官位——太政大臣、关白、征夷大将军中选一个就任。武士门第的人就任这三职中的任何一个，都足以表明天皇已经正式认可他是全日本的统治者。

不过织田信长却回答：“待平定关东之日，我再就任将军吧。”

此时放眼整个日本，尚未被纳入织田家旗下的只有西国的毛利辉元、四国的长宗我部元亲、越后的上杉景胜、关东的北条氏政以及日本四大岛最偏远的两极、九州与奥羽。在畿内，织田信雄的伊势兵团于 1579 年、1581 年发起两次征讨，征服了京都周边最后的独立势力、忍者的故乡——伊贺。战后成千上万的忍者被织田军从山中搜出斩首，其余逃往全国各地，史称“天正伊贺之乱”，此后京都——安土的周边诸国，以及向东的美浓、尾张已成为织田家的腹地。

武田征伐之后，织田家军力迅速向四面推进。北陆的柴田胜家、佐佐成政、前田利家从越中出兵，甲信的森长可从北信浓出兵，加上新发田重家，对上杉景胜展开了三面合围。羽柴秀吉在前一年平定因幡、伯耆，又转军南下，征服了淡路，打开了织田家向四国岛的征讨通路，旋即回军西上，攻入了毛利家的备中。在关东，泷川一益先是以箕轮城作为基地，不久原上杉家的关东总大将北条高广投降，并让出了上杉方经营多年的进出关东基地厩桥城，随后泷川一益把居城移到厩桥，并开始统合北信浓、上野、北武藏的大小豪族，组建新的织田家关东军团。

随着武田灭亡、上杉毫无还手之力、北条成为盟友，织田家周边可堪一战的强敌，只剩下尚在拼死抵抗的西国之毛利辉元，与刚刚统一了四国岛的土佐之雄——长宗我部元亲。这两个方向，只有羽柴秀吉一个军团在上下奔袭。

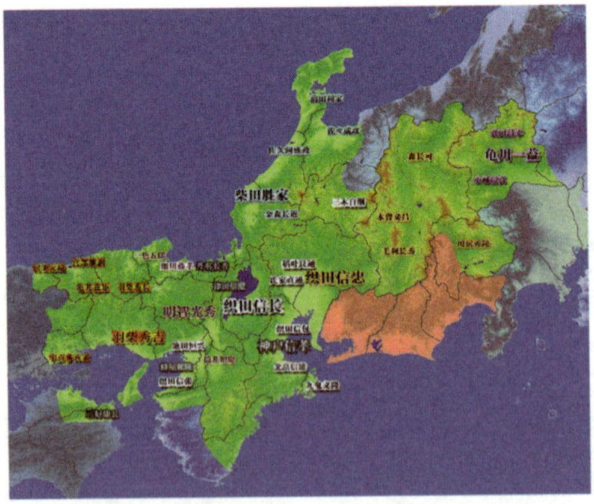

织田军的展开

在此背景下，织田信长开始将剩余的丹羽长秀、明智光秀、伊势的织田信孝三个近边的机动兵团全部投入一统天下的征程上。五月七日，信长发布书状，以织田信孝作为总大将，与丹羽长秀一起，加上高屋的三好康长，共同组建成新的四国兵团，并承诺平定四国之后织田信孝可获得赞岐一国，三好康长获得阿波一国。五月十一日，织田信孝与丹羽长秀进入摄津的住吉，开始准备率大军渡海，其先锋三好康长先行一步渡海前往阿波，攻落一宫与蛮山两城用来接应信孝。剩下的明智光秀军团，作为征讨毛利的预备队，出征之时也越来越近。

五月十五日，德川家康与穴山信君，为了对织田信长先前分给领地之事进行回礼而到达安土城下。当时负责对家康进行接待的，乃是谙习礼法、熟知武家礼仪的明智光秀。

在宴席上，明智光秀命人献上了用京都做法制成的鱼生，但是织田信长尝过一口之后，抬头勃然大怒：“你竟然拿腐臭了的鱼来招待客人！”不仅如此，织田信长睚眦必报的洁癖也越来越严重，竟然为了这件事，当着德川家康的面对明智光秀又是一顿拳打脚踢，令在场的所有人都惊诧莫名。

事实上，出身于尾张、吃惯了盐辛重味的织田信长，一向吃不惯京都的料理。当初三好家的厨师转投到信长厨下时，也曾为了讨好他而做出几道为公卿与旧主三好家所称道的京都口味料理，织田信长尝过之后大说难吃，于是这名厨师又按尾张那边的乡土口味做菜，却得到了信长的好评。事后他曾暗地里向人取笑信长：“真是吃不惯城里菜的乡下大名。”在这种正式场合，明智光秀自然不敢拿尾张口味的乡土菜来待客，结果毕恭毕敬捧出的京都料理反而给他带来了更大羞辱。

同一时期，羽柴秀吉在西国与毛利的交锋中逐渐占据了上风。五月十五日，秀吉包围了毛利家武将清水宗治所守的备中高松城，围着城池筑起一圈大坝，又引河水灌入，将高松城变成一座湖上的孤岛，与数万的毛利援军隔了开来。考虑城破之后毛利军的主力也会动摇，随即将迎来类似武田军在鸟居岭那样全军溃散的历史性时刻，羽柴秀吉派出使者，前去要请织田信长亲自出阵西国。这样一则可以以绝对优势的兵力对毛利家进行万无一失的追击，二则也是让信长过来见证功勋、分享胜利的喜悦。

五月十七日，织田信长让明智光秀赶回领地组织军队，准备出阵西国。不过临行前，信长对恪直木讷的明智光秀又开了一个大玩笑：他宣布将光秀的近江滋贺郡与丹波国两大领地没收，让他去打下毛利家的出云、石见两国作为新

本能寺本堂

领地。

事实上，以这几年织田军往往只需旬月便可取得几个领国的扩张速度，要马上打下出云、石见，在信长看来也是手到擒来之事，所以他把更换领地的约定提前一刻说了出来。虽然是有点轻妄，但也隐含着希望明智光秀背水一战、不征服出云、石见就不要回来的寓意。同一件事，在不同的人眼中难度也不同。对明智光秀而言，还在毛利手中的出云、石见却是可望未必可即的东西。而现有的牺牲了母亲性命和自己人格才换回的丹波国却要马上被夺走，就如同从他心头剐去一块肉一般。

明智光秀这种受到压抑的痛苦与愤恨，自是正意气风发、神飞西国的织田信长所无法体会的。

五月二十一日，德川家康与穴山信君向织田信长辞行，由织田信忠陪伴着前往京都游览。随后家康一行又去了堺町，信忠则留在了京都妙觉寺。

五月二十九日，织田信长与少数小姓一起离开安土进入京都，住进了本能寺。在这里，他将集结军势，与毛利家展开最后的对决。

第 54 章　敌在本能寺

六月一日，正亲町天皇派出公卿劝修寺晴丰、甘露寺经元山科言经作为敕使，到本能寺对信长进行慰问并收取献礼。一同到场的还有近卫前久、信尹父子、一条内基、二条昭实、鹰司信房、菊亭晴季等 40 多位公卿，仿佛拜见的不是一个武士，而是高高在上的天皇。

这一天，织田信长拿出自己珍藏的大部分茶器，一边与公卿们品茶，一边讲述武田征伐战的事迹。片刻的其乐融融之后，信长又给公卿们提出了一个难题：他让劝修寺晴丰向天皇奏请，将这一年的十二月之后再添一个月，称作闰十二月（日本的古历中的闰 × 月，就是在 × 月后面再增加一个月）。这种按照自己的意图篡改历法之事，也只有古代的帝王才做得出来。所以信长这个要求与背后的自比已经不言而喻了。

| 本因坊算砂画像

公卿们流着冷汗逐一退出，织田信长又摆开酒宴，与织田信忠一起畅谈明日进见天皇时要注意的种种事项。当天晚上，父子二人尽欢而散。

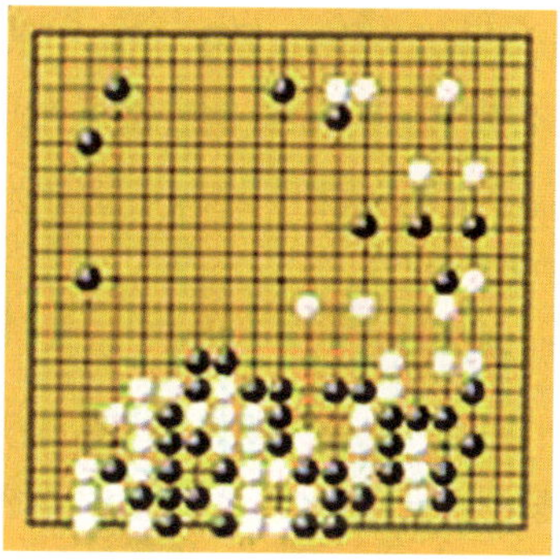

| 本能寺三劫之谱

这一天织田信长的精神似乎格外亢奋，意犹未尽之下，他又摆出棋局，让近年来最为欣赏的棋僧本因坊算砂与鹿盐利玄对弈。观棋、鹰狩、茶会是织田信长后期的三大爱好。

这个本因坊算砂便是后世日本围棋世家本因坊的始祖，法名又作“日海”。算砂本是京都法华宗寂光寺本因坊的坊主，因善于围棋而受到织田信长赏识。天正六年（1578），织田信长称 20 岁的本因坊算砂为“棋之名人”，并时常将他带在身边，看他与当世的名手对弈。以后的本因坊家因此世世代代都沿用“名人”作为称号。

这一天本因坊算砂与鹿盐利玄的对局极为诡异，从上午一直下到深夜，两人下出了让人瞠目结舌的“三劫”之局。所谓三劫，是黑白双方之间共有三个劫眼，互相制衡、难分胜负的死棋。

当天夜晚，明智光秀率领 13000 人由丹波龟山城出发，在第二天天亮之前到达京都外的桂川。

度过桂川之后，明智军的士兵们还以为是去进京与织田信长会合，明智光秀却令旗一指，说道："敌人，就在本能寺！"

前一天晚上，明智光秀已经下定了叛乱的决心，并向军中的重要将领告知自己的意图。主辱臣死，对于光秀此前所受的种种羞辱，他的家臣们一直感同身受，而若是明智家的丹波与近江领地被没收，这些家臣们也将失去相应的领地和收入，所以光秀提出造反的计划得到大多数家臣的赞同。持反对意见的宇野丰后守等部将则当场被光秀斩杀。所以，到了桂川之畔，随着光秀发出号令，明智旗下的众将都二话不说，带兵向本能寺奔去。

六月二日早上 9 时许，明智军冲到本能寺外，织田信长从睡梦之中，被震动大地的足音惊醒，一听声音是由远及近，便知道是向本能寺而来，于是急令近习森兰丸出去打探。少时之后，明智军已将本能寺包围，在敌方林立的队列中，森兰丸看到了水色桔梗旗印，向信长回复："背叛者是惟任光秀。"

说话之间，明智军已开始发射火矢与铁炮，大力士四天王但马守与其子四天王又兵卫合力抬起一块巨石，将本能寺的大门砸成粉碎，明智军跟着蜂拥冲入寺内。

当时信长身边的 300 名近侍全都冲到庭院中应战，信长本人只着单衣，拿起白木大弓射敌。有明智军冲到近前之时，信长便瞪目大吼道："跟随叛贼明智光秀，向主君举起刀剑之人，难道就不怕遭到天罚么！"一时间，院内的明智军闻声都为之一滞。

此时光秀之婿、正在督战的明智左马助秀满见状，害怕会发生前线倒戈，急令亲信勇士三宅孙十郎、木村治郎右卫门、四天王又兵卫等人率领 300 名弓箭手上前，一齐向信长所在的位置放箭，转眼便射倒十余人。信长见势只能退入屋内。紧接着这群明智武士带头向前发起冲锋，继以明智秀满带领 3000 名杂兵亲自杀入院内，明智旗下另一员大将斋藤利三的 3000 人也攻破侧门。

激战中，信长身边的小姓小仓松寿丸、汤浅甚助、中尾源太郎、森兰丸之弟森坊丸、森力丸都陆续战死，只剩下森兰丸、金森义入等 30 人浑身浴血，仍然坚守在信长的大殿周围。

本能寺内的战斗，从早上一直持续到了中午。布阵于三条堀川的明智光秀见迟迟不能拿下本能寺，在紧张与焦急之中派出一名母衣武者稻次万五郎前去催促明智秀满进军。不久，明智秀满对大殿发起了总攻。

光秀的两个旗本武士木村治郎左卫门与村井又兵卫最先突入殿内。但是村井当头就被织田信长一箭射穿了胸膛，倒在地上生死未卜。对着持枪突来的木村治郎左卫门，信长转身让过，大吼一声“无礼”，用白木弓重重地打在木村身上。被这一吼又一打，木村治郎左卫门顿时失魂落魄地逃出殿外，战后他回到丹波的老家，没过多久就因被弓箭打到之处生出一个大肿毒，最后瘤破而死。

少时之后，信长身边仅剩的 30 余人也伤亡殆尽，织田信长开始喝令后院的女房逃生。此时明智方的勇士安田做兵卫、山本三左卫门已冲到殿前，信长所持的弓弦却在混战中被切断，当下他抛掉弓箭，拿起一把长枪应战。然而斗了没多久，信长又被明智军的铁炮打伤左肩。

| 本能寺事变图

面对这群歇斯底里始终紧咬不放的明智武士，既无法用威势压服，又来不及逃走或用道义游说，纵使是豪气盖世的织田信长，也不禁有些英雄气短、智力俱穷。不过作为霸者仅存的尊严，让信长既不甘于死在这群无名小卒手中，也不愿自己的尸身或首级被叛党们得到。最后，信长唤来森兰丸在门前继续阻挡敌军，自己退到殿内，将整座大殿点燃，在烈火中，结束了自己辉煌壮丽的 49 年人生。

《敦盛》的"人间五十年，下天之事，恍如梦幻。既有生，焉有不灭"之句，似乎正是织田信长人生的预言，他自己终究未能越过50年这一关。

本能寺化为灰烬之际，明智光秀同时对织田信忠所在的京都妙觉寺发起了总攻。当时织田信忠已带着身边的500人一起退入二条城守城，那里有着足利义昭在位时的防御工事，后来被信长送给天皇的皇子诚仁亲王做了御所。

不久明智军又把二条御所包围。但是在接下来的攻城战中，织田信忠三度击退明智军的进攻，并手刃对方两人，自己也负伤两处。明智光秀随后派出铁炮队，爬到二条城外近卫前久府邸的屋顶上向城墙内射击。在门边的亲卫被射杀多人之后，织田信忠自知难以幸免，遂与明智方交涉，将诚仁亲王安然送出城外，信忠自己则在明智军的总攻之前，由亲信镰田新介担任介错，切腹自杀。一同死在二条城内的还有织田胜长（信长第五子坊丸）、津田又十郎、津田源三郎、津田勘七、津田九郎、津田二郎、津田小藤次、村井贞胜、贞成父子以及马回众的猪子兵介、福富平左卫门、野野村三十郎、筱川兵库、下石彦右卫门、毛利新介秀高、赤座七郎右卫门、团平八、坂井越中、樱木传七、逆川甚五郎、服部小藤太、小泽六郎三郎、服部六兵卫、水野九藏、山口半四郎、塙传三郎、斋藤新五、河野善四郎、寺田右卫门等人。唯有信长之弟织田有乐斋长益，在落城前翻墙逃出，保住了性命，后来他也因为贪生怕死而被世人所讥笑。

本能寺的大火，改变了信长一族和织田旗下各大势力的命运。

六月三日、四日，明智光秀在平定了京都之乱之后，对周边的细川藤孝、筒井顺庆等武将进行诱降，然则光秀的威信与功劳既不足以压服细川、筒井诸将，他所背负的弑主之恶名也让众人将他唾弃，几乎没有实力派武将响应光秀的号召。

织田信长所开创的这个时代，早已不是控制了天皇就能号令天下的前幕府时代。织田家最具实力的三大军团长柴田胜家、羽柴秀吉、泷川一益都在外围作战，实力与威信最低的明智光秀却在腹心之地起兵造反，无疑是把自己放到了强者的包围之中。这种洞察力的缺失，就注定了明智光秀的悲剧结局。从这个角度讲，本能寺之变虽然号称是叛变，实质上只能算是弱者对强者自不量力的暗杀。暗杀之后的结果，通常是凶手因为自不量力，迅速走向灭亡。

小栗栖明智光秀遇刺

六月五日，光秀进入安土城。在接收了近江诸城之后，他又于六月九日回到京都，着手与朝廷交涉，以获得天皇的承认。

而在六月四日，身在备中高松城下的羽柴秀吉已经收到了本能寺事变的消息，并迅速做出了应变：秀吉立刻与毛利缔结和约，在差不多同一时间由前线迅速赶回姬路城，继而又马不停蹄地引军东向，裹挟了摄津的中川清秀、高山右近、池田恒兴与堺町的丹羽长秀、织田信孝之后，直扑明智光秀所在的京都。

事事总落后秀吉一步的明智光秀已经在与京都公卿们的交涉中磨去了大量的时间，这次又没能赶上时代的步伐。面对羽柴秀吉的 4 万大军，光秀仓促之间仅凑起了 12000 人。

六月十三日，明智光秀在山城国西部的山崎合战被秀吉打败，连夜逃往近江的领地坂本。接下来明智光秀面临的是直接落到谷底的厄运。逃亡至小栗栖附近时，明智光秀遭到专门打劫落单武士的农民伏击，被人以竹枪杀死。

与秀吉的迅速反转相比，北陆的柴田胜家与伊势的织田信雄也出动了讨伐光秀的军队，但却都比秀吉晚了一步，最后只能悻悻回到自己的领地上。

同一时间，泷川一益在关东的神流川之战败给了北条氏政，最后丢掉了关东之地，狼狈逃回北伊势。

另外，本来离京都最近的织田信孝，在第一时间做的，却是让丹羽长秀去杀死自己的堂兄弟津田信澄。因为信长生前对这个侄子极为赏识，信孝害怕信澄成为争夺织田家家主之位的对手。

于是，织田信长的两个儿子和其他有实力的方面军团长都错失了为信长报仇的机会，农民出身的羽柴秀吉却成为本能寺之变的最大成功者。

另外一个强者德川家康，事发时正在堺町游览，闻报后在亲信们的保护之下，经过一段艰难的旅程、穿越战火纷飞的畿内回到了东海道。

第55章 破灭与新生

天正十年（1582）六月二十七日，围绕织田家的继承人事宜，柴田胜家、丹羽长秀、羽柴秀吉、池田恒兴四大宿老在尾张清洲城召开了会议。

当时织田信雄与信孝由于事关自己而避嫌未到场，泷川一益还在由关东返回的途中。最后羽柴秀吉联合丹羽长秀、池田恒兴，以拥护织田家的嫡流血脉为由，压服柴田胜家，拥立了织田信忠的幼子三法师（织田秀信）为织田家的新主人，而秀吉作为辅佐者把持了织田家家政，并开始进行权力转移。

第二年（1583），羽柴秀吉与柴田胜家展开斗争，在贱岳合战取得决定性的胜利。以此为契机，秀吉追寻信长的先例，乘胜直接向越前进军。

同年四月越前北之庄城被攻落，柴田胜家自杀。

不久之后，秀吉又逼令织田信孝切腹、压服德川家康与织田信雄，将原织田势力全部掌握到自己手中。

丰臣秀吉画像

接下来，织田信长未竟的统一事业，在羽柴秀吉手中逐渐完成。

羽柴秀吉接连劝降毛利辉元，降伏德川家康、上杉景胜，展开四国征伐与九州征伐压服长宗我部元亲与岛津义久，在1590年出征关东消灭了北条氏。在这个平民出身的男子手上，日本战国终于归于一统。

天正十四年（1586），羽柴秀吉从天皇处受赐“丰臣”姓，改名为丰臣秀吉，并先后就任关白、太政大臣，以石山本愿寺的旧址为中心，建立起一座规模气度不下于安土城的巨城——大阪。

由于丰臣秀吉后来在京都附近处理政事的居城伏见城遍植桃木，所以秀吉支配全日本的时代被称为“桃山时代”。而织田信长以安土城为中心号令天下的时代则被称为“安土时代”。

全日本的统一，并非乱世的终结。丰臣秀吉在由平民一跃成长为天下霸主的过程中，产生的征服欲与征服快感已根植于他的生命之中。平定日本之后，丰臣秀吉的野心无处排遣，便转化成对外侵略的欲望，由此于文禄元年（1592）年与庆长二年（1597）发动了两次侵略朝鲜的战争。这两次战争日本军队犯下的暴行和给朝鲜人民带来的灾难足以令人发指。

不过即使是经过百年战火淬炼的日本战国名将与武士，依旧不是当时东亚最强的大明铁骑之对手。由于明朝对朝鲜人民伸出了热情的援救之手，日军的两次侵朝战争最终都铩羽而归。

这两场大战，也使得丰臣政权核心的文职官吏与前线武将产生了不可挽回的对立。丰臣秀吉于庆长三年（1598）病逝，随之而来的丰臣家内部的对立转眼演变成无法挽回的裂痕。

丰臣秀吉死后，德川家康成为新一代的天下霸主。本能寺之变后，德川家康虽然逃过一劫，却不得不屈服在如日中天的秀吉之下，经历了长达 16 年的蛰伏。秀吉死后，德川家已是仅次于丰臣家，领有 250 万石领地的天下第二大诸侯，同时是辅佐丰臣政权的“五大老”之首。

利用丰臣家的分裂，德川家康将丰臣家旗下的武功派大名都笼络到自己旗下，继而在 1600 年的关原决战打败文治派首领石田三成。

德川家康画像

经过 1614 年的大阪冬之战与 1615 年大阪夏之战两场战争，丰臣秀吉的遗子丰臣秀赖被德川家消灭。

最终，在德川家康手上开创了以江户（东京）为中心，统治日本三百年的江户幕府。

对于织田信长的评价，历来众说不一。有人说他是魔鬼，因为他曾干下过谋杀亲弟、火烧比睿山、屠杀长岛等劣迹斑斑的罪行。从其个性上来说，暴虐、睚眦必报、时常因为小事而手刃他人也是贯穿信长后半生的标志性形象。

在动辄剖腹自杀、一族尽灭之事司空见惯的战国时代，信长的残酷也是让人发指的。而后世的人由于对信长的崇拜，却把这种对他人的残酷视作强者的特征从而竞相效仿，在世界近现代史上造成了数不尽的惨剧和罪恶。

对于这一点，我们必须从人性的角度来看待，即使身为一个领导者，行事也必须以尊重他人的生存之道为前提，如果自我膨胀，而忽略了周围人的存在与感受，那么其结局就像信长一样，即使再强大，最终也会毫无征兆地倒在复仇者与怨恨者的怒火之下。织田信长在本能寺的陨落固然可叹，却也正是他性格中魔鬼化的一面所引发的不可挽回的结局。

织田信长铜像

将阴暗的一面抛开，织田信长无疑是一个成功的开拓者与极具个性的革新者。除去打破旧传统旧势力之外，信长敢于引入西洋文化，开创了日本进入近世之端。另一方面，在战争之余，信长也致力于建设道路、统一货币、发展商业，在领内进行检地（核实土地收入数量以便进行分配），种种政策上的匠心独具，使得后世的学者们对他称道不已。但是就笔者的视角而言，织田信长对时代的最大贡献在于“破灭与新生”。

日本的中世纪，是一个彻底的封建社会。66 国（州）大大小小的地缘性豪族及佛教、神道教的宗教势力，为了家族的利益，可以朝秦暮楚地在天皇、将军、守护之间不停变换阵营，使得日本从平安时代末期到战国时代中期的 700 年动乱不断。先后建立的镰仓幕府、室町幕府也只是武士中的实力者与地方势力互相妥协的结果。战国时代的起因，也是地方势力的独立与壮大所导致的全日本混战。而织田信长却在他 49 年的人生中，给干扰日本统一的宗教势力以沉重的打击，并推翻了腐朽的室町幕府，一手促成了三好、朝仓、浅井、武田、今川等地方割据势力的消亡，这是对旧势力的“破灭”。

另一方面，天下统一的潮流已经以安土—京都所在的畿内为核心，蔓延到全日本。信长死去时，这股潮流已经成为不可逆转的时代趋势，最终由他的部下与战友丰臣秀吉和德川家康达成。而信长一手提拔起来的丹羽长秀、池田恒兴、细川藤孝、前田利家、金森长近等部将，都在后来走向统一的时代中起到了中坚作用。时代潮流与推动力量的新生，使得织田信长可以被称为是日本统一的奠基人。

织田信长，这个尾张小豪族出身的英雄，一手导演了日本历史上最绚烂的时代。